ESO 4

MATEMÁTICAS
ORIENTADAS A LAS ENSEÑANZAS
ACADÉMICAS

J. Colera Jiménez, Mª J. Oliveira González,
I. Gaztelu Albero, R. Colera Cañas

W0358488

Inclusión
Incluimos a todo el alumnado en nuestras aulas.

Rigor
Aprendemos y trabajamos con rigor y creatividad.

Interdisciplinariedad
Relacionamos y aplicamos lo que aprendemos.

Familia
La gran colaboradora en el aprendizaje.

Pensamiento crítico
Fomentamos la diversidad de pensamiento.

Aprendizaje cooperativo
Cooperamos para afrontar tareas.

Las TIC
Usamos las nuevas tecnologías para conectarnos con nuestro mundo.

Competencias
Afrontamos desafíos en los que ponemos en práctica nuestras competencias.

Emprendimiento
Emprendemos para cambiar nuestro entorno.

Evaluación
Ofrecemos la más completa, ambiciosa e innovadora gama de herramientas para la evaluación.

ANAYA

ÍNDICE

5 Funciones elementales

Buscando la precisión del concepto

Después de Euler aún siguió, entre los matemáticos, la discusión sobre qué requisitos eran imprescindibles para definir una función y cuáles no. En 1923 se llegó a la siguiente definición, muy parecida a la que se usa actualmente.

> Se dice que y es una función de x si a cada valor de x le corresponde un valor de y. Esta correspondencia se indica mediante la ecuación $y = f(x)$.

Funciones poco honestas, según Poincaré

Pero en esa búsqueda de la precisión, se generaron una serie de funciones estrafalarias que llevaron a **Poincaré,** en el año 1899, a decir:

> "Durante medio siglo hemos visto una masa de funciones extrañas construidas de modo que se parezcan lo menos posible a las *funciones honestas* que sirven a algún propósito. Antes, cuando se inventaba alguna función, era con alguna meta práctica. Hoy son inventadas con el fin de mostrar que el razonamiento de nuestros antecesores fue erróneo".

En esta unidad vamos a dedicarnos a esas *funciones honestas* que propugnaba el gran Poincaré, esas funciones que sirven para algo más que para construir o desmontar conceptos.

Henri Poincaré (1854-1912) es uno de los grandes matemáticos de la historia. Sus contribuciones abarcan todos los ámbitos de la disciplina matemática.

El uso de "funciones honestas" está extendido en múltiples campos del conocimiento humano: medicina, economía, tecnología…

Funciones evidentemente útiles

Las funciones que se utilizan en la ciencia, en la técnica y en otras ramas del saber son, obviamente, útiles. Veamos algunas de ellas y cómo se llega de la experimentación a la expresión analítica:

Cuando un conductor encuentra un peligro en la carretera y necesita frenar, pasa un cierto tiempo desde que decide frenar hasta que realmente pisa el freno (**tiempo de reacción**). Ese tiempo, unos $\frac{3}{4}$ de segundo, que puede parecer insignificante, da lugar a un recorrido del coche tanto más largo cuanto mayor sea la velocidad.

Pero, además, el coche no para automáticamente cuando se pisa el freno, sino que recorre una distancia (**distancia de frenado**) debida a la inercia.

De modo que, desde que el conductor aprecia el peligro hasta que el coche se detiene, se recorre una distancia (y), tanto mayor cuando más elevada sea la velocidad (x).

Experimentalmente se obtienen los siguientes valores:

VELOCIDAD QUE SE LLEVA (km/h)	DISTANCIA (por tiempo de reacción en m)	DISTANCIA (de frenado en m)	DISTANCIA TOTAL DE DETENCIÓN (m)
10	2	1	3
20	4	3	7
30	6,5	7	13,5
40	8,5	12	20,5
50	10,5	19	29,5
60	12,5	27	39,5
70	14,5	36	50,5
80	17	47	64
90	19	60	79
100	21	74	95

Las ecuaciones son, respectivamente:

$$y = 0{,}21x \qquad y = 0{,}0074x^2 \qquad y = 0{,}0074x^2 + 0{,}21x$$

Resuelve

1. Comprueba, usando tu calculadora, la validez de las fórmulas anteriores para los valores de la tabla (haz la comprobación solo para algunos valores de cada fila, teniendo en cuenta que se trata de valores aproximados) y construye las gráficas correspondientes.

1 Funciones lineales

Función de proporcionalidad: $y = mx$

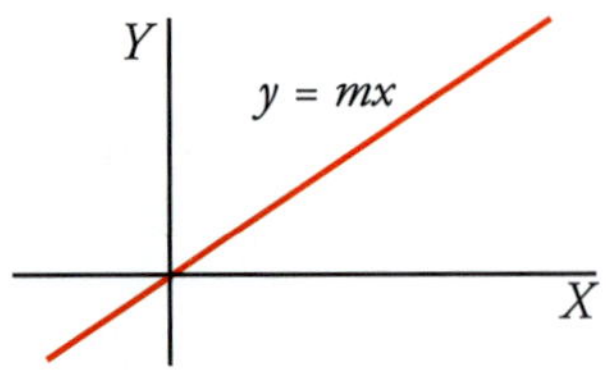

Las funciones de proporcionalidad se representan mediante rectas que pasan por el origen. Describen una proporción entre los valores de las dos variables.

La pendiente de la recta es la razón de proporcionalidad, m.

Por ejemplo, el *espacio recorrido* a velocidad constante en función del *tiempo* es:

$e = v \cdot t$, donde v es la pendiente de la recta que relaciona e con t.

Función constante: $y = n$

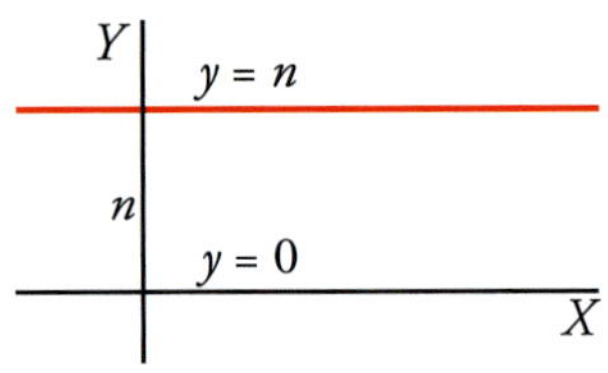

Se presenta mediante una recta paralela al eje X.

Su pendiente es 0.

La recta $y = 0$ coincide con el eje X.

Por ejemplo, el *precio de la comida* en algunos restaurantes es *constante*, no depende de la cantidad que nos sirvamos. De igual forma, la *distancia* de un satélite artificial a la Tierra es *constante*, no varía con el tiempo.

En la web

- Representación de funciones lineales a partir de su expresión analítica.
- Repaso del concepto de pendiente.
- Estudio de rectas a partir de los parámetros m y n.

Expresión general de la función lineal: $y = mx + n$

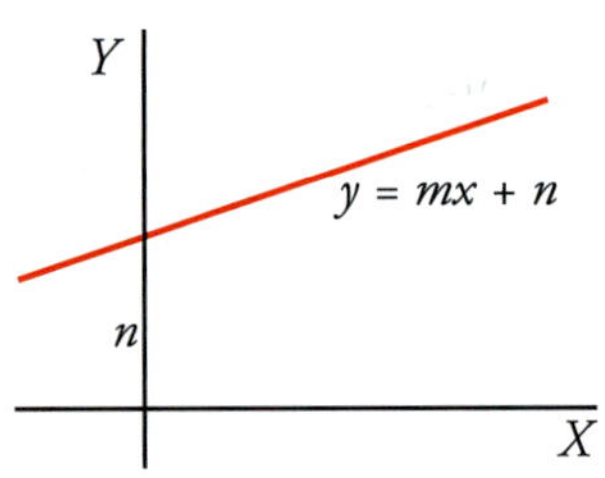

Su representación es una recta de pendiente m que corta al eje Y en el punto $(0, n)$. Al número n se le llama **ordenada en el origen.**

Por ejemplo, la recta $F = 32 + 1{,}8C$, representada en el margen, permite pasar de una temperatura en grados centígrados, C, a la correspondiente en grados Fahrenheit, F.

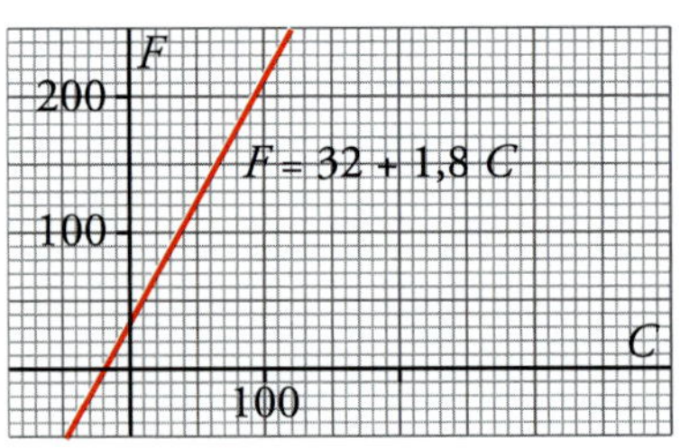

Piensa y practica

1. Representa las siguientes funciones:

a) $y = 2x$ b) $y = \frac{2}{3}x$ c) $y = -\frac{1}{4}x$ d) $y = -\frac{7}{3}x$

2. Representa.

a) $y = 3$ b) $y = -2$ c) $y = 0$ d) $y = -5$

3. Representa estas funciones:

a) $y = 2x - 3$ b) $y = \frac{2}{3}x + 2$

c) $y = -\frac{1}{4}x + 5$ d) $y = -3x - 1$

4. Un objeto móvil, en el instante inicial, está a 3 m del origen y se aleja de este con una velocidad de 2 m/s.

Halla la ecuación de su posición en función del tiempo y represéntala.

5. El precio de las patatas en el mercado es de 1 €/kg, y el de los tomates, 2 €/kg.

a) Escribe la ecuación del coste de una bolsa de patatas en función de su peso.

b) Haz lo mismo para una bolsa de tomates.

c) Representa las funciones anteriores.

En la web Repasa la ecuación punto-pendiente de una recta.

Funciones lineales a trozos

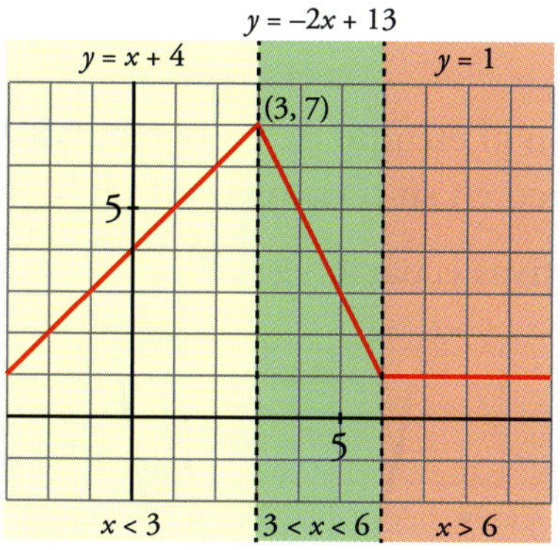

Es frecuente encontrarse con funciones cuyas gráficas están formadas por trozos de rectas. Veamos, por ejemplo, la función representada en el margen:

- El primer tramo pertenece a la recta cuya pendiente es 1 y cuya ordenada en el origen es 4. Su ecuación: $y = x + 4$.
- El segundo tramo pertenece a la recta que pasa por (3, 7) y cuya pendiente es –2. Su ecuación: $y = 7 - 2(x - 3)$. Es decir, $y = -2x + 13$.
- El tercer tramo es la función constante $y = 1$.

La función se describe así: $f(x) = \begin{cases} x + 4 & \text{si } x \le 3 \\ -2x + 13 & \text{si } 3 < x < 6 \\ 1 & \text{si } x \ge 6 \end{cases}$

En la web Ejercicios para reforzar las funciones definidas mediante dos o tres trozos.

Para describir analíticamente una gráfica formada por trozos de rectas, se dan las ecuaciones de los diversos tramos, enumerados por orden de izquierda a derecha, indicando en cada uno de los tramos los valores de x para los que la función está definida.

Ejercicio resuelto

Representar la función cuya expresión analítica es la siguiente:

$$y = \begin{cases} 4 & \text{si } x < -1 \\ 0,5(x - 1) + 5 & \text{si } -1 \le x \le 3 \\ -2x + 12 & \text{si } 3 < x < 5 \\ -1 & \text{si } x \ge 5 \end{cases}$$

Obtenemos los puntos extremos de cada uno de los tramos, empezando en la abscisa –5 y terminando en 11:

1.°	2.°	3.°	4.°
(–5, 4)	$0,5(-1 - 1) + 5 = 4 \rightarrow (-1, 4)$	$-2 \cdot 3 + 12 = 6 \rightarrow (3, 6)$	(5, –1)
(–1, 4)	$0,5(3 - 1) + 5 = 6 \rightarrow (3, 6)$	$-2 \cdot 5 + 12 = 2 \rightarrow (5, 2)$	(11, –1)

Representamos los cuatro tramos (teniendo en cuenta si los extremos pertenecen o no) y así obtenemos la gráfica de la función.

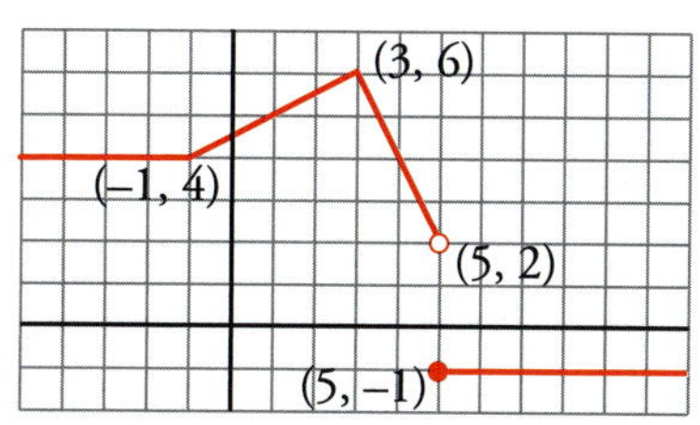

Piensa y practica

En la web Estudio e interpretación de funciones lineales a trozos.

6. Escribe la ecuación que corresponde a la gráfica siguiente:

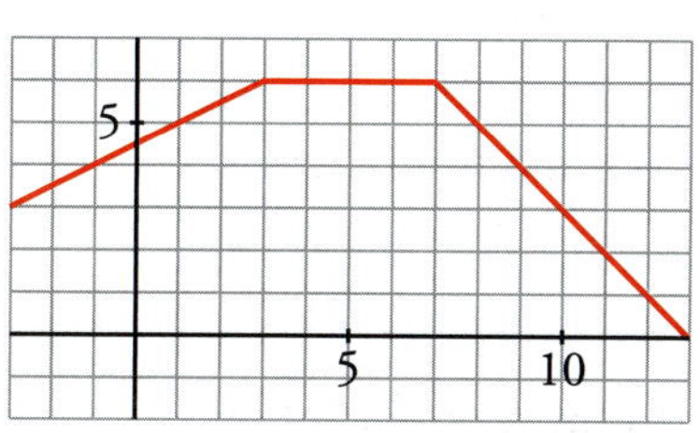

7. Representa la función cuya expresión analítica es la siguiente:

$$y = \begin{cases} -3 & \text{si } x < 0 \\ x - 3 & \text{si } 0 \le x \le 5 \\ 2 & \text{si } x > 5 \end{cases}$$

Di cuál es la pendiente de cada uno de los tramos que forman la función. ¿Es una función continua?

En la web Estudio conjunto de dos funciones lineales.

2 Funciones cuadráticas. Parábolas

Funciones cuadráticas

El curso pasado hicimos una suave introducción al estudio de las parábolas. Vamos, ahora, a repasar aquello y a avanzar un poco en su tratamiento.

Observa las siguientes parábolas con sus respectivas ecuaciones:

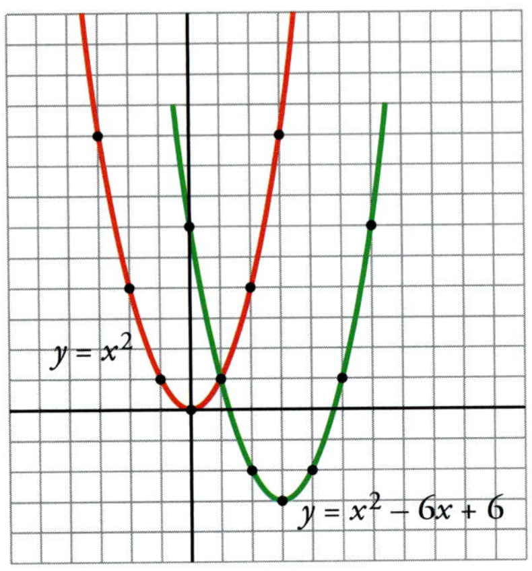

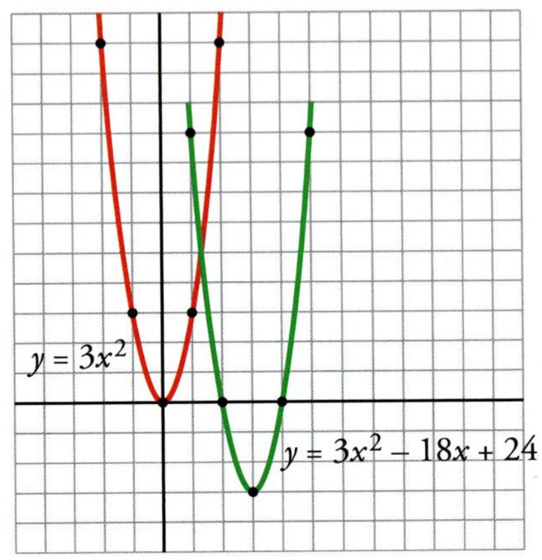

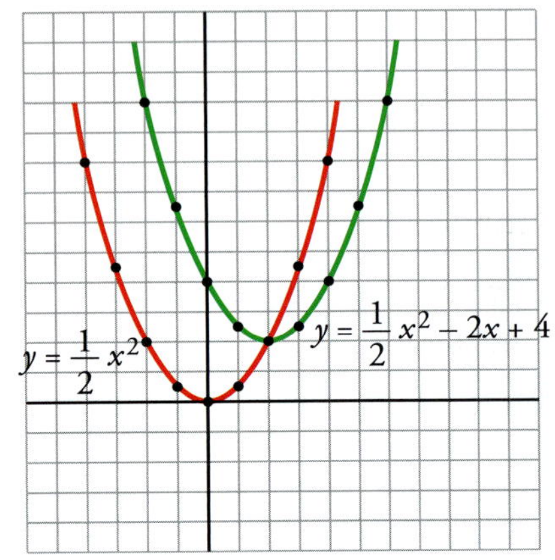

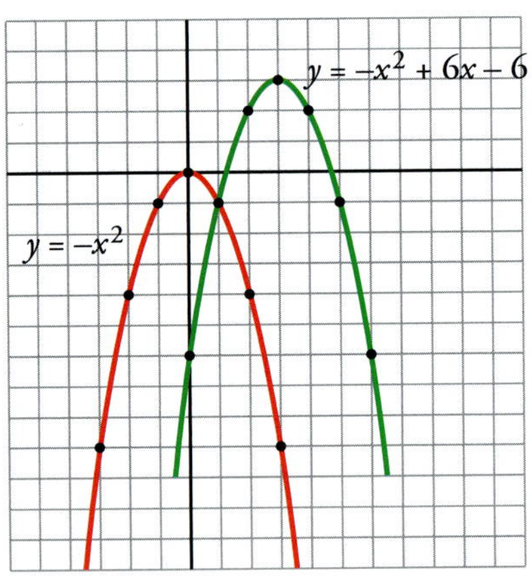

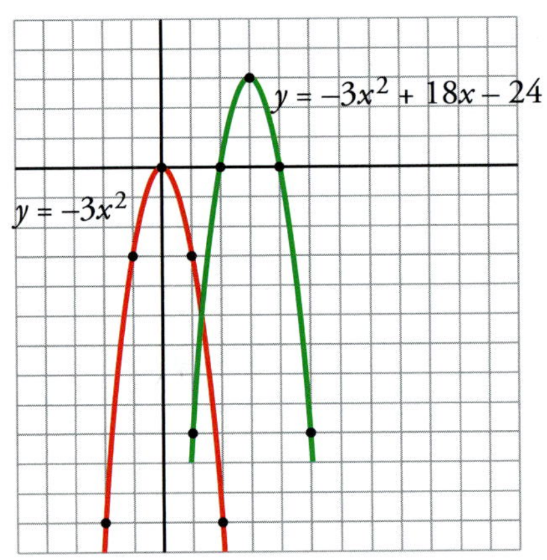

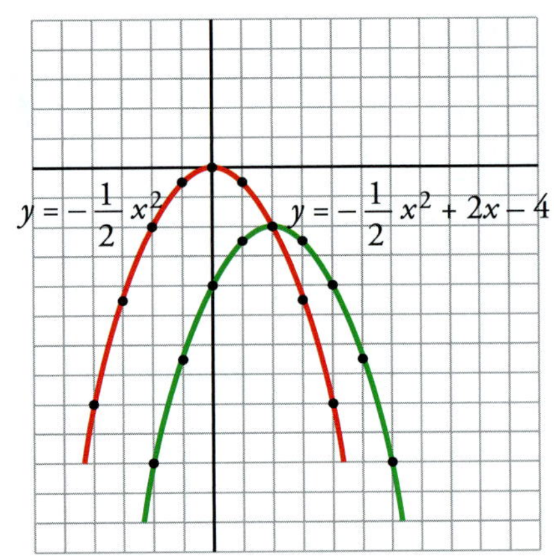

Analizándolas, podemos extraer las siguiente conclusiones:

Las funciones $y = ax^2 + bx + c$, con $a \neq 0$, llamadas **cuadráticas,** se representan todas ellas mediante **parábolas** y son continuas en todo $\mathbb{R}$.

Cada una de estas parábolas tiene un eje paralelo al eje Y.

Su forma depende de a, coeficiente de x^2, del siguiente modo:

- Si dos funciones cuadráticas tienen el mismo coeficiente de x^2, sus parábolas correspondientes son idénticas, aunque pueden estar situadas en posiciones distintas.
- Si $a > 0$, tienen las ramas hacia arriba, y si $a < 0$, hacia abajo.
- Cuanto mayor sea $|a|$, más estilizada es la parábola.

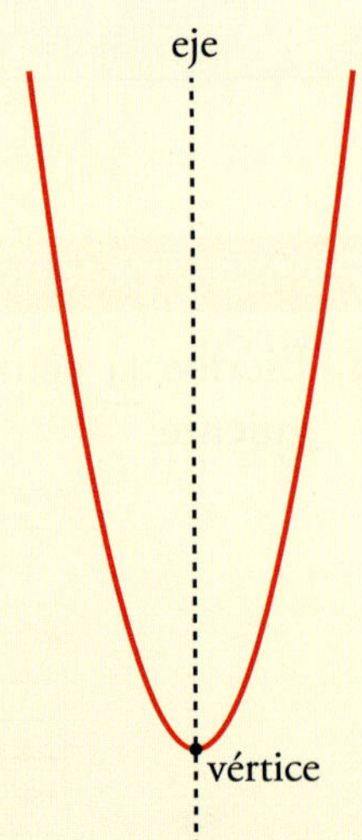

En la web

Ampliación teórica y práctica sobre traslaciones de parábolas.

Representación de funciones cuadráticas

¿Por qué queremos conocer el vértice de la parábola y los puntos próximos a este?

El vértice y los puntos cercanos a este suponen la parte más representativa de la parábola.

Una representación de los puntos alejados del vértice sería una gráfica casi sin curvatura, parecida a una recta.

Para representar una función cuadrática dada por su ecuación, solo hace falta obtener varios de sus puntos. Empezaremos calculando el vértice de la parábola, para hallar, después, algunos puntos que lo rodean.

- Hallamos la abscisa del vértice de la parábola $y = ax^2 + bx + c \rightarrow p = -\frac{b}{2a}$
- Calculamos el valor de la función en algunas abscisas próximas al vértice.
- Los cortes con los ejes pueden venirnos bien para la representación:
  — Con el eje X, se resuelve la ecuación $ax^2 + bx + c = 0$.
  — Con el eje Y, es el $(0, c)$.

Ejercicio resuelto

Representar la parábola de ecuación $y = -x^2 + 3x + 4$.

Obtenemos el vértice:

Abscisa: $p = -\frac{3}{-2} = 1{,}5 \rightarrow$ Ordenada: $f(1{,}5) = 6{,}25 \rightarrow$ Vértice: $(1{,}5; 6{,}25)$

Obtenemos puntos próximos al vértice:

x	–2	–1	0	1	2	3	4	5
y	–6	0	4	6	6	4	0	–6

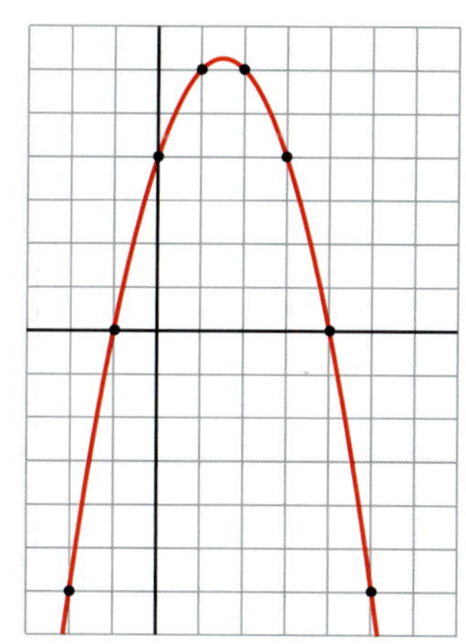

Podemos observar que, debido a la simetría de la parábola respecto a su eje, las ordenadas de los puntos que están a la misma distancia del vértice coinciden. Es decir, como el vértice está en $x = 1{,}5$, entonces $f(1) = f(2)$; $f(0) = f(3)$...

Vemos que $-x^2 + 3x + 4 = 0$ tiene dos soluciones, $x = -1$ y $x = 4$; y que $f(0) = 4$. Pero estos puntos de corte con los ejes ya aparecen en la tabla.

Piensa y practica

1. Asocia cada uno de los coeficientes de la x^2 con su correspondiente parábola:

- $a = -1$
- $a = 2$
- $a = -\frac{1}{3}$
- $a = \frac{1}{2}$
- $a = -3$

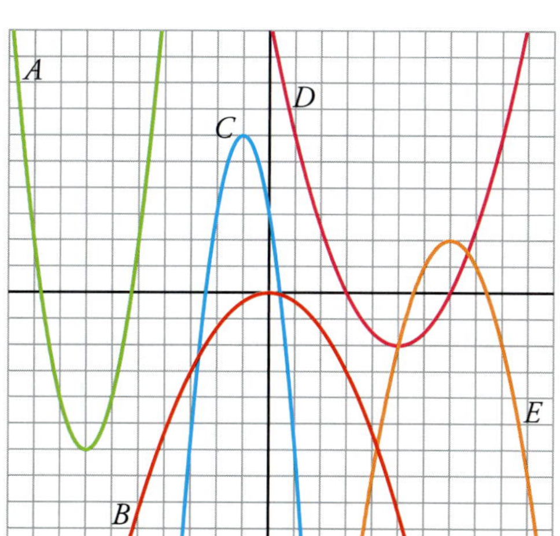

2. Representa las siguientes parábolas:

a) $y = x^2 - 2x + 2$

b) $y = -2x^2 - 2x - 3$

c) $y = \frac{1}{3}x^2 + x - 2$

d) $y = -x^2 + 4$

e) $y = -\frac{1}{2}x^2 + 2$

f) $y = 3x^2 + 6x + 4$

3. Dibuja en tu cuaderno la representación gráfica de estas funciones cuadráticas:

a) $y = (x - 1) \cdot (x - 3)$

b) $y = 2(x - 2)^2$

c) $y = \frac{1}{2}(x + 2) \cdot (x - 2)$

d) $y = (x - 1)^2 + 5$

En la web: Representación de funciones cuadráticas.

Rectas y parábolas

En algunos problemas tendremos que hacer un estudio conjunto de una función lineal y otra cuadrática, o bien de dos cuadráticas. Para ello, algunas veces habrá que resolver un sistema de segundo grado, cuyas soluciones (dos, una o ninguna) serán los puntos de corte de las dos gráficas.

En algunas funciones a trozos también aparecerán las rectas y las parábolas conjuntamente.

Ejercicios resueltos

1. ***Resolver, analítica y gráficamente, este sistema:***

$$\begin{cases} y = -2x^2 + 5x - 2 \\ y = x - 2 \end{cases}$$

Analíticamente:

$$\left.\begin{array}{l} y = -2x^2 + 5x - 2 \\ y = x - 2 \end{array}\right\} -2x^2 + 5x - 2 = x - 2 \rightarrow -2x^2 + 4x = 0 \rightarrow$$

$$\rightarrow x(-2x + 4) = 0 \begin{cases} x = 0 \rightarrow y = -2 \\ x = 2 \rightarrow y = 0 \end{cases}$$

Hay dos soluciones. En la resolución gráfica observaremos que la parábola y la recta se cortan en los puntos (0, –2) y (2, 0).

Gráficamente:

Representamos la parábola $y = -2x^2 + 5x - 2$ y la recta $y = x - 2$.

Los puntos de corte de las dos curvas son (0, –2) y (2, 0), las soluciones del sistema.

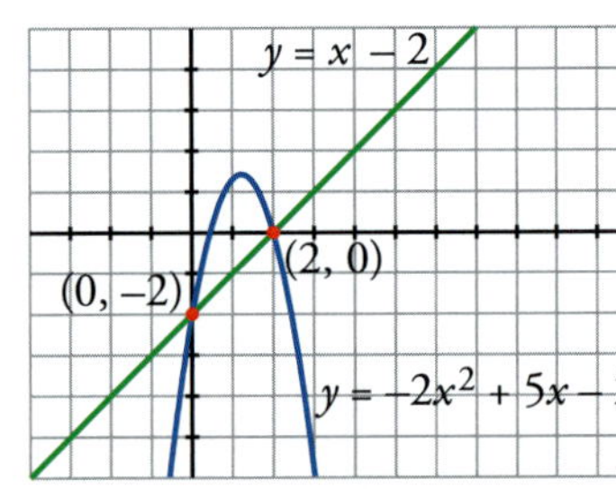

2. ***Representar gráficamente la función siguiente:***

$$y = \begin{cases} -x^2 + 1 & si \ x \le 1/2 \\ 3/4 & si \ 1/2 < x < 2 \\ x - 5/4 & si \ x \ge 2 \end{cases}$$

- El primer tramo de la función corresponde a un trozo de parábola y solo está definido para $x \le 1/2$. El vértice está en el punto (0, 1), corta al eje X en (–1, 0) [el punto (1, 0) no lo consideramos, pues ha de ser $x \le 1/2$], y pasa por los puntos (1/2, 3/4) y (–2, –3).
- El segundo tramo corresponde a un trozo de recta horizontal que empieza en (1/2, 3/4) y termina en (2, 3/4).
- El último tramo es un trozo de recta que parte del punto (2, 3/4) y pasa por (3, 7/4).

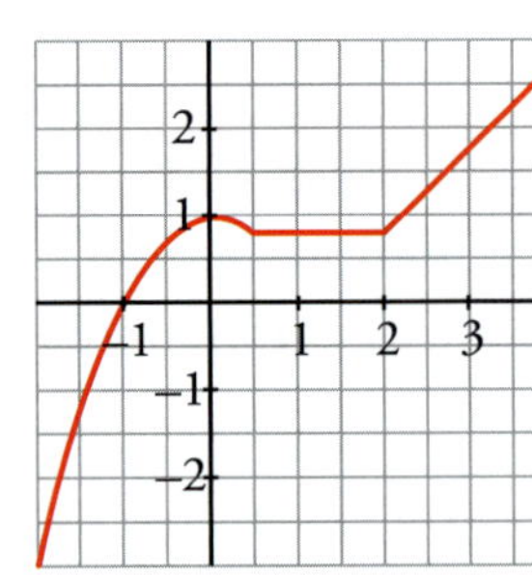

Piensa y practica

4. Resuelve, analítica y gráficamente, el siguiente sistema de ecuaciones:

$$\begin{cases} y = x^2 - 6x + 5 \\ y = x - 5 \end{cases}$$

5. Representa gráficamente esta función:

$$y = \begin{cases} x^2 + 2 & \text{si } x \le 1 \\ 3 & \text{si } 1 < x < 3 \\ \dfrac{-3x + 15}{2} & \text{si } x \ge 3 \end{cases}$$

3 Funciones con valor absoluto

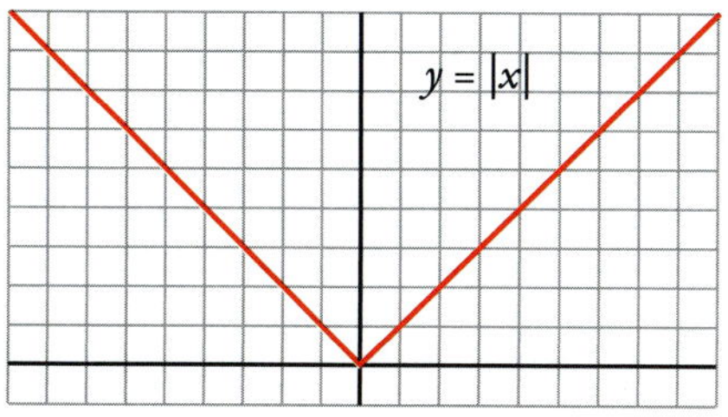

Recuerda que el valor absoluto de un número a coincide con a si es positivo o nulo, o con su opuesto, $-a$, si es negativo:

$$|a| = \begin{cases} a & \text{si } a \geq 0 \\ -a & \text{si } a < 0 \end{cases}$$

En consecuencia, $y = |x|$ es una función definida a trozos como la siguiente:

$$|x| = \begin{cases} -x & \text{si } x < 0 \\ x & \text{si } x \geq 0 \end{cases}$$

Se conoce como **función valor absoluto** y su representación gráfica es la del margen.

Valor absoluto de una función: $y = |f(x)|$

Observa cómo hallamos el valor absoluto de algunas funciones:

$y = |2x - 4|$

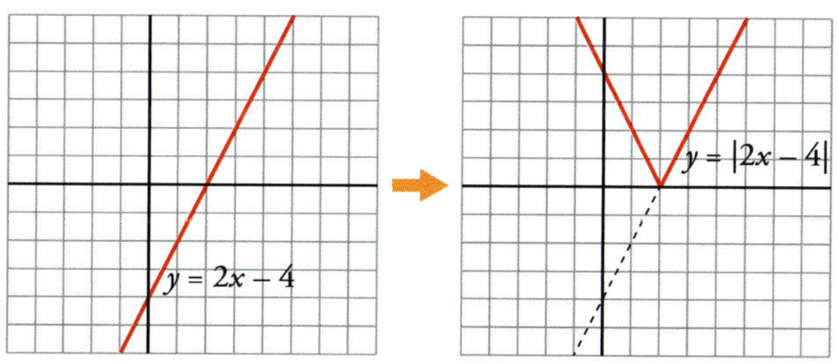

$$y = |2x - 4| = \begin{cases} -(2x - 4) & \text{si } x < 3 \\ 2x - 4 & \text{si } x \geq 3 \end{cases}$$

Es decir: $y = \begin{cases} -2x + 4 & \text{si } x < 3 \\ 2x - 4 & \text{si } x \geq 3 \end{cases}$

$y = |x^2 - 3x - 4|$

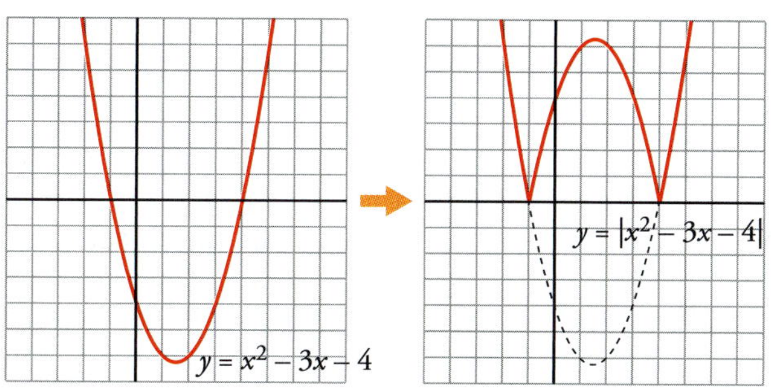

$$y = |x^2 - 3x - 4| = \begin{cases} x^2 - 3x - 4 & \text{si } x \leq -1 \text{ o } x \geq 4 \\ -(x^2 - 3x - 4) & \text{si } -1 < x < 4 \end{cases}$$

Es decir: $y = \begin{cases} x^2 - 3x - 4 & \text{si } x \leq 1 \\ -x^2 + 3x + 4 & \text{si } -1 < x < 4 \\ x^2 - 3x - 4 & \text{si } x \geq 4 \end{cases}$

> La representación de $y = |f(x)|$ a partir de $y = f(x)$ es muy sencilla: solo hemos de "hacer positivo lo que es negativo", es decir, la parte de la gráfica que está bajo el eje X es sustituida por su simétrica respecto a este eje.
>
> La expresión analítica se consigue cambiando de signo la función en los tramos en los que $f(x)$ toma valores negativos. Para ello, es fundamental conocer los puntos de corte de $y = f(x)$ con el eje X.

Piensa y practica

1. Representa en tu cuaderno el valor absoluto de estas funciones:

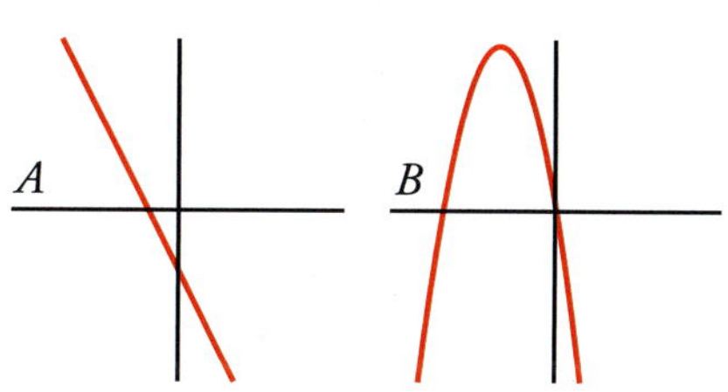

2. Representa estas funciones y pon sus expresiones analíticas sin usar el valor absoluto:

a) $y = |3 - 2x|$

b) $y = \left|\frac{1}{2}x + 1\right|$

c) $y = |x^2 - 4x|$

d) $y = |-x^2 + 6x - 5|$

4 Funciones de proporcionalidad inversa

X	Y
1	1
2	0,5
3	$0,\widehat{3}$
4	0,25
5	0,20
…	…

X	Y
1	1
0,5	2
$0,\widehat{3}$	3
0,25	4
0,20	5
…	…

Esta es la gráfica de la función $y = \frac{1}{x}$:

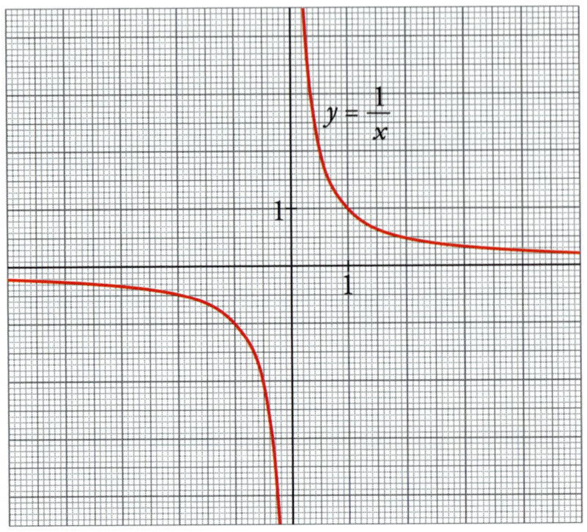

- No está definida para $x = 0$. Por tanto, el dominio de definición es $(-\infty, 0) \cup (0, +\infty)$ o $\mathbb{R} - \{0\}$.
- Si x se acerca a 0, y toma valores cada vez más grandes. Por eso decimos que el eje Y es una **asíntota.**
- Si x toma valores cada vez más grandes, y se acerca a 0. Por eso el eje X es otra asíntota.
- Esta curva se llama **hipérbola.** Sus asíntotas son los ejes coordenados.

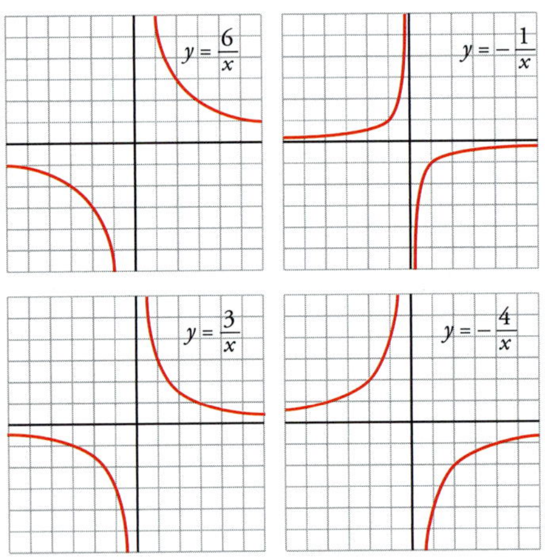

- La curva tiene dos partes, una positiva y otra negativa, ya que al cambiar de signo la x, cambia de signo la y. Ambas son simétricas respecto al origen de coordenadas.

Las curvas del margen son de la misma familia.

Las funciones $y = \frac{k}{x}$ se llaman **funciones de proporcionalidad inversa.**

Se representan mediante hipérbolas, cuyas asíntotas son los ejes coordenados.

Varían según el valor de k:

- Si k es positivo, la curva se encuentra en los cuadrantes primero y tercero; y si es negativo, ocupa los cuadrantes segundo y cuarto.
- Cuanto mayor es $|k|$, más separada está la curva de las asíntotas.

Ejercicio resuelto

Representar la siguiente función de proporcionalidad inversa:

$$y = \frac{1}{x-2}$$

La asíntota vertical de la curva $y = \frac{1}{x}$ es el eje Y porque en $x = 0$ la función no existe. Del mismo modo, la asíntota vertical de $y = \frac{1}{x-2}$ está en $x = 2$, ya que es donde la función no existe.

Como $k = 1$, la curva es igual que la del ejemplo de arriba trasladada 2 unidades a la derecha.

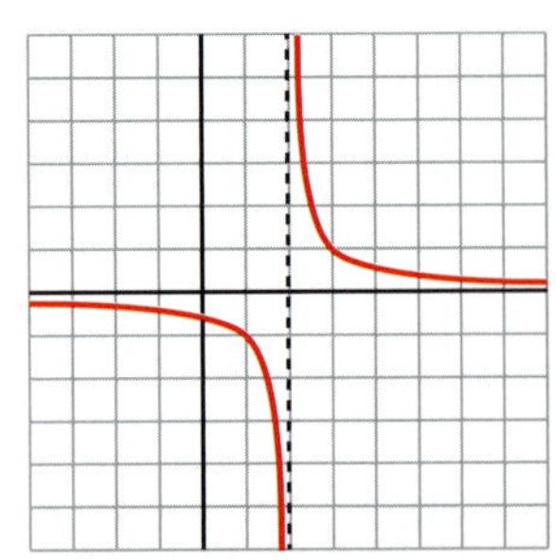

En la web Ampliación: traslaciones de hipérbolas.

Piensa y practica

1. Representa las siguientes funciones:

a) $y = \frac{5}{x}$ b) $y = -\frac{2}{x}$ c) $y = \frac{4}{x}$

2. Representa estas funciones y halla su dominio:

a) $y = \frac{1}{x-1}$ b) $y = \frac{1}{x+1}$ c) $y = -\frac{1}{x+2}$

En la web Representación de funciones de proporcionalidad inversa.

5 Funciones radicales

Ten en cuenta

La función $y = \sqrt{x}$ está definida y es continua en $[0, +\infty)$. Y es creciente, aunque cada vez crece más despacio.

Análogamente, $y = -\sqrt{x}$ está definida y es continua en $[0, +\infty)$. Y es decreciente.

Las funciones $y = \sqrt{x}$ e $y = -\sqrt{x}$ se pueden representar punto a punto y dan lugar a las gráficas que ves abajo. Son **mitades de parábola** y juntas describen una parábola idéntica a $y = x^2$, pero con su eje sobre el eje X.

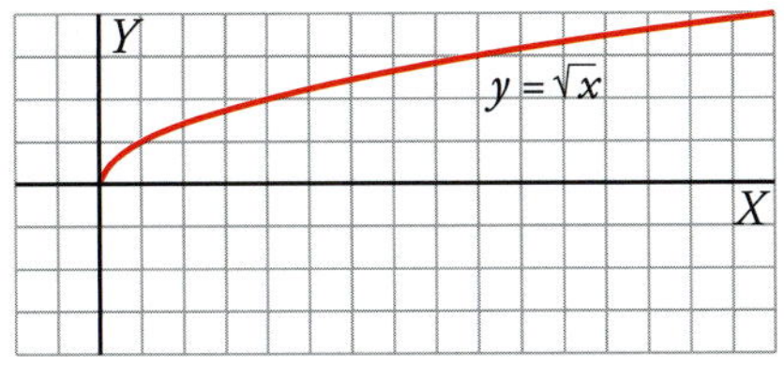

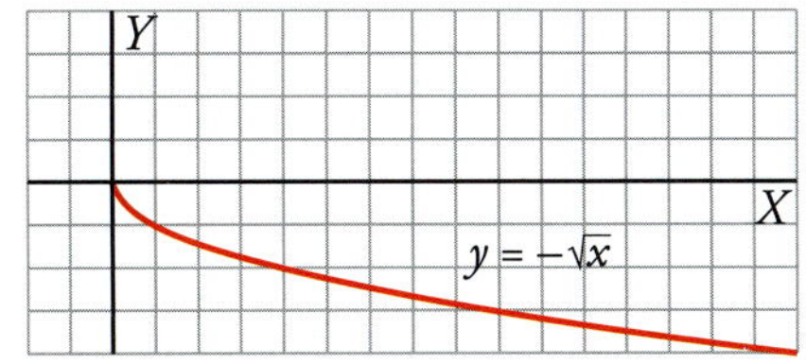

Las siguientes curvas son de la misma familia:

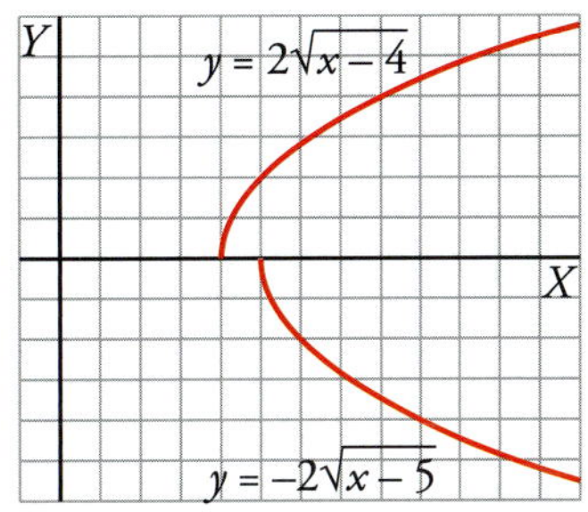

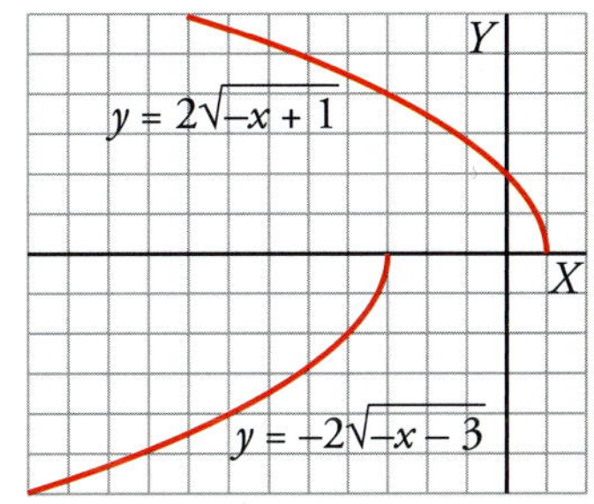

Las **funciones radicales** son del tipo $y = a\sqrt{x + b}$ e $y = a\sqrt{-x + b}$ y se representan mediante medias parábolas *tumbadas*.

Su representación depende del signo de la x y de los valores de a y b:

- Si x tiene signo positivo, la curva va hacia la derecha; si tiene signo negativo, la curva va hacia la izquierda.
- Si a es positivo, la curva está por encima del eje X, y por debajo si es negativo. Además, cuanto mayor sea $|a|$ más rápido crece o decrece la curva.
- El valor de b hace que se traslade b unidades a la derecha o a la izquierda dependiendo del signo de la x y de la b.

Ejercicio resuelto

Representar la siguiente función:

$$y = -3\sqrt{-x + 2}$$

El $-x$ implica que la curva va hacia la izquierda.

El primer valor que damos a x es 2, porque anula el radicando.

Damos a la x los valores 2, 1, −2, −7, −14 con los cuales la raíz es exacta.

El coeficiente −3 produce ordenadas negativas. Por tanto, la curva está por debajo del eje X.

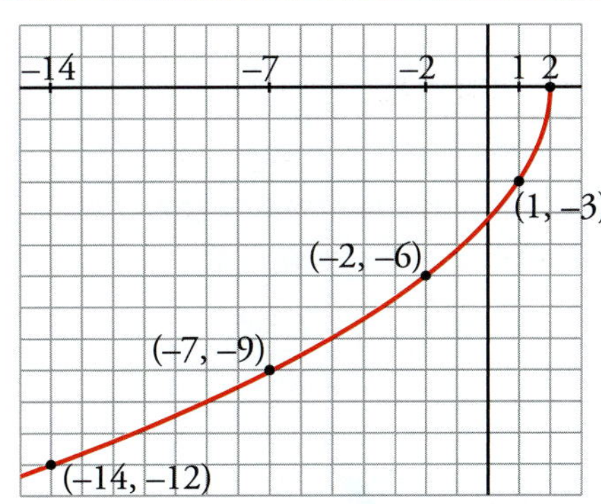

Piensa y practica

1. Representa las siguientes funciones y halla el dominio de definición de cada una:

a) $y = 2\sqrt{x}$ b) $y = -2\sqrt{x}$ c) $y = 2\sqrt{x + 3}$ d) $y = -2\sqrt{x + 3}$

e) $y = 2\sqrt{-x}$ f) $y = -2\sqrt{-x}$ g) $y = 2\sqrt{-x + 3}$ h) $y = -2\sqrt{-x + 5}$

En la web Representación de funciones radicales.

6 Funciones exponenciales

Observa

Las curvas de la derecha son simétricas respecto del eje Y, porque:

$$2^{-k} = \frac{1}{2^k} = \left(\frac{1}{2}\right)^k$$

Es decir, una y otra toman el mismo valor en puntos de abscisas k y $-k$, respectivamente, simétricos respecto del eje de ordenadas. Por ejemplo:

$$\left.\begin{array}{l} 2^{-3} = \frac{1}{8} = 0,125 \\ \left(\frac{1}{2}\right)^3 = 0,5^3 = 0,125 \end{array}\right\} \text{Coinciden.}$$

$$\left.\begin{array}{l} 2^3 = 8 \\ \left(\frac{1}{2}\right)^{-3} = \frac{1}{2^{-3}} = 2^3 = 8 \end{array}\right\} \text{Coinciden.}$$

Con calculadora

Las calculadoras tienen una tecla para cada una de las funciones exponenciales 10^x y e^x. Para las demás, se usa la tecla:

x^y (o $x^{\blacksquare}$)

Vamos a representar, dando valores a x, las funciones $y = 2^x$ e $y = \left(\frac{1}{2}\right)^x$:

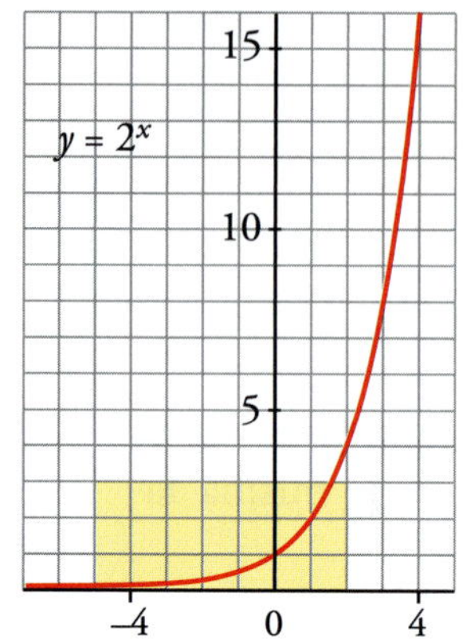

(DETALLE)

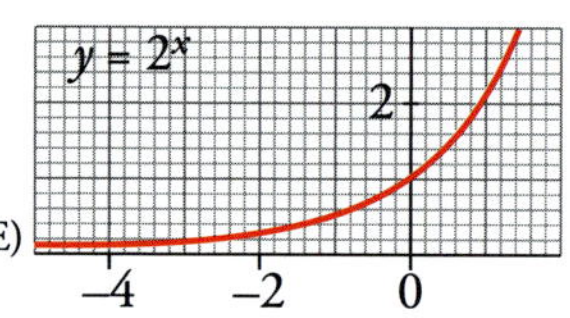

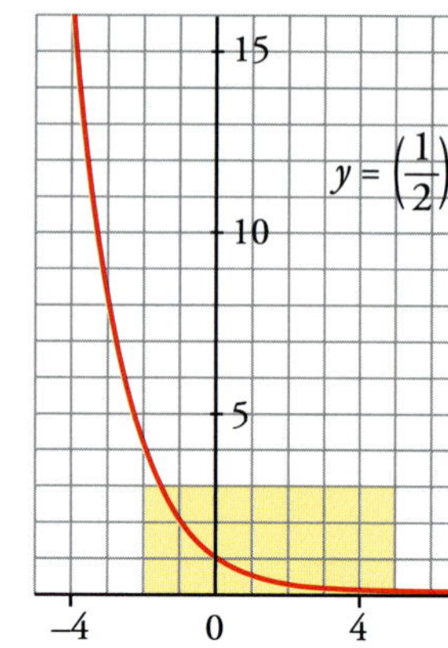

(DETALLE)

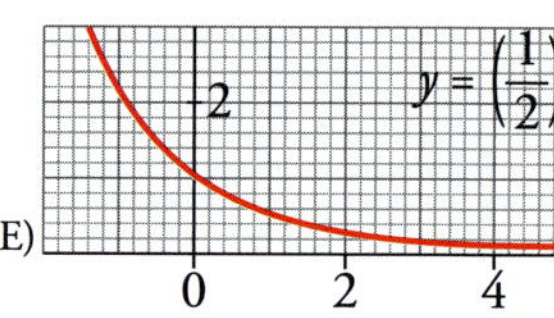

Se llaman **funciones exponenciales** a las que tienen la ecuación $y = a^x$, siendo la base a un número real positivo distinto de 1.

Varían según el valor de a de la siguiente forma:

- Todas ellas pasan por los puntos (0, 1) y (1, a).
- Si $a > 1$, son crecientes y crecen tanto más rápidamente cuanto mayor sea a.
- Si $0 < a < 1$, son decrecientes y decrecen tanto más rápidamente cuanto menor sea a (más próximo a 0).

Las funciones de la forma $y = a^{kx} = (a^k)^x$ son exponenciales de base a^k.

Ejercicio resuelto

Representar la función:

$$y = 10^{0,2x}$$

Después, representar sobre los mismos ejes la función:

$$y = \left(\frac{1}{1,6}\right)^x$$

Expresamos la función en forma exponencial:

$10^{0,2x} = (10^{0,2})^x = 1,6^x$

Pasa por los puntos (0, 1) y (1; 1,6).

Como $1,6 > 1$, la función es creciente.

Hallamos algunos puntos más alrededor del eje Y.

La función $y = \left(\frac{1}{1,6}\right)^x$ es simétrica a la primera con respecto al eje Y.

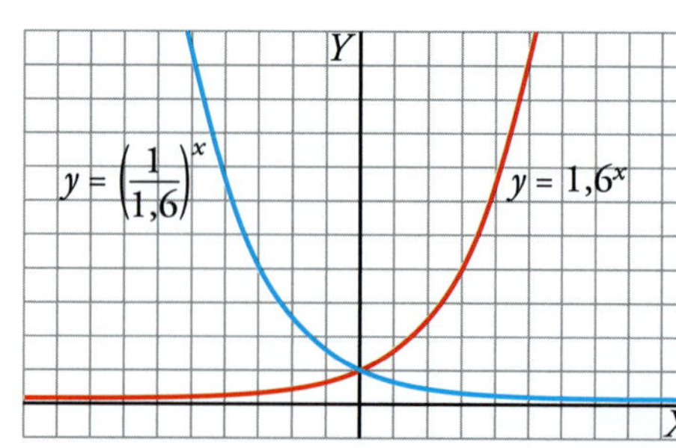

Piensa y practica

En la web: Ampliación: aplicaciones de las funciones exponenciales.

1. Representa las siguientes funciones en tu cuaderno. ¿Cuál es el dominio de definición de cada una?

a) $y = 1,25^x$ b) $y = 0,8^x$

2. Escribe en forma exponencial estas expresiones:

a) $2^{0,4x}$ b) $10^{0,01x}$ c) $1,01^{12x}$ d) $\left(\frac{1}{2}\right)^{x/28}$

En la web: Representación de funciones exponenciales.

7 Funciones logarítmicas

Logaritmos

Recuerda que $log_a P$ es el exponente al que hay que elevar la base a para obtener P. Es decir:

$$log_a P = x \Leftrightarrow a^x = P$$

Por ejemplo:

- $2^3 = 8 \rightarrow log_2 8 = 3$
- $2^{-1} = \frac{1}{2} \rightarrow log_2 \frac{1}{2} = -1$

En estos ejes coordenados están dibujadas la gráfica de la función $y = 2^x$, en azul, y su simétrica respecto a la recta $y = x$, en rojo.

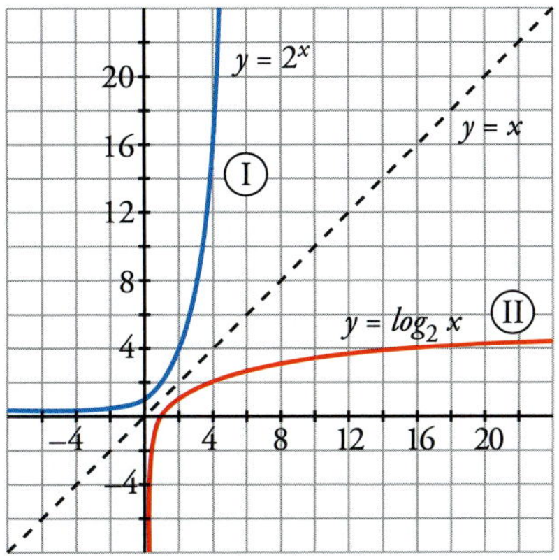

Estas dos curvas se relacionan analíticamente del siguiente modo:

(0, 1), (1, 2), (2, 4), (3, 8), (4, 16)… son puntos de I.

(1, 0), (2, 1), (4, 2), (8, 3), (16, 4)… son puntos de II.

En general, si el punto (a, b) es de I, entonces (b, a) es de II. Por eso, decimos que la función descrita por II es la **inversa** o **recíproca** de la I.

La función descrita por la gráfica roja se llama **función logarítmica** de base 2, y se designa así: $y = log_2 x$

Descripción de las funciones logarítmicas

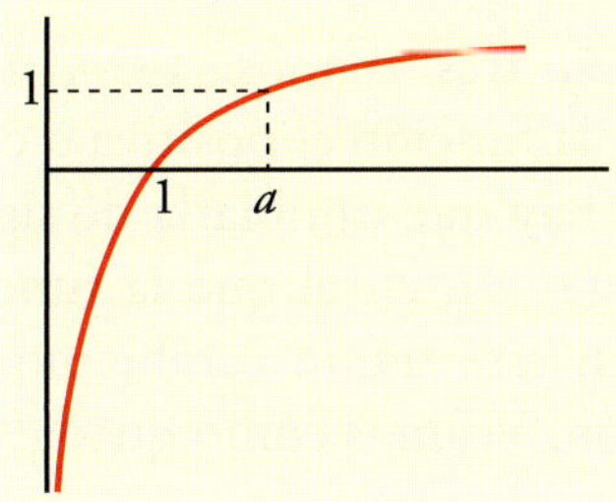

- La función logarítmica $y = log_a x$ con $a > 1$ es la inversa (o recíproca) de la exponencial $y = a^x$. Está definida para valores mayores que 0.
- Pasa por los puntos (1, 0) y $(a, 1)$.
- Es creciente, pero, al aumentar x, su velocidad de crecimiento disminuye, haciéndose muy pequeña.
- Tiene una rama infinita en el eje Y.

Ejercicio resuelto

Representar la siguiente función:

$$y = log_{1,5}\, x$$

Sabemos que pasa por (1, 0) y (1,5; 1).

Para su representación, nos ayudamos de su inversa, la función exponencial $y = 1,5^x$:

$y = 1,5^x$	$y = log_{1,5}\, x$
(2; 2,25)	(2,25; 2)
(3; 3,38)	(3,38; 3)
(4; 5,06)	(5,06; 4)
(5; 7,59)	(7,59; 5)
(6; 11,39)	(11,39; 6)

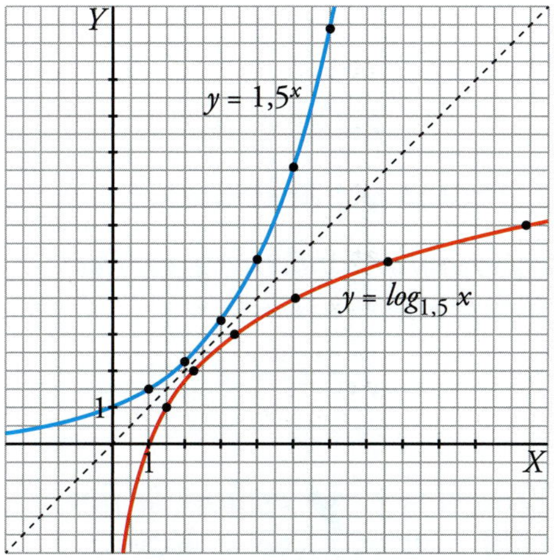

Piensa y practica

1. Representa en tu cuaderno cada par de funciones en los mismos ejes coordenados:

a) $y = 3^x$; $y = log_3 x$ b) $y = 2,2^x$; $y = log_{2,2} x$ c) $y = 4^x$; $y = log_4 x$

Di cuál es el dominio de definición de cada una.

En la web Representación de funciones logarítmicas.

Ejercicios y problemas resueltos

1. Función continua a trozos

Calcular el valor de m para que la siguiente función sea continua:

$$y = \begin{cases} 2x - 5 & \text{si } x < 2 \\ mx + 3 & \text{si } x \geq 2 \end{cases}$$

La función está representada por dos rectas. Para que sea continua, solo hace falta que coincidan en $x = 2$, donde cambia de la primera a la segunda. Para ello, $2x - 5$ debe coincidir con $mx + 3$ en $x = 2$:

$$2 \cdot 2 - 5 = 2m + 3 \;\rightarrow\; m = -2$$

La función queda así: $y = \begin{cases} 2x - 5 & \text{si } x < 2 \\ -2x + 3 & \text{si } x \geq 2 \end{cases}$

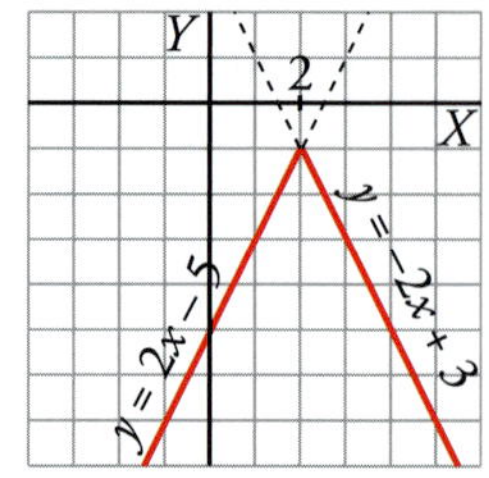

2. Valor absoluto de una función

Expresar la siguiente función sin usar el signo de valor absoluto y representarla:

$$y = \left| \frac{1}{4}x^2 - \frac{5}{2}x + \frac{9}{4} \right|$$

Para expresarla en forma de función definida a trozos, primero tenemos que ver dónde corta al eje X la función que está dentro del valor absoluto. Así podremos averiguar en qué intervalos es positiva y dónde es negativa.

$$\frac{1}{4}x^2 - \frac{5}{2}x + \frac{9}{4} = 0 \;\rightarrow\; x = 1, \; x = 9$$

Como las ramas de la parábola van hacia arriba, ya que el coeficiente de x^2 es positivo, la función solo es negativa entre los dos puntos de corte con el eje X.

Tenemos, pues, tres tramos: $(-\infty, 1]$ y $[9, +\infty)$ donde la función es positiva o cero, por lo que no hay que cambiarla de signo, y el intervalo $(1, 9)$, en el que la función es negativa. En este tramo cambiamos de signo la función. Veamos cómo queda:

$$y = \begin{cases} \frac{1}{4}x^2 - \frac{5}{2}x + \frac{9}{4} & \text{si } x \leq 1 \\ -\frac{1}{4}x^2 + \frac{5}{2}x - \frac{9}{4} & \text{si } 1 < x < 9 \\ \frac{1}{4}x^2 - \frac{5}{2}x + \frac{9}{4} & \text{si } x \geq 9 \end{cases}$$

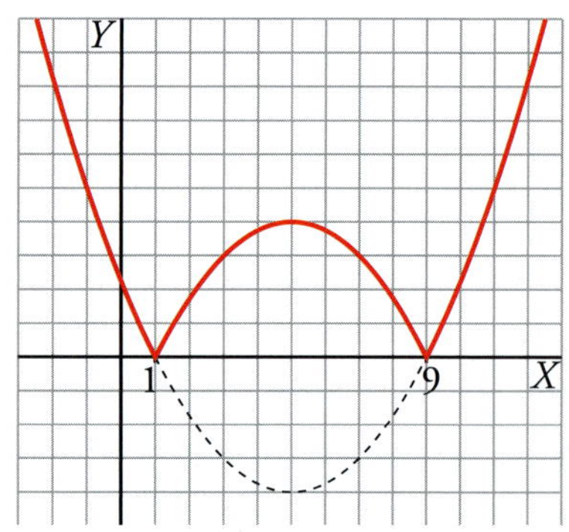

3. Rectas y parábolas

Interpretar analítica y gráficamente este sistema:

$$\begin{cases} y = x^2 - 2 \\ y = x \end{cases}$$

Describir y representar la función continua que se obtiene a partir de ambas, formada por recta-parábola-recta.

Hallamos los puntos de corte de la parábola y la recta. Para ello, despejamos y en cada ecuación e igualamos:

$$\left.\begin{array}{l} y = x^2 - 2 \\ y = x \end{array}\right\} \rightarrow x^2 - 2 = x \rightarrow x^2 - x - 2 = 0 \rightarrow x = -1, \; x = 2$$

Se cortan en $(-1, -1)$ y $(2, 2)$.

En el enunciado dice que primero es un trozo de recta; luego, un trozo de parábola, y finalmente, otro trozo de recta. Esta es la función definida a trozos:

$$y = \begin{cases} x & \text{si } x < -1 \\ x^2 - 2 & \text{si } -1 \leq x \leq 2 \\ x & \text{si } x > 2 \end{cases}$$

La representamos a la derecha.

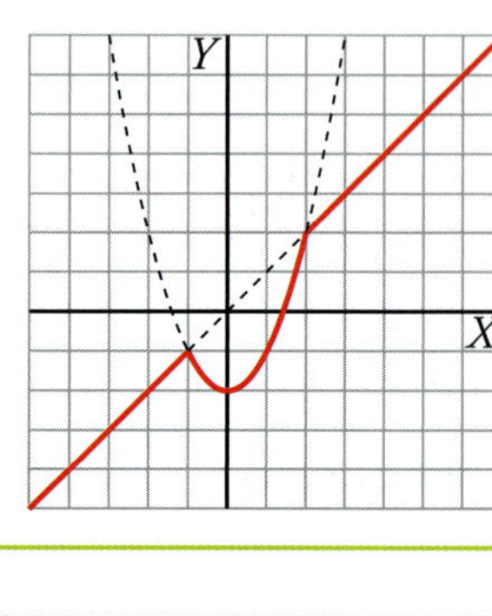

Ejercicios y problemas

Practica

Funciones lineales

1. Representa las siguientes funciones lineales:

a) $y = 2x - 3$ b) $y = \frac{4}{7}x$

c) $y = \frac{-3x + 10}{5}$ d) $y = 2{,}5$

2. Dados la pendiente y un punto, calcula en cada caso la ecuación de la recta:

a) $P(0, 0),\ m = 1$ b) $P(2, -1),\ m = -2$

c) $A(-2, 1),\ m = \frac{1}{2}$ d) $A(1, 3),\ m = -\frac{5}{3}$

3. Calcula la ecuación de estas funciones lineales:

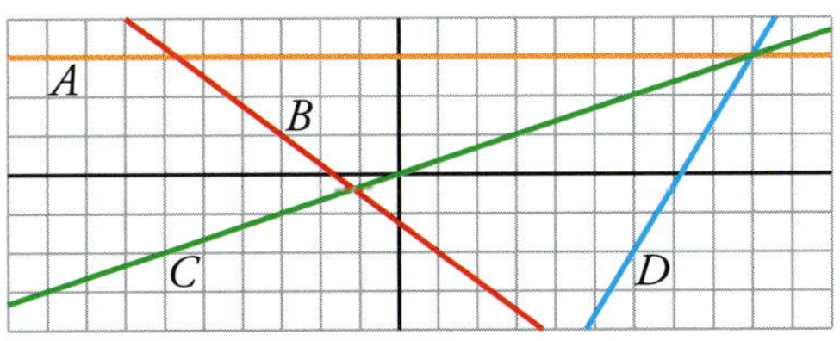

4. Halla, en cada caso, la ecuación de la recta que pasa por los puntos A y B:

a) $A(3, 0),\ B(5, 0)$ b) $A(-2, -4),\ B(2, -3)$

c) $A(0, -3),\ B(3, 0)$ d) $A(0, -5),\ B(-3, 1)$

5. Halla la ecuación, en cada caso, y represéntala:

a) Recta que pasa por $(2, -3)$ y es paralela a la recta que pasa por $(1, -2)$ y $(-4, 3)$.

b) Función de proporcionalidad que pasa por $(-4, 2)$.

c) Función constante que pasa por $(18; -1{,}5)$.

6. Halla el valor de los parámetros a, b, c, d y e para que las rectas y los puntos cumplan las condiciones pedidas:

a) Que la recta que pasa por los puntos $(4, 0)$ y $(-2, a)$ tenga pendiente -1.

b) Que la recta $y = bx + 2$ pase por el punto $(-3, 4)$.

c) Que las rectas de ecuaciones $y = 3x + c$ e $y = cx + 3$ se corten en el punto de ordenada 2. ¿Cuál es la abscisa correspondiente?

d) Que los puntos $(d, -2)$ y $(4, e)$ pertenezcan a la recta de ecuación $y = \frac{1}{2}x - 3$.

Funciones cuadráticas

7. Asocia a cada una de las gráficas una de las expresiones siguientes:

a) $y = x^2$

b) $y = (x - 3)^2$

c) $y = x^2 - 3$

d) $y = x^2 - 6x + 6$

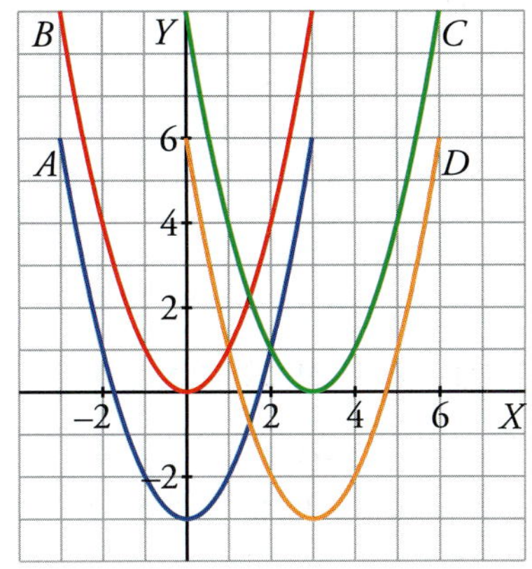

8. Representa las siguientes funciones haciendo, en cada caso, una tabla de valores como esta:

x	–4	–3	–2	–1	0	1	2	3	4
y	…	…	…	…	…	…	…	…	…

a) $y = x^2 + 1$ b) $y = -x^2 + 4$

c) $y = -3x^2$ d) $y = 0{,}4x^2$

9. Representa las siguientes parábolas, hallando el vértice, algunos puntos próximos a él y los puntos de corte con los ejes:

a) $y = (x + 2)^2$ b) $y = x^2 - 4x$

c) $y = \frac{1}{2}x^2 + 2x + 1$ d) $y = x^2 - 9$

10. Di cuál es el punto (abscisa y ordenada) donde se encuentra el vértice de las siguientes parábolas, señalando, en cada caso, si se trata de un máximo o de un mínimo. Después, represéntalas.

a) $y = 8 - x^2$ b) $y = 4 + (3 - x)^2$

c) $y = -x^2 - 2x + 4$ d) $y = 3x - \frac{1}{2}x^2 + 1$

e) $y = \frac{15}{4} - \frac{1}{4}x^2 + \frac{1}{2}x$ f) $y = \frac{1}{3}x^2 + 2x + 3$

11. Representa estas funciones cuadráticas:

a) $y = (x - 5)^2$ b) $y = x \cdot (x - 5)$

c) $y = (x - 3) \cdot (x + 3)$ d) $y = 4 - (x - 2)^2$

12. Utiliza una escala adecuada y representa.

a) $y = \frac{x^2}{100}$ b) $y = -75x^2 + 675$

c) $y = 0{,}002x^2 - 0{,}04x$ d) $y = -10x^2 - 100x$

Ejercicios y problemas

Funciones definidas a trozos

13. Representa estas funciones definidas a trozos:

a) $y = \begin{cases} 2x & \text{si } x \le -1 \\ -2 & \text{si } -1 < x \le 3 \\ x - 5 & \text{si } x > 3 \end{cases}$ b) $y = \begin{cases} -3 & \text{si } x < 0 \\ 2x + 1 & \text{si } x \ge 0 \end{cases}$

c) $y = \begin{cases} -x + 3 & \text{si } x < 1 \\ 2 & \text{si } 1 \le x < 2 \\ x & \text{si } x \ge 2 \end{cases}$

d) $y = \begin{cases} 0 & \text{si } x < -2 \\ x + 2 & \text{si } -2 \le x < 0 \\ 3x - 2 & \text{si } x > 0 \end{cases}$

14. Escribe la ecuación de la función a trozos que corresponde a esta gráfica:

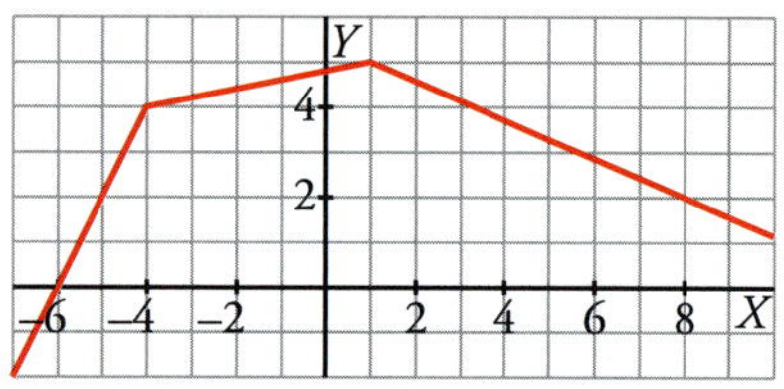

15. Representa las siguientes funciones:

a) $f(x) = \begin{cases} -1 - x & \text{si } x < -1 \\ 1 - x^2 & \text{si } -1 \le x \le 1 \\ x - 1 & \text{si } x > 1 \end{cases}$

b) $f(x) = \begin{cases} x^2 & \text{si } x < 0 \\ -x^2 & \text{si } x \ge 0 \end{cases}$ c) $y = \begin{cases} x^2 + 4x & \text{si } x < 0 \\ -x^2 + 4x & \text{si } x \ge 0 \end{cases}$

16. Sabemos que las ecuaciones de las parábolas que aparecen representadas en las gráficas son:

a) $y = -x^2 - 4x$ b) $y = x^2 - 6x + 5$

c) $y = x^2$ d) $y = 4 - x^2$

Escribe la expresión analítica de la función representada en cada gráfica.

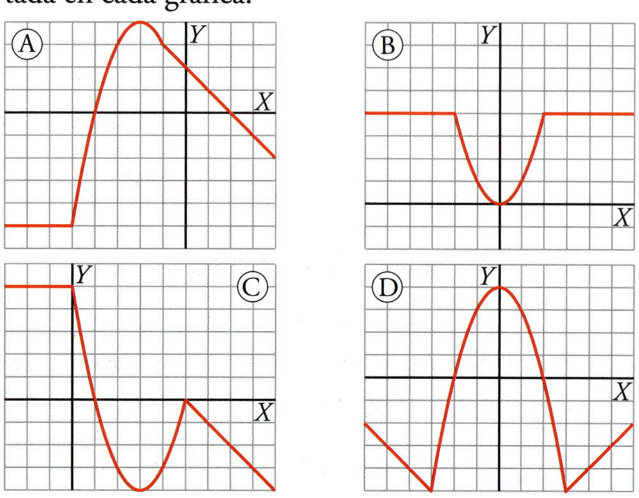

Valor absoluto de una función

17. Asocia cada función con su correspondiente gráfica:

a) $y = |2x - 2|$ b) $y = |4 - x|$

c) $y = \left|\frac{1}{2}x + 2\right|$ d) $y = \left|1 - \frac{1}{2}x\right|$

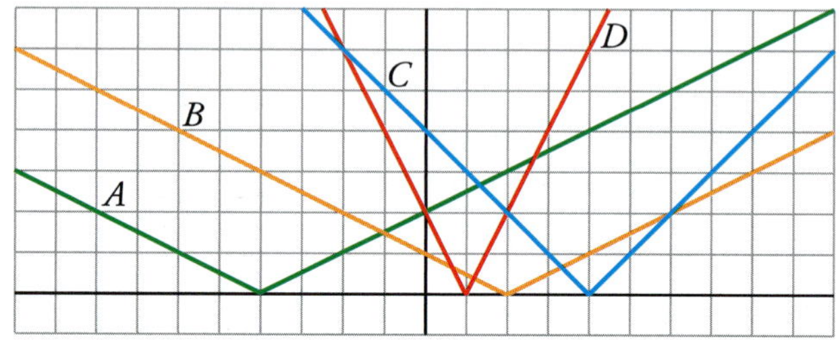

18. Asocia cada función con su gráfica:

a) $y = |x^2 - 4|$ b) $y = |-x^2 - 10x - 22{,}75|$

c) $y = |x^2 - 6x + 5|$ d) $y = |-x^2 - 4x - 3|$

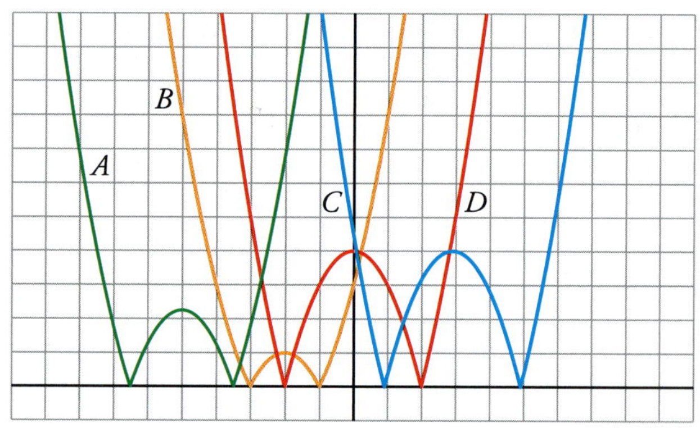

19. Expresa cada una de estas funciones en forma de función definida a trozos, tal como se hace en el ejemplo. Luego, represéntalas.

- $y = |2x - 6| \rightarrow y = \begin{cases} -2x + 6 & \text{si } x < 3 \\ 2x - 6 & \text{si } x \ge 3 \end{cases}$

a) $y = \left|4 - \frac{1}{3}x\right|$ b) $y = |2x + 2|$

c) $y = |x^2 - 2x - 3|$ d) $y = |-x^2 + 2x - 1|$

e) $y = \left|\frac{1}{2}x^2 - 4x + \frac{7}{2}\right|$ f) $y = |9 - x^2|$

20. Representa la gráfica de las siguientes funciones:

a) $y = |x^2 - 1| - 2$ b) $y = 1 + |x|$

c) $y = 1 - |x^2 - 6x + 5|$ d) $y = |x| - |4 - x|$

Otras funciones

21. Asocia a cada gráfica una de estas fórmulas e indica el dominio de definición de cada una:

I) $y = \dfrac{1}{2 - x}$ II) $y = 3 - \dfrac{1}{x - 3}$

III) $y = 2 + \dfrac{2}{x}$ IV) $y = -\dfrac{1}{x + 3}$

a) 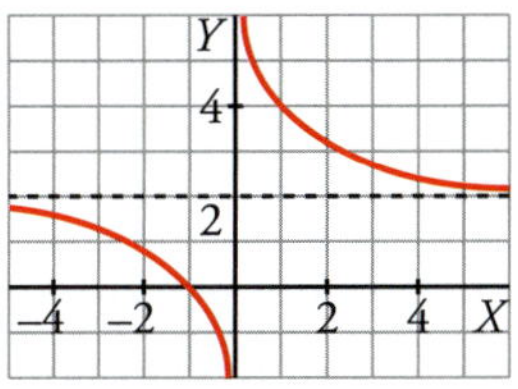

b) 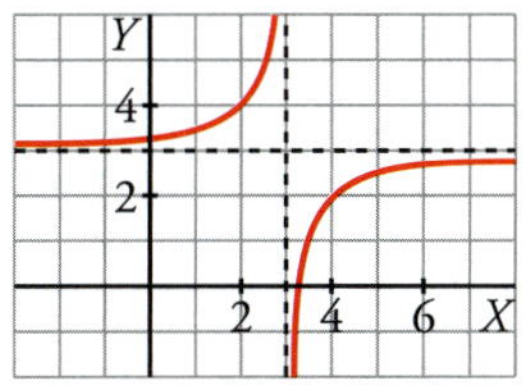

c) 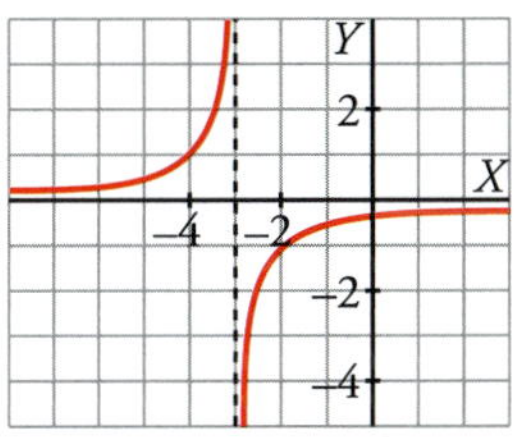

d) 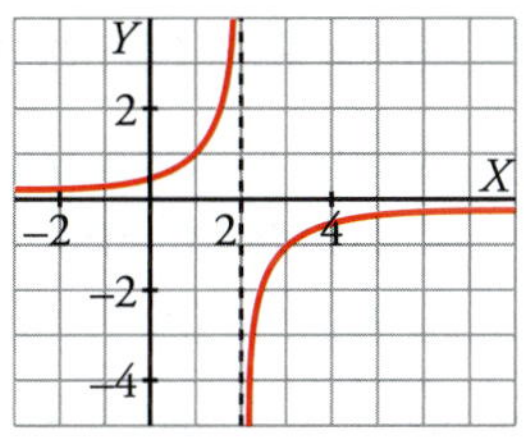

22. Asocia a cada gráfica la fórmula que le corresponde e indica su dominio de definición:

I) $y = \sqrt{x - 3}$ II) $y = \sqrt{x} - 3$

III) $y = 3 - \sqrt{-x}$ IV) $y = \sqrt{-3x}$

a) 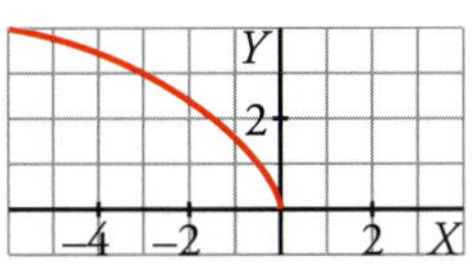

b) 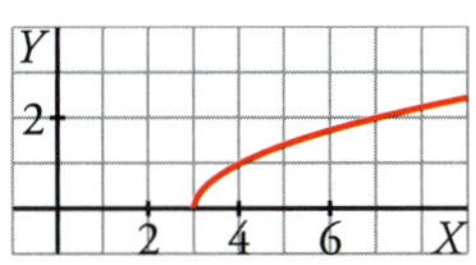

c) 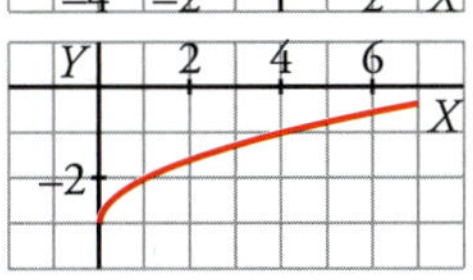

d) 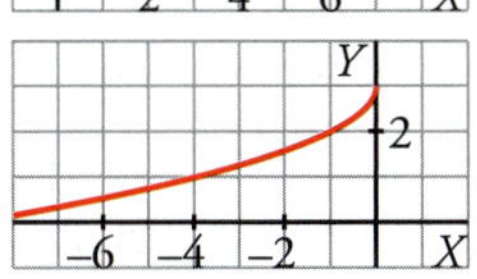

23. Asocia a cada gráfica una de estas fórmulas:

I) $y = 3^x$ II) $y = 1{,}5^x$ III) $y = 0{,}4^x$ IV) $y = 0{,}7^x$

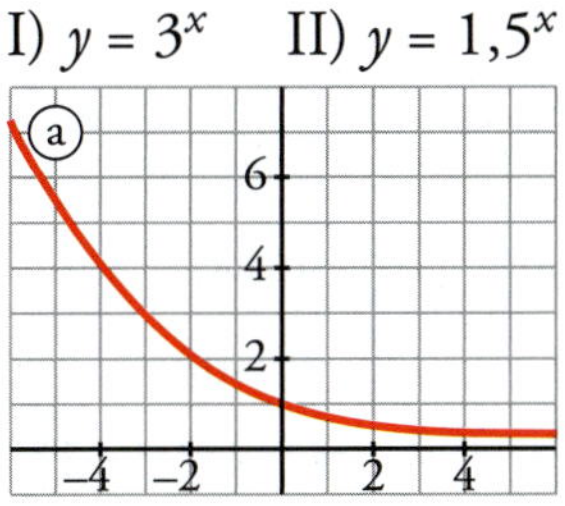

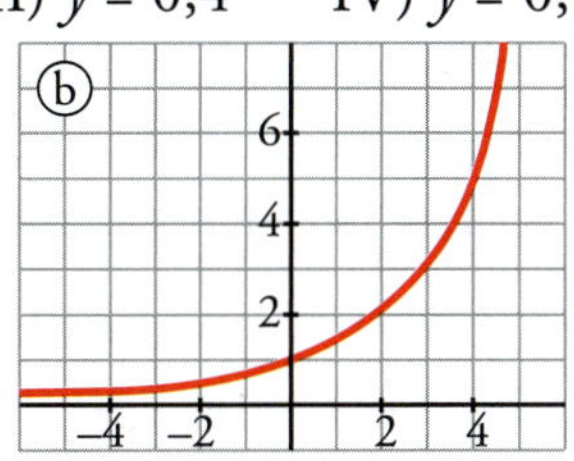

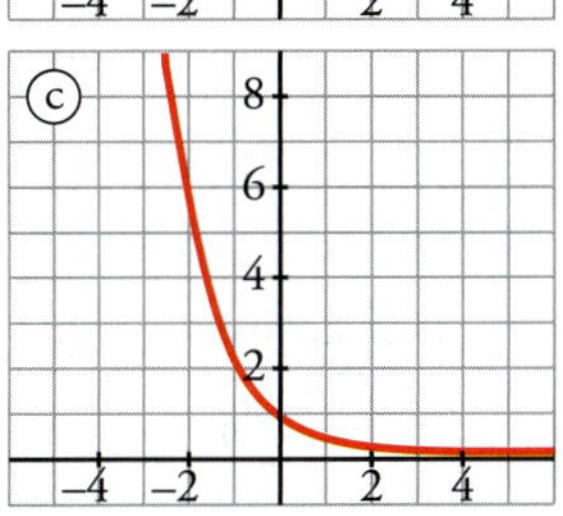

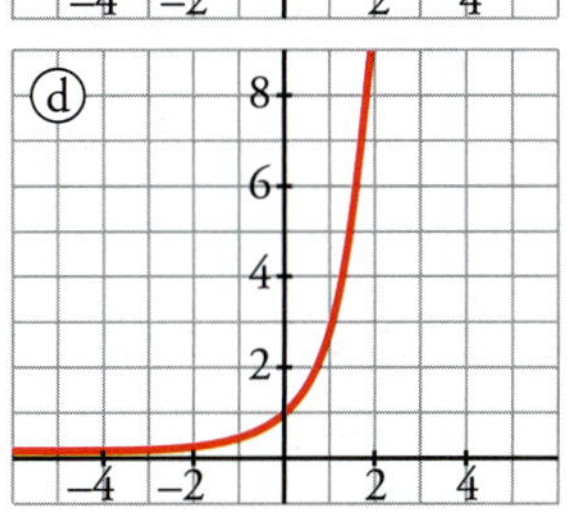

Di, en cada una de ellas, si es creciente o decreciente.

En la web
- Relaciona gráficas con su expresión analítica (I).
- Relaciona gráficas con su expresión analítica (II).

24. Dibuja la gráfica de las funciones siguientes:

a) $y = -\dfrac{1}{x}$ b) $y = \dfrac{2}{x}$

c) $y = \dfrac{1}{x} - 3$ d) $y = \dfrac{3}{x} + 2$

25. Di cuál es el dominio de definición de las siguientes funciones y cuáles son sus asíntotas. Represéntalas gráficamente.

a) $y = \dfrac{1}{x + 3}$ b) $y = -\dfrac{3}{x + 1}$

c) $y = \dfrac{1}{1 - x} + 2$ d) $y = \dfrac{1}{x - 1} + 2$

26. Representa gráficamente las siguientes funciones e indica el dominio de definición de cada una:

a) $y = \sqrt{x} + 2$ b) $y = 2 - \sqrt{x}$

c) $y = 2\sqrt{-x}$ d) $y = -\sqrt{-x}$

e) $y = -2 - \sqrt{x}$ f) $y = -2 - 2\sqrt{-x}$

g) $y = 2 + \sqrt{-x}$ h) $y = 2\sqrt{-x} + 2$

27. Estudia el dominio de definición de las siguientes funciones y represéntalas gráficamente:

a) $y = \sqrt{2 - x}$ b) $y = 7 - \sqrt{2x + 4}$

c) $y = \sqrt{-x - 1}$ d) $y = 2 + \sqrt{x + 3}$

e) $y = 1 + \sqrt{x - 1}$ f) $y = \sqrt{2(x - 1)}$

g) $y = -\sqrt{-(x + 2)}$ h) $y = 1 + \sqrt{1 - (x + 1)}$

28. Representa las siguientes funciones haciendo, en cada caso, una tabla de valores. (Ayúdate de la calculadora).

a) $y = 2^{-x}$ b) $y = 3^x + 1$

c) $y = \left(\dfrac{2}{3}\right)^x + 3$ d) $y = 0{,}75^{-x}$

29. Representa cada par de funciones sobre los mismos ejes coordenados. ¿Qué relación hay entre ellos?

a) $y = \left(\dfrac{1}{3}\right)^x$; $y = 3^x$ b) $y = 0{,}25^x$; $y = 4^x$

30. a) Representa las funciones siguientes:

$$y = 3^x \text{ e } y = log_3\, x$$

b) Comprueba si los puntos siguientes pertenecen a la gráfica de $y = log_3\, x$:

$(243, 5)$ $\left(\dfrac{1}{27}, -3\right)$ $(\sqrt{3}; 0{,}5)$ $(-3, -1)$

Ejercicios y problemas

Aplica lo aprendido

31. Resuelve analítica y gráficamente los siguientes sistemas:

a) $\begin{cases} y = 2x^2 - 5x - 6 \\ y = 3x + 4 \end{cases}$ b) $\begin{cases} y = x^2 - 2x + 1 \\ y = -2x + 2 \end{cases}$

c) $\begin{cases} y = 2x^2 - 8x - 3 \\ y = x^2 - 2x - 3 \end{cases}$ d) $\begin{cases} y = -x^2 + 5x \\ y = x^2 + 3x - (15/2) \end{cases}$

32. a) Calcula b y c para que el vértice de la parábola $y = x^2 + bx + c$ esté en el punto (3, 1).

b) ¿Cuál es su eje de simetría?

c) ¿Cuáles son sus puntos de corte con los ejes?

33. La parábola $y = ax^2 + bx + c$ pasa por el origen de coordenadas. ¿Cuánto valdrá c?

Si, además, sabemos que pasa por los puntos (1, 3) y (4, 6), halla a y b y representa la parábola.

34. Calcula a y b para que la función $y = \dfrac{a}{x - b}$ pase por los puntos (2, 2) y (–1, –1).

35. La gráfica de una función exponencial del tipo $y = ka^x$ pasa por los puntos (0, 3) y (1; 3,6).

a) Calcula k y a.

b) ¿Es creciente o decreciente?

c) Representa la función.

36. La función exponencial $y = ka^x$ pasa por los puntos (0, 2) y (2; 1,28). Calcula k y a y represéntala.

37. a) Representa gráficamente la función exponencial $y = 1{,}2^x$ haciendo uso de una tabla de valores.

b) ¿Cuál es la función inversa o recíproca de $y = 1{,}2^x$? Represéntala en los mismos ejes.

38. Representa las siguientes funciones:

a) $f(x) = \begin{cases} x & \text{si } x < 0 \\ \sqrt{x} & \text{si } x \geq 0 \end{cases}$ b) $f(x) = \begin{cases} x^2 & \text{si } x < 1 \\ \dfrac{1}{x} & \text{si } x \geq 1 \end{cases}$

39. Calcula el valor del parámetro k para que la siguiente función sea continua:

$$y = \begin{cases} -x^2 - kx - 5 & \text{si } x \leq -2 \\ \dfrac{1}{2}x + 4 & \text{si } x > -2 \end{cases}$$

Resuelve problemas

40. ¿Cuál es la ecuación de la función que nos da el perímetro de un hexágono dependiendo de cuánto mida su lado? ¿Y la que nos da su área? Dibuja ambas funciones.

41. Una casa de reprografía cobra 5 céntimos por cada fotocopia. Ofrece también un servicio de multicopia, por el que cobra 50 cént. fijos y 2 cént. por cada copia de un mismo ejemplar.

Haz, para cada caso, una tabla de valores que muestre lo que hay que pagar según el número de copias realizadas. Representa las funciones obtenidas.

¿Tiene sentido unir los puntos en cada una? Obtén la expresión analítica de cada función. ¿A partir de cuántas copias es más barato usar la multicopista?

42. El médico ha puesto a Marcos un régimen de adelgazamiento de 12 semanas y le ha hecho esta gráfica para explicarle lo que espera conseguir:

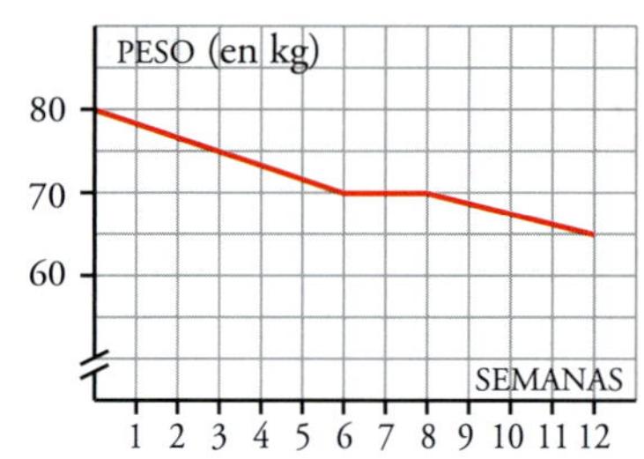

a) ¿Cuánto pesaba Marcos al comenzar el régimen?

b) ¿Cuánto debe adelgazar por semana en la primera etapa del régimen? ¿Y entre la 6.ª y la 8.ª semanas?

c) Halla la expresión analítica de esa función.

43. Andrea ha comprado por 100 € un regalo de cumpleaños para Carlos. El resto de los amigos del grupo deciden pagar el regalo entre todos.

Construye una función que nos dé el dinero que debe poner cada uno dependiendo del número de personas que haya y dibújala.

44. El sueldo inicial de Ana es de 24 000 € anuales. En su contrato de trabajo figura que subirá un 8 % anual. ¿Cuánto ganará dentro de 10 años?

a) Escribe la función que relaciona el sueldo con el tiempo.

b) ¿Para qué valores de la variable está definida?

En la web Modelización de áreas dependientes de un parámetro.

Problemas "+"

45. La altura, h, a la que se encuentra en cada instante, t, una flecha que lanzamos con el arco hacia arriba con una velocidad de 40 m/s es $h = 40t - 5t^2$.

a) Representa gráficamente la función.

b) Di cuál es su dominio de definición.

c) ¿En qué momento alcanza su altura máxima? ¿Cuál es esa altura?

d) ¿En qué momento se clava la flecha en el suelo?

e) ¿En qué intervalo de tiempo la flecha está a una altura superior a 35 metros?

46. Este año, Verónica ha conseguido recoger de su cosecha 240 kg de aguacates que hoy se venderían a 1,20 €/kg. A partir de ahora, cada día que pasa se estropean 4 kg, pero el precio aumenta 0,10 €/kg. ¿Cuándo debe vender los aguacates para obtener el máximo beneficio? ¿Cuál será ese beneficio?

47. El coste por unidad de fabricación de un tipo de cajas disminuye según el número de unidades fabricadas y viene dado por la función:

$$y = \frac{0,3x + 1\,000}{x}$$

a) ¿Qué valores toma la variable independiente, x?

b) Calcula el coste por unidad y el coste total para fabricar 10 cajas. Haz lo mismo para 100 000 cajas.

c) ¿A cuánto crees que se acerca el coste por unidad cuando el número de cajas se hace muy grande?

48. En una piscina hay un trampolín a 8 m del agua. Esther lanza una pelota rodando y cae al agua a 12 m de la vertical del trampolín.

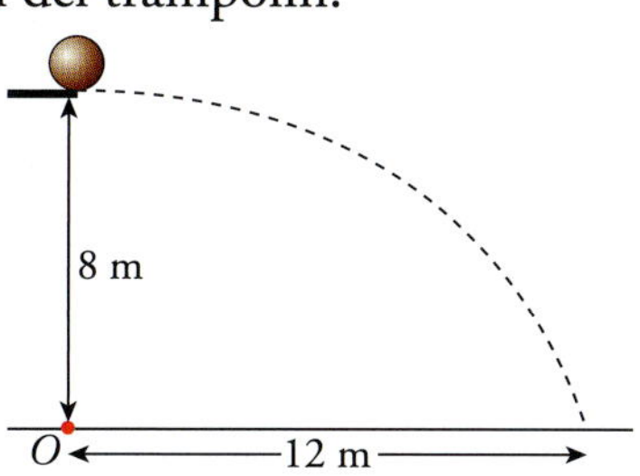

Escribe la ecuación de la trayectoria descrita por la pelota desde que sale del trampolín hasta que toca el agua. Da su dominio de definición.

La trayectoria es una parábola $y = ax^2 + bx + c$ con su vértice en el punto de caída. Toma O como centro de coordenadas y ten en cuenta que el vértice es (0, 8).

Reflexiona sobre la teoría

49. Di cuál es la pendiente de cada una de las siguientes rectas y di si son crecientes o decrecientes:

a) $y = \frac{5x - 8}{3}$ b) $\frac{y + 4}{2} = 1$ c) $3x + y + 4 = 0$

¿Qué relación hay entre el crecimiento o decrecimiento de una recta y su pendiente?

50. Dibuja y escribe la ecuación, en cada caso, de las parábolas que cumplen estas condiciones:

a) Su eje es $x = 2$, el coeficiente de la x^2 es –1 y corta al eje X en un solo punto.

b) Tiene el vértice en el punto (3, –2) y tiene la misma forma que $y = x^2$.

c) Tiene el vértice en el origen de coordenadas y pasa por el punto (–3, –18).

51. Construye funciones definidas a trozos que cumplan las siguientes condiciones y dibújalas:

a) Es continua y está compuesta por dos trozos de rectas. Pasa por el origen de coordenadas y tiene pendiente –2 en $x = 4$. Tiene un máximo en (3, 7).

b) Es continua y está compuesta por un trozo de parábola y un trozo de recta en este orden. Tiene un mínimo relativo en (0, 0) y un máximo relativo en (2, 4).

52. Todas las funciones exponenciales de la forma $y = a^x$ pasan por un mismo punto. Indica qué punto es y justifícalo. ¿En qué casos (valores de a) la función es decreciente?

53. ¿Verdadero o falso?

a) Las funciones $y = \sqrt{x}$ e $y = \sqrt{-x}$ forman una parábola tumbada al representarlas en los mismos ejes.

b) Si el eje de una parábola es $x = 2$, no puede pasar por los puntos (–1, 6) y (5, 8).

c) Las funciones $y = 4^x$ e $y = -4^x$ son simétricas respecto al eje Y.

d) Las funciones $y = 4^x$ e $y = \left(\frac{1}{4}\right)^x$ son simétricas respecto al eje Y.

e) La función $y = log_3 x$ tiene dos asíntotas, una vertical y otra horizontal.

emprender aprender

Interpreta y describe

Dos funciones coordinadas

Cuando se voltea un reloj de arena, la función que relaciona el tiempo que falta para que la arena termine de caer con el tiempo que ha transcurrido es lineal. En el gráfico A se han representado dos funciones de este tipo: $g(t)$, en trazo rojo, para el reloj grande, y $p(t)$, en trazo verde, para el reloj pequeño.

El gráfico B describe el proceso que se ha de seguir para medir 7 minutos manipulando ambos relojes.

Cada asterisco indica el instante en que se voltea el reloj del color correspondiente.

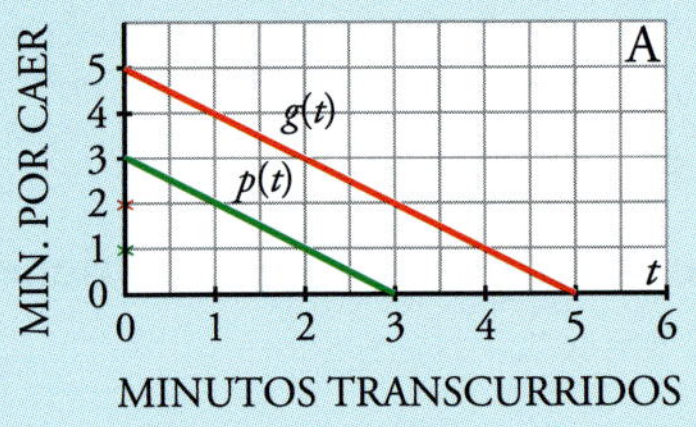

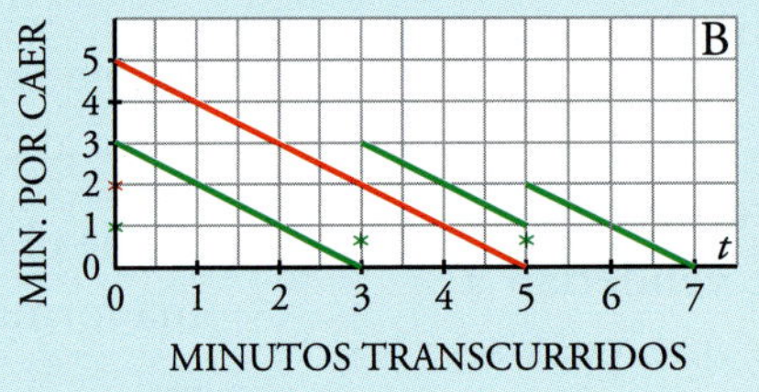

- Describe verbalmente la información que contiene el gráfico B.
- Construye una gráfica similar a la B que indique el proceso que hay que seguir para medir siete minutos con un reloj de cuatro y otro de cinco minutos.

Infórmate

La prueba del carbono catorce (C^{14})

El carbono catorce es un isótopo radiactivo del carbono que se va desintegrando espontáneamente, de forma que se reduce a la mitad cada 5 568 años.

Por otro lado, el carbono catorce está en la atmósfera y es absorbido por las plantas, que lo incorporan en una determinada proporción.

Cuando una planta muere y queda almacenada en un yacimiento geológico, su carbono catorce sigue el proceso de desintegración mencionado, según una función exponencial decreciente:

$$P_{\%} = 100 \cdot \left(\frac{1}{2}\right)^{\frac{t}{5568}}$$

$P_{\%} \rightarrow$ Porcentaje de C^{14} respecto al que había inicialmente

$t \rightarrow$ Edad en años

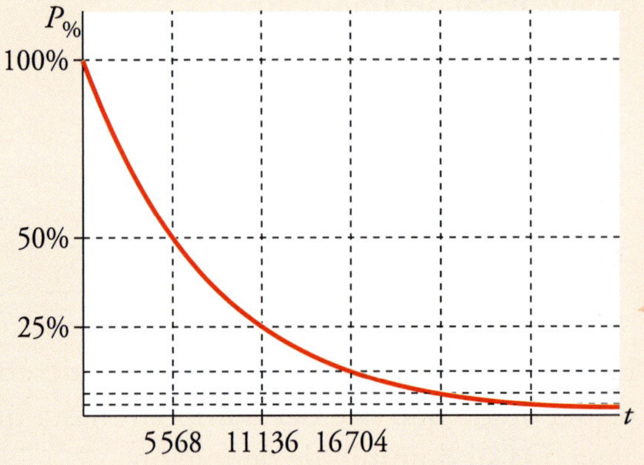

Así, analizando la proporción de C^{14} de un fósil y conociendo la inicial (planta viva), con la ecuación anterior se puede averiguar su edad geológica; es decir, el tiempo que hace que se formó.

- ¿Qué porcentaje de C^{14} tendrá un fósil con una edad de 33 000 años?
- ¿Cuál será la antigüedad de un fósil si tiene el 10 % del C^{14} de la planta viva?

Entrénate resolviendo problemas

- Una vela dura una hora. Con las sobras de 10 velas se fabrica una nueva.

  a) ¿Cuántas horas de luz tendremos con 442 velas?

  b) ¿Cuántas velas se necesitan para 1 000 horas de luz?

- Una granjera fue al mercado a vender una cesta de huevos. La primera clienta compró la mitad de los huevos más medio huevo. La segunda compró la mitad de los que le quedaban más medio huevo, y lo mismo hizo la tercera. Con esto concluyó la venta, ya que a la granjera no le quedaban más huevos.

  ¿Cuántos huevos tenía?

- Un padre repartió entre sus hijos un rebaño de ovejas.

  — El mayor de ellos se llevó una oveja más 1/7 de las restantes.

  — Al segundo le correspondieron dos ovejas más 1/7 de las restantes.

  — El tercero recibió tres ovejas más 1/7 de las que quedaban.

  — Y así sucesivamente hasta llegar al más pequeño.

  De esta manera, todos recibieron la misma herencia y no sobró ninguna oveja.

  ¿Cuántos hermanos eran?

  ¿Cuántas ovejas había en el rebaño?

Autoevaluación

En la web Resoluciones de estos ejercicios.

1. Representa la función definida a trozos cuya ecuación es:

$$y = \begin{cases} 2x + 6 & \text{si } x < -2 \\ x/2 + 3 & \text{si } -2 \le x < 2 \\ -x + 6 & \text{si } x \ge 2 \end{cases}$$

2. Halla el vértice de cada una de las siguientes parábolas y represéntalas:

a) $y = \dfrac{x^2}{2} - 2$ b) $y = x^2 + 4x - 5$

c) $y = (5 - x)(x + 1)$ d) $y = -(x - 3)^2 - 1$

e) $y = 2x^2 + 4x$ f) $y = 9 - (x - 1)^2$

g) $y = 2(x - 1)(x + 3)$ h) $y = (x + 2)^2 - 2x^2$

3. Expresa estas funciones sin utilizar el valor absoluto (del tipo definidas a trozos). Represéntalas.

a) $y = |2x + 1|$ b) $y = \left|1 - \dfrac{x}{4}\right|$

c) $y = |-x^2 + 4x - 3|$ d) $y = |9 - (x - 2)^2|$

4. Representa las siguientes funciones e indica sus dominios de definición:

a) $y = \dfrac{1}{x + 5}$ b) $y = \dfrac{3}{x} - 2$ c) $y = \dfrac{3}{x - 1} + 1$

d) $y = \sqrt{x + 2}$ e) $y = 2\sqrt{x - 1}$ f) $y = -\sqrt{x - 3}$

5. Representa estos pares de funciones:

a) $y = 1{,}2^x$; $y = log_{1,2}\, x$ b) $y = 2{,}2^x$; $y = log_{2,2}\, x$

¿Respecto a qué recta son simétricas las dos funciones de cada par?

6. Con un listón de madera de 3 metros de largo, queremos fabricar un marco para un cuadro.

a) Si la base del cuadro midiera 0,5 m, ¿cuánto mediría la altura? ¿Y la superficie?

b) ¿Cuál es el valor de la superficie para una base cualquiera, x?

c) ¿Para qué valor de la base se obtiene la superficie máxima? ¿Cuánto vale dicha superficie?

GEOMETRÍA

Semejanza. Aplicaciones

Trigonometría

Geometría analítica

6 Semejanza. Aplicaciones

Un importante personaje

El estudio teórico de la semejanza se suele basar en el teorema de Tales. Recordemos quién fue este personaje.

Tales nació en Mileto (actualmente, en la costa occidental de Turquía), aproximadamente, en el año 640 a. C. Murió con más de 90 años.

Tales de Mileto, el primero de "los siete sabios de Grecia".

Yacimiento arqueológico de Mileto, actual Turquía.

Visitó Egipto y, posiblemente, Babilonia, y aprendió la ciencia práctica acumulada durante siglos por estas civilizaciones. Aportó estos conocimientos, seguramente muy elaborados, al mundo griego.

Fue el primero que exigió que las afirmaciones matemáticas y de otras ciencias fueran avaladas por razonamientos bien fundamentados. Por eso, se le considera el fundador de la ciencia griega.

¿Es de Tales el "teorema de Tales"?

Muy admirado en su época y en siglos posteriores, se le dio el rango del primero de "los siete sabios de Grecia". Esta gran admiración de la que fue objeto hizo que se le mitificara y se le atribuyeran méritos que realmente no eran suyos. Por ejemplo, la predicción de un eclipse. Y la paternidad del teorema que lleva su nombre.

Parece cierto que en Egipto midió la altura de una pirámide comparando su sombra con la que arrojaba, en el mismo instante, una vara vertical. Pero esta aplicación práctica de la semejanza no significa que diera forma al enunciado del teorema, ni mucho menos que lo demostrara.

Ambos logros, junto con una adecuada fundamentación y el desarrollo teórico de la semejanza, hay que atribuírselos a **Euclides,** dos siglos y medio posterior.

Euclides demostró el teorema de Tales en el libro VI de "Los Elementos".

Se cuenta que Tales predijo el eclipse de Sol que en 585 a. C. puso fin a la batalla del río Halys, entre medos y lidios.

Medida del radio de la Tierra

Eratóstenes (siglo II a. C.) supo que en una cierta localidad, S, situada al sur de Alejandría, el Sol iluminaba el fondo de los pozos un día concreto del año, al mediodía. Eso significaba que los rayos del Sol caían verticales en esa localidad y en ese momento. Midió el ángulo que, en ese instante, formaban en Alejandría, A, los rayos del Sol con la vertical. Conociendo la distancia entre las dos localidades, A y S, pudo averiguar el radio de la Tierra.

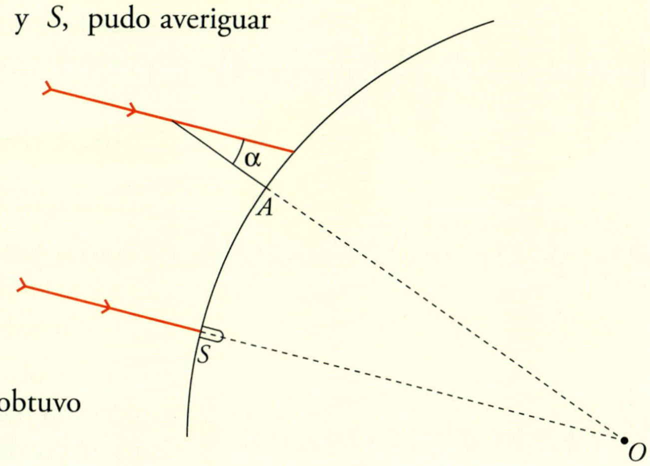

- S y A están en el mismo meridiano.

  Los rayos del Sol llegan a S y a A paralelos.

  Eratóstenes midió el ángulo α y obtuvo $\frac{1}{50}$ del ángulo total (es decir, 360° : 50 = 7,2° = 7° 12').

  Midió la distancia de S a A: 5 000 estadios.

Con estas mediciones y haciendo algunos cálculos, Eratóstenes obtuvo de forma bastante precisa el radio de la Tierra.

La semejanza en la China antigua

El *Libro de los 9 capítulos* (China, siglo III a. C.) es una recopilación de problemas interesantes. En el capítulo 9 se propone el siguiente:

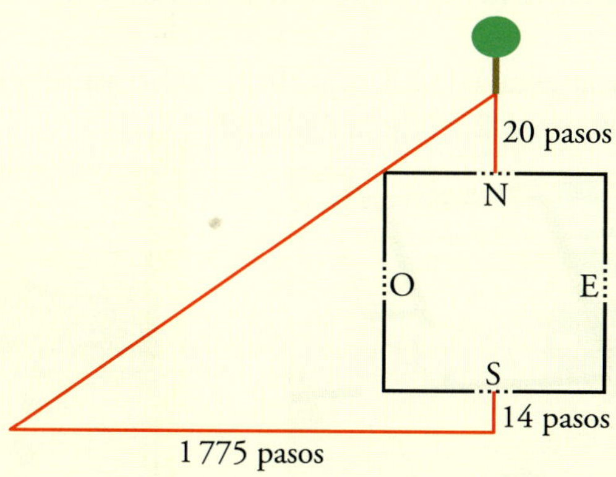

- Hay una ciudad cuadrada. Hay una puerta en el centro de cada lado. A 20 pasos de la puerta norte hay un árbol.

  Si uno sale por la puerta Sur y se aleja 14 pasos hacia el sur y luego camina 1 775 pasos hacia el oeste, el árbol aparecerá a la vista.

  El problema consiste en averiguar el lado de la ciudad.

Resuelve

1. Sabiendo que 1 estadio = 185 m, halla en kilómetros el radio de la Tierra que obtuvo Eratóstenes. Compáralo con la realidad: 6 371 km.

2. ¿Cuánto mide el lado de la ciudad china?

1 Semejanza

Dos figuras semejantes tienen la *misma forma*. ¿Cómo se manifiesta esto matemáticamente?

— Los ángulos correspondientes en figuras semejantes son iguales.

— Las longitudes de los segmentos correspondientes en figuras semejantes son proporcionales. La razón de proporcionalidad se llama **razón de semejanza.**

Figuras semejantes en la vida corriente

Estamos rodeados de reproducciones:

- Con las fotografías, los vídeos, las maquetas de monumentos, las copias de cuadros famosos... se pretende transmitir unas características que se conservan con la semejanza: la imagen, la forma, el color, la belleza del original.
- Con los planos de edificios o ciudades, los mapas... se pretende obtener con precisión medidas, distancias. Por ello, van acompañados de una *escala* con la que se pueden obtener magnitudes de la realidad midiendo sobre ellos.

Escalas

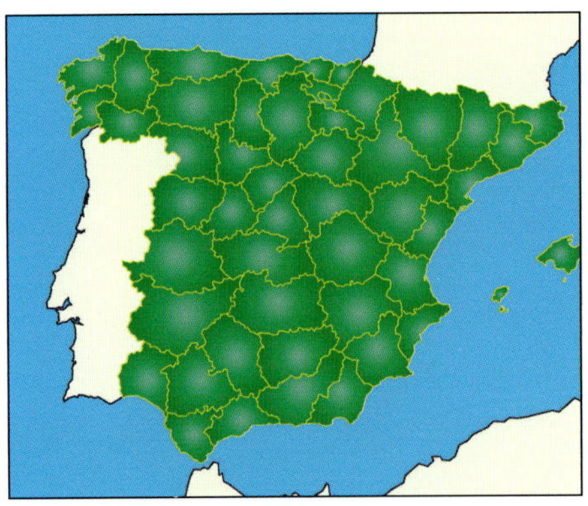

La escala utilizada para un mapa de la península ibérica que quepa en un folio es de alrededor de 1:10 000 000.
Para este margen, el mapa está a escala 1:20 000 000.

Escala es el cociente entre cada longitud de la reproducción (mapa, plano, maqueta) y la correspondiente longitud en la realidad. Es, por tanto, la **razón de semejanza** entre la reproducción y la realidad.

Por ejemplo, una escala 1:200 significa, como ya sabes, que 1 cm del plano corresponde a 200 cm = 2 m de la realidad.

El plano de una casa suele tener escalas alrededor de 1:100 o 1:200.

El mapa de una ciudad suele tener escalas alrededor de 1:20 000.

■ Escalas en objetos muy pequeños

Hemos visto cómo se utilizan las escalas para representar un objeto o una superficie a un tamaño menor. Pero ¿qué escala debemos usar para representar un objeto minúsculo a mayor tamaño?

Por ejemplo, en biología se puede representar con una maqueta de 10 cm de diámetro una célula eucariota animal cuyo diámetro real es 10 μm = 0,01 mm. En estos casos, en lugar de expresar la escala con 1:0,001 ponemos 1 000:1. Quiere decir que 1 000 cm en la maqueta corresponden a 1 cm en la realidad.

Maqueta de una célula eucariota animal. Escala 1 000:1

Relación entre las áreas y entre los volúmenes

Si la razón de semejanza entre dos figuras es k, la razón entre sus áreas es k^2 y la razón entre sus volúmenes es k^3.

La razón entre las áreas de dos figuras semejantes es igual al cuadrado de la razón de semejanza.

La razón entre los volúmenes de dos figuras semejantes es igual al cubo de la razón de semejanza.

En la web Refuerza el cálculo de longitudes, áreas y volúmenes en figuras semejantes.

Ejercicios resueltos

1. ***Gonzalo tiene una maqueta a escala 1:500. Ha tomado estas medidas sobre ella:***

CAMPO DE FÚTBOL: 30 cm de largo y 18 cm de ancho.

DEPÓSITO CILÍNDRICO: 6 cm de diámetro y 10 cm de altura.

Calcular:

a) La superficie del campo de fútbol en la realidad.

b) El volumen real del depósito.

Dimensiones reales:

CAMPO DE FÚTBOL: $\begin{cases} \text{Largo} = 30 \text{ cm} \cdot 500 = 15\,000 \text{ cm} = 150 \text{ m} \\ \text{Ancho} = 18 \text{ cm} \cdot 500 = 9\,000 \text{ cm} = 90 \text{ m} \end{cases}$

DEPÓSITO: $\begin{cases} \text{Radio} = 3 \text{ cm} \cdot 500 = 1\,500 \text{ cm} = 15 \text{ m} \\ \text{Altura} = 10 \text{ cm} \cdot 500 = 5\,000 \text{ cm} = 50 \text{ m} \end{cases}$

a) Superficie del campo de fútbol = $150 \text{ m} \times 90 \text{ m} = 13\,500 \text{ m}^2$

También se puede calcular a partir de su superficie en la maqueta:

$S_{\text{CF real}} = S_{\text{CF maqueta}} \cdot 500^2 = (30 \cdot 18)\,\text{cm}^2 \cdot 500^2 = 135\,000\,000\,\text{cm}^2 = 13\,500\,\text{m}^2$

b) Volumen del depósito = $\pi r^2 h = \pi \cdot 15^2 \cdot 50 = 35\,343 \text{ m}^3$

También se puede calcular a partir de su volumen en la maqueta:

$V_{\text{depósito real}} = V_{\text{depósito maqueta}} \cdot 500^3 = (\pi \cdot 3^2 \cdot 10)\text{cm}^3 \cdot 500^3 =$

$= 283 \text{ cm}^3 \cdot 500^3 = 35\,375\,000\,000 \text{ cm}^3 = 35\,375 \text{ m}^3$

2. ***En la estación de Atocha de Madrid hay una escultura de Antonio López que muestra la cabeza de un recién nacido con un perímetro craneal de 7 m.***

El perímetro craneal de un bebé al nacer es de unos 35 cm. Calcular:

a) La escala a la que el escultor construyó la cabeza.

b) Si la escultura tiene un volumen de 5,8 m³, ¿cuál será el volumen de la cabeza de un bebé?

a) Para calcular la escala, nos basamos en las medidas relativas al perímetro craneal que proporciona el enunciado. Tendremos en cuenta, además, que las medidas se nos dan en diferentes unidades, metros y centímetros.

7 m = 700 cm de la escultura corresponden a 35 cm en la realidad:

$700 : 35 = 20$

La escala a la que está representada la escultura es 20:1.

Es decir, cada 20 cm de la escultura corresponden a 1 cm de la realidad.

b) Recuerda que cuando una maqueta tiene una escala $1{:}k$, para hallar el volumen del objeto real hay que multiplicar el de la maqueta por k^3.

En este caso, la escala es $k{:}1$, y por tanto, hay que dividir el volumen de la maqueta por k^3.

Teniendo en cuenta lo anterior, calculamos:

$$5{,}8 \text{ m}^3 : 20^3 = 5\,800\,000 \text{ cm} : 8\,000 = 725 \text{ cm}^3$$

El volumen de la cabeza de un recién nacido es de unos 725 cm³.

Piensa y practica

1. Para construir una carpa semiesférica para su maqueta, Gonzalo ha necesitado 402 cm² de tela. Sabiendo que tiene un diámetro de 16 cm, calcula la superficie y el volumen de la carpa en la realidad.

2. La Estatua de la Libertad de Nueva York mide 30,6 m de los pies a la cabeza. Si con ella se reprodujo a una persona cuya estatura era de 170 cm, ¿qué escala utilizaron para su construcción?

En la web Presentación y uso del pantógrafo.

2 Semejanza de triángulos

En las páginas anteriores hemos tratado con pares de figuras que **sabíamos de antemano que eran semejantes** y, basándonos en esa semejanza, al estudiar una de ellas obteníamos consecuencias para la otra. Así, estudiando un plano sabemos cómo es la planta del edificio o de la ciudad.

Lo que ahora nos proponemos es más difícil: **cómo averiguar si dos figuras son semejantes.** Para ello, hemos de profundizar en la semejanza de triángulos, pues cualquier figura se puede descomponer en triángulos. (Si la figura tiene lados curvos, la descomposición será solo aproximada).

Para el estudio de la semejanza de triángulos, es fundamental el teorema de Tales. Lo recordamos:

Teorema de Tales

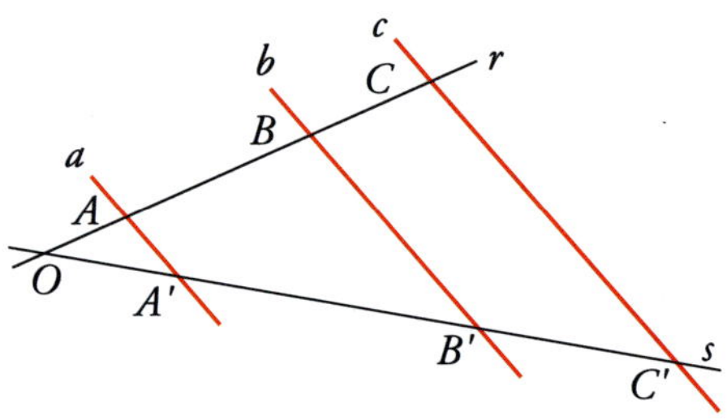

Si las rectas a, b y c son paralelas y cortan a otras dos rectas r y s, entonces los segmentos que determinan en ellas son proporcionales.

$\dfrac{\overline{AB}}{\overline{BC}} = \dfrac{\overline{A'B'}}{\overline{B'C'}}$ Como consecuencia, se verifica: $\dfrac{\overline{AB}}{\overline{A'B'}} = \dfrac{\overline{BC}}{\overline{B'C'}} = \dfrac{\overline{OA}}{\overline{OA'}}$

También ocurre lo recíproco: si los segmentos $\overline{AB}$ y $\overline{BC}$ son proporcionales a $\overline{A'B'}$ y $\overline{B'C'}$ y las rectas a y b son paralelas, entonces la recta c es paralela a ellas.

El teorema de Tales sirve para estudiar la semejanza de triángulos.

En la web

Ampliación teórica sobre el teorema de Tales.

Triángulos semejantes

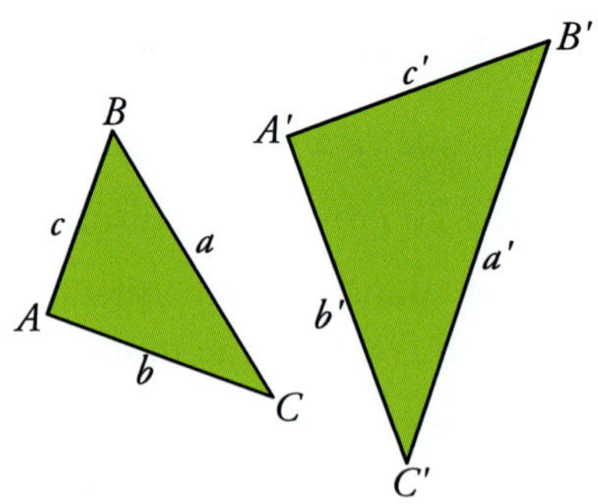

Dos **triángulos semejantes** tienen:

- Sus lados proporcionales:

$$\frac{a}{a'} = \frac{b}{b'} = \frac{c}{c'} = \text{razón de semejanza}$$

- Sus ángulos, respectivamente iguales:

$$\hat{A} = \hat{A}',\ \hat{B} = \hat{B}',\ \hat{C} = \hat{C}'$$

En la web

- Visualización del teorema de Tales.
- Cálculo de longitudes en triángulos en posición de Tales.
- Cálculo de áreas en triángulos en posición de Tales.

Triángulos en posición de Tales

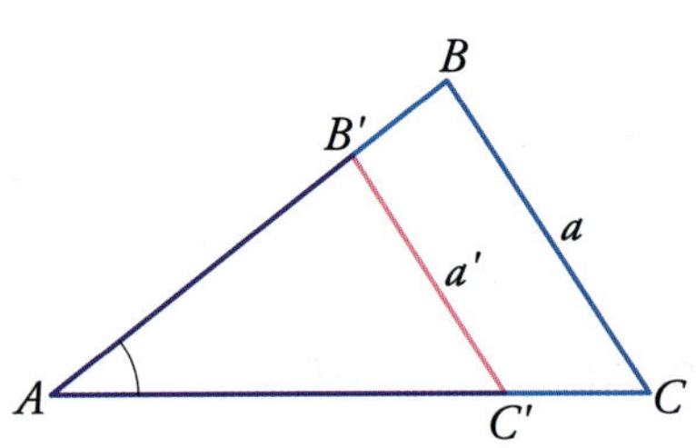

Los triángulos ABC y $AB'C'$ tienen un ángulo común, el $\hat{A}$. Es decir, el triángulo pequeño está encajado en el grande.

Además, los lados opuestos a $\hat{A}$ son paralelos.

Decimos que esos dos triángulos están en **posición de Tales.**

Dos triángulos en posición de Tales son semejantes.

Criterios de semejanza de triángulos

Para saber si dos triángulos son semejantes, no es necesario comprobar en ellos todas las condiciones dadas en la página anterior. Será suficiente ver que se cumplen algunas de ellas.

En la web Criterios de semejanza de triángulos.

Se llama **criterio de semejanza** de dos triángulos a un conjunto de condiciones tales que, si se cumplen, tendremos la seguridad de que los triángulos son semejantes.

PRIMER CRITERIO

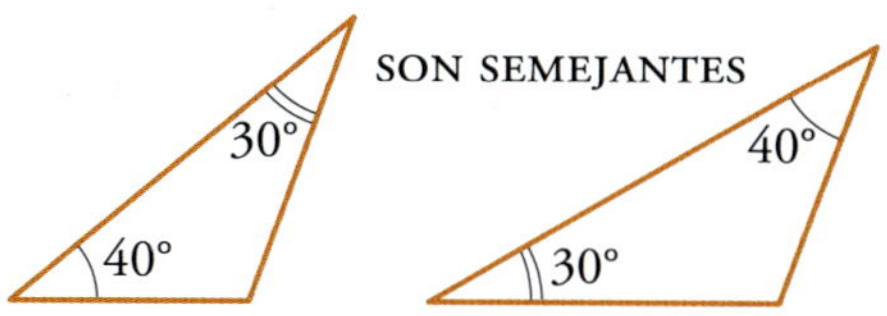

Dos triángulos son semejantes si tienen dos pares de ángulos respectivamente iguales.

$\widehat{ABC}$ es semejante a $\widehat{A'B'C'}$ si:

$$\hat{A} = \hat{A}' \text{ y } \hat{B} = \hat{B}'$$

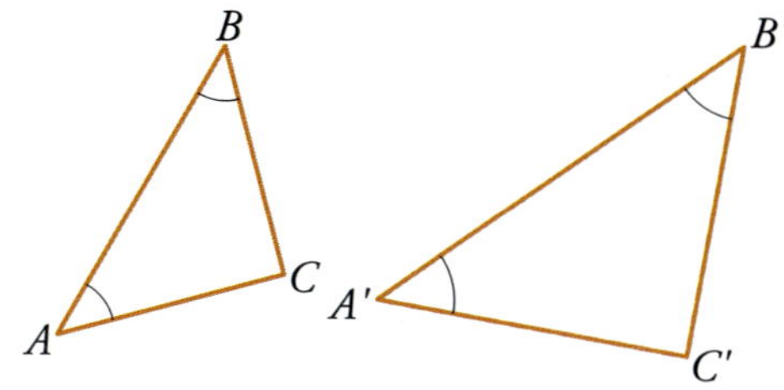

SEGUNDO CRITERIO

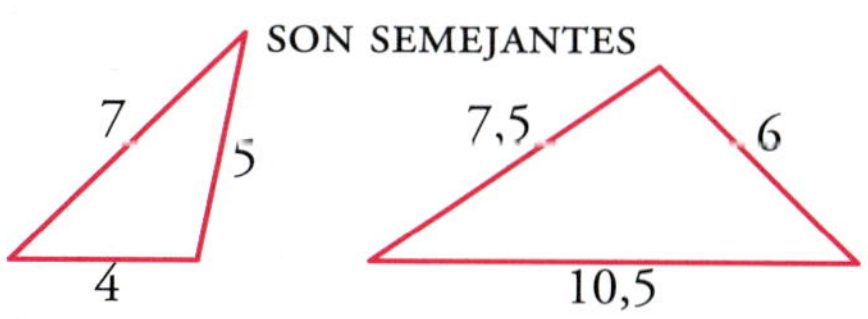

$$\frac{10,5}{7} = \frac{6}{4} = \frac{7,5}{5} = 1,5$$

Dos triángulos son semejantes si sus lados son proporcionales.

$\widehat{ABC}$ es semejante a $\widehat{A'B'C'}$ si:

$$\frac{a'}{a} = \frac{b'}{b} = \frac{c'}{c}$$

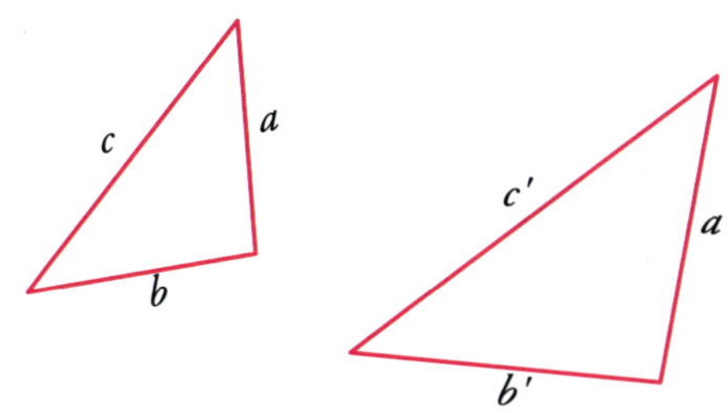

TERCER CRITERIO

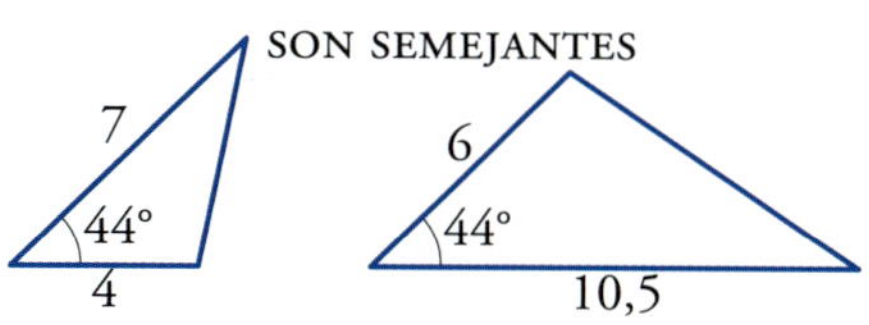

$$\frac{10,5}{7} = \frac{6}{4} = 1,5$$

Dos triángulos son semejantes si tienen un ángulo igual y los lados que lo forman son proporcionales.

$\widehat{ABC}$ es semejante a $\widehat{A'B'C'}$ si:

$$\hat{A} = \hat{A}' \text{ y } \frac{b'}{b} = \frac{c'}{c}$$

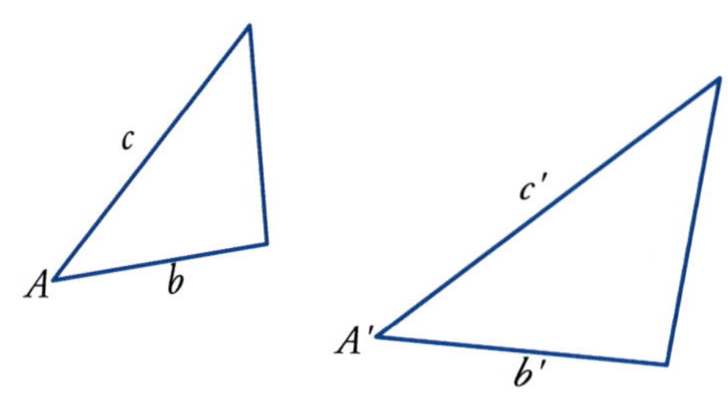

Piensa y practica

En la web Refuerza la aplicación de los criterios de semejanza.

1. Estamos en A. Queremos calcular la distancia a un lugar lejano e inaccesible, C. Para eso, señalamos otro punto próximo, B, y medimos: $\overline{AB} = 53$ m. Medimos también los ángulos $\hat{A} = 46°$ y $\hat{B} = 118°$.

Ahora dibujamos en nuestro cuaderno un triángulo $A'B'C'$ con las siguientes medidas: $\overline{A'B'} = 53$ mm, $\hat{A}' = 46°$, $\hat{B}' = 118°$.

a) Construye el triángulo $A'B'C'$ en tu cuaderno.

b) Explica por qué $\widehat{A'B'C'}$ es semejante a $\widehat{ABC}$.

c) Mide $\overline{A'C'}$ con la regla.

d) Deduce cuánto mide la distancia buscada, $\overline{AC}$.

3 La semejanza en los triángulos rectángulos

Los triángulos rectángulos son particularmente importantes, tanto desde el punto de vista teórico como práctico. Por eso les vamos a dedicar una atención especial. Empecemos por estudiar un criterio de semejanza muy fácil de aplicar.

Criterio de semejanza de triángulos rectángulos

Dos triángulos rectángulos son semejantes si tienen igual uno de sus ángulos agudos.

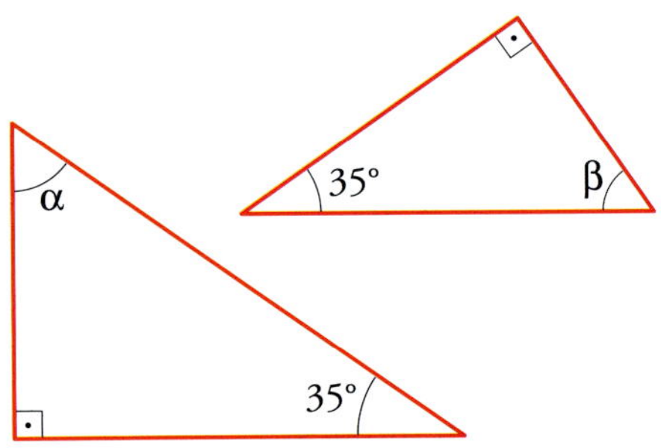

Esto es así, pues con ese ángulo y el ángulo recto ya son dos los ángulos iguales y, por tanto, también será igual el tercero.

Por ejemplo, los dos triángulos del margen son rectángulos y tienen un ángulo agudo igual. Podemos asegurar que son semejantes, ya que los otros ángulos, α y β, también son iguales. Lo comprobamos:

$$\left.\begin{array}{l} 90° + 35° + \alpha = 180° \\ 90° + 35° + \beta = 180° \end{array}\right\} \rightarrow \alpha = \beta = 55°$$

Consecuencias del criterio de semejanza anterior

Del criterio anterior obtenemos dos consecuencias importantes:

Todos los triángulos obtenidos al trazar perpendiculares a alguno de los lados de un ángulo son semejantes.

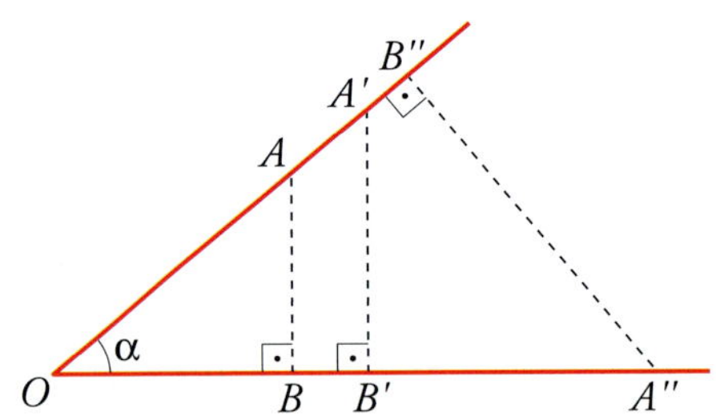

Todos esos triángulos (*ABO*, *A'B'O*, *A''B''O*) son semejantes por tener el ángulo α común.

Por tanto, sabemos, sin más comprobación (por el criterio anterior), que sus lados son proporcionales.

En un triángulo rectángulo, la altura sobre la hipotenusa determina dos triángulos semejantes al original.

En la siguiente figura encontramos tres triángulos rectángulos: *ABC*, *AMB* y *AMC*.

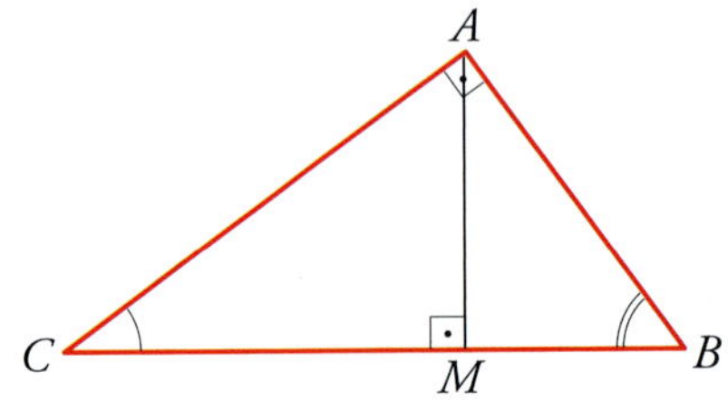

— *ABC* y *AMB* son semejantes por compartir el ángulo $\hat{B}$.

— *ABC* y *AMC* son semejantes por compartir el ángulo $\hat{C}$.

En la web

Resuelve problemas guiados en los que se aplica la semejanza de triángulos rectángulos.

Observa

Esta segunda propiedad de los triángulos rectángulos también es consecuencia de la primera.

ABC y *AMB* son semejantes porque son dos triángulos formados sobre el ángulo *B* al trazar dos perpendiculares a sus lados, *AM* y *CA*.

Lo mismo ocurre con *ABC* y *AMC*.

Teorema del cateto

Según acabamos de ver, cada uno de los dos triángulos formados al trazar la altura sobre la hipotenusa de un triángulo rectángulo es semejante a dicho triángulo.

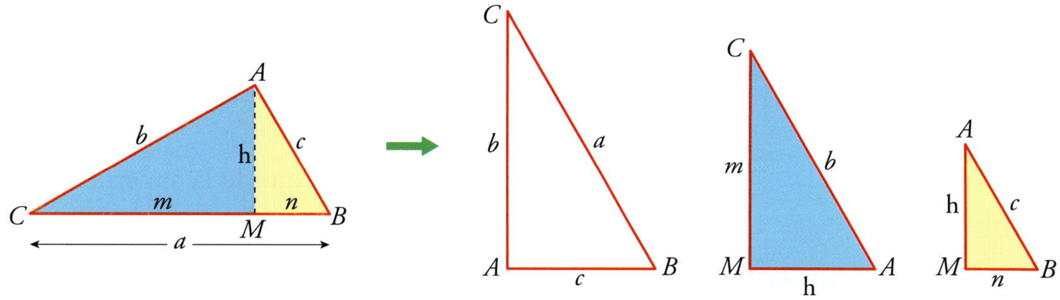

- Como los triángulos ABC y MAC son semejantes: $\frac{a}{b} = \frac{b}{m} \rightarrow b^2 = a \cdot m$
- Por la semejanza de ABC y MBA se obtiene: $\frac{a}{c} = \frac{c}{n} \rightarrow c^2 = a \cdot n$

En la web
- Demostración visual del teorema del cateto.
- Demostración visual del teorema de la altura.

Teorema del cateto

El cuadrado de un cateto es igual al producto de la hipotenusa por la proyección de dicho cateto sobre la hipotenusa. Es decir: $\boldsymbol{b^2 = a \cdot m}$ y $\boldsymbol{c^2 = a \cdot n}$

Teorema de la altura

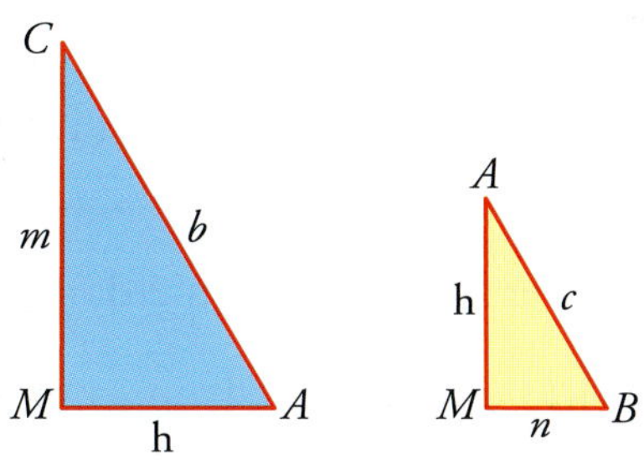

Como los triángulos MAC y MBA son semejantes: $\frac{m}{\mathrm{h}} = \frac{\mathrm{h}}{n} \rightarrow \mathrm{h}^2 = m \cdot n$

Teorema de la altura

El cuadrado de la altura sobre la hipotenusa es igual al producto de los dos segmentos en que dicha altura divide a la hipotenusa. Es decir: $\boldsymbol{\mathrm{h}^2 = m \cdot n}$

Ejercicio resuelto

Calcular* h, x *e* y *en el siguiente triángulo rectángulo:

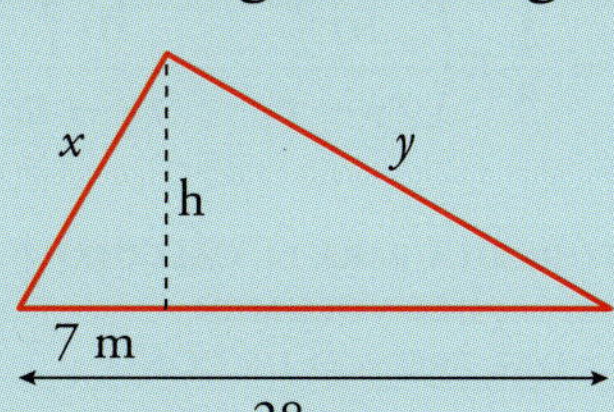

La proyección del cateto y sobre la hipotenusa es $28 - 7 = 21$ m.

Aplicando el teorema del cateto, obtenemos los valores de x e y:

$$x^2 = 28 \cdot 7 = 196 \rightarrow x = \sqrt{196} = 14 \text{ m}$$

$$y^2 = 28 \cdot 21 = 588 \rightarrow y = \sqrt{588} \text{ m}$$

Aplicando el teorema de la altura, obtenemos el valor de h:

$$\mathrm{h}^2 = 7 \cdot 21 = 147 \rightarrow \mathrm{h} = \sqrt{147} \text{ m}$$

Piensa y practica

En la web Refuerza la aplicación de estos teoremas.

1. En este triángulo rectángulo, calcula las longitudes h, m y n.

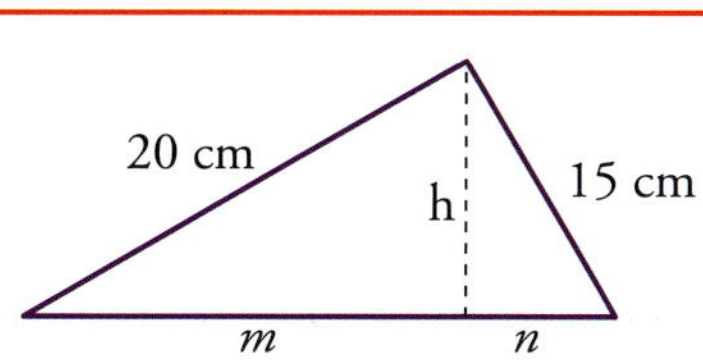

2. En un triángulo rectángulo, las proyecciones de los catetos sobre la hipotenusa miden 20 cm y 22,05 cm, respectivamente. Calcula las medidas de los catetos y de la altura sobre la hipotenusa.

En la web Practica los teoremas del cateto y de la altura.

4 Aplicaciones de la semejanza de triángulos

La semejanza de triángulos, y en concreto la de los triángulos rectángulos, se utiliza con frecuencia en las figuras espaciales. Veamos dos interesantes ejercicios resueltos:

- Uno sobre el cálculo del volumen de un tronco de cono, conociendo los radios de las bases y la altura.
- Y otro sobre el cálculo de la superficie de la Tierra que se ve desde una nave, sabiendo la altura a la que está.

Ejercicios resueltos

1. ***Hallar el volumen de un tronco de cono de 9 cm de altura sabiendo que los radios de sus bases miden 20 cm y 8 cm.***

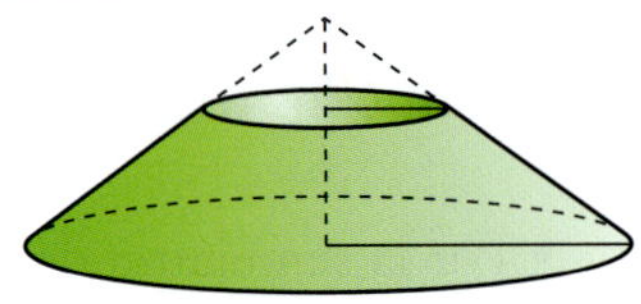

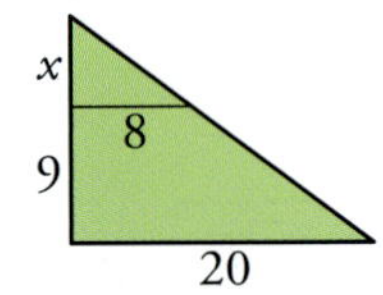

Ampliamos el tronco hasta completar un cono. Llamamos x al incremento de la altura. Tenemos en cuenta la semejanza de los dos triángulos: el pequeño, de catetos 8 y x; y el grande, de catetos 20 y $x + 9$:

$$\frac{x}{8} = \frac{x+9}{20} \rightarrow 20x = 8x + 72 \rightarrow 12x = 72 \rightarrow x = 6 \text{ cm}$$

El volumen del tronco de cono es la diferencia de volúmenes de dos conos:

$$V_{\text{TRONCO}} = \frac{1}{3}\pi \cdot 20^2 \cdot (9+6) - \frac{1}{3}\pi \cdot 8^2 \cdot 6 = \frac{1}{3}\pi(6\,000 - 384) = 5\,881{,}06 \text{ cm}^3$$

GENERALIZACIÓN

Vamos a resolver este problema de forma general (ver figura a la izquierda):

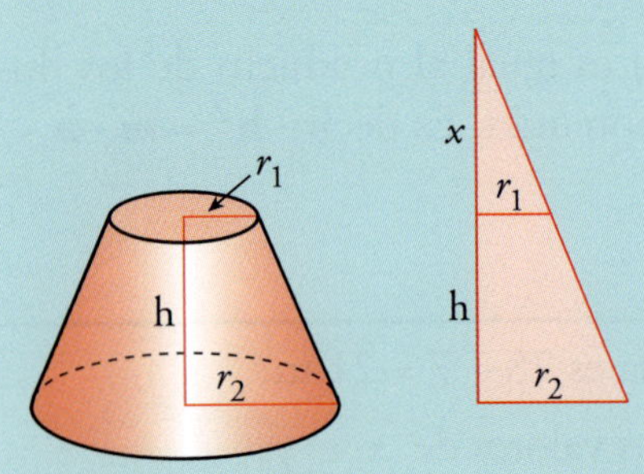

$$\frac{x+\text{h}}{r_2} = \frac{x}{r_1} \rightarrow xr_1 + \text{h}r_1 = xr_2 \rightarrow x(r_2 - r_1) = \text{h}r_1 \rightarrow x = \frac{\text{h}r_1}{r_2 - r_1}$$

$$V_{\text{TRONCO}} = \frac{1}{3}\pi r_2^2(x+\text{h}) - \frac{1}{3}\pi r_1^2 x = \frac{1}{3}\pi\left[r_2^2\left(\frac{\text{h}r_1}{r_2-r_1} + \text{h}\right) - r_1^2\frac{\text{h}r_1}{r_2-r_1}\right] =$$

$$= \frac{1}{3}\pi\left[r_2^2\left(\frac{\cancel{\text{h}r_1} + \text{h}r_2 - \cancel{\text{h}r_1}}{r_2-r_1}\right) - r_1^2\frac{\text{h}r_1}{r_2-r_1}\right] = \frac{1}{3}\pi\left(\frac{\text{h}r_2^3}{r_2-r_1} - \frac{\text{h}r_1^3}{r_2-r_1}\right) =$$

$$= \frac{1}{3}\pi\text{h}\frac{r_2^3 - r_1^3}{r_2 - r_1} = \frac{1}{3}\pi\text{h}(r_2^2 + r_1r_2 + r_1^2)$$

FÓRMULA PARA EL CÁLCULO DEL VOLUMEN DEL TRONCO DE CONO

En la web
Resuelve problemas guiados con triángulos semejantes en el espacio.

Piensa y practica

1. Calcula el volumen de un tronco de cono cuya altura es 9 cm y cuyas bases tienen radios de 20 cm y 35 cm.

a) Hazlo paso a paso, razonadamente.

b) Compruébalo aplicando la fórmula anterior.

2. Calcula el volumen de un tronco de pirámide cuadrangular regular cuyas bases son cuadrados.

Lados de los cuadrados: 40 cm y 16 cm

Altura: 9 cm

2. ***¿Cuál es la superficie de la Tierra que se ve desde 1 000 km de altura?***

Recordemos que el radio de la Tierra mide 6 371 km.

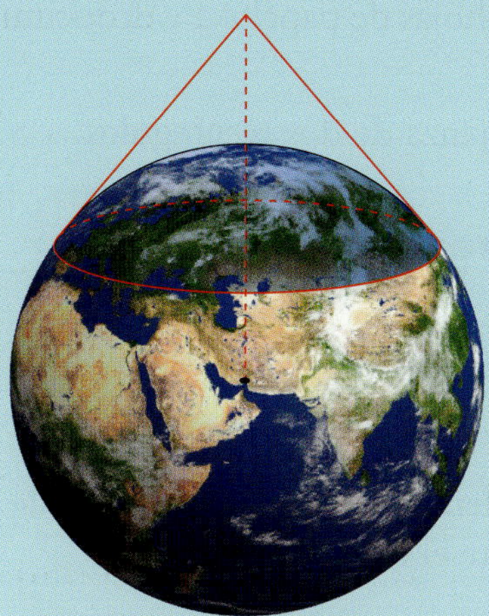

La superficie de tierra que se ve al mirar nuestro planeta (o cualquier otra esfera grande) a una cierta distancia es un casquete esférico. (La línea del horizonte es la circunferencia en la que el cono formado por las visuales es tangente a la esfera).

Llamamos $d = 1\,000$ km a la distancia desde el punto de mira a la esfera;

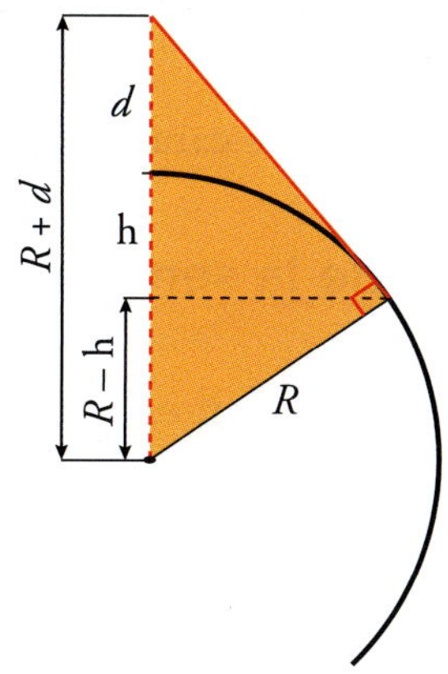

$R = 6\,371$ km, al radio de la esfera, y h, a la altura del casquete esférico cuya área queremos calcular.

Recordemos que $A_{\text{CASQUETE}} = 2\pi R\text{h}$.

El triángulo naranja cuyos lados son la visual tangente a la esfera, R y $R + d$ es rectángulo.

Para calcular h, aplicamos el teorema del cateto:

$$R^2 = (R - \text{h}) \cdot (R + d) \;\rightarrow$$

$$\rightarrow\; 6\,371^2 = (6\,371 - \text{h}) \cdot (7\,371) \;\rightarrow\; \text{h} = 864{,}33 \text{ km}$$

$$A_{\text{CASQUETE}} = 2\pi \cdot 6\,371 \cdot 864{,}33 = 34\,599\,280 \text{ km}^2$$

GENERALIZACIÓN

Vamos a resolver este problema de forma general:

$$R^2 = (R - \text{h}) \cdot (R + d) \;\rightarrow\; R^2 = R^2 + Rd - (R + d)\text{h} \;\rightarrow$$

$$\rightarrow\; (R + d)\text{h} = Rd \;\rightarrow\; \text{h} = \frac{Rd}{R + d}$$

Esta es la altura del casquete esférico en función del radio, R, de la esfera y de la distancia, d, desde la cual la miramos.

La superficie del casquete visto es:

$$A_{\text{CASQUETE}} = 2\pi R \cdot \frac{Rd}{R + d} = \frac{2\pi R^2 d}{R + d}$$

En la web

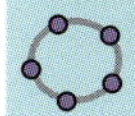

- Cálculo de la altura de un árbol usando un espejo.
- Cálculo de la altura de la pirámide de Keops.

Piensa y practica

3. Un globo sube 643 m sobre la superficie de la Tierra. Averigua qué superficie terrestre se verá desde arriba. Hazlo de dos formas:

a) Razonadamente, utilizando el teorema del cateto.

b) Aplicando la fórmula anterior, para comprobar que la solución es correcta.

c) ¿A qué altura hemos de ascender para ver exactamente el 5 % de la superficie de la Tierra? (Aplica la fórmula).

4. Un cohete se aproxima a la Luna, cuyo diámetro, según sabemos, es de 3 500 km.

a) Averigua qué superficie de Luna se ve desde el cohete cuando se encuentra a 1 000 km de distancia. Hazlo razonadamente y comprueba el resultado aplicando la fórmula.

b) ¿A qué distancia debe estar el cohete para poder asegurar que sus ocupantes pueden ver el 10 % de la superficie de la Luna? (Aplica la fórmula).

5 Semejanza de rectángulos. Aplicaciones

El rectángulo es la figura geométrica más común en el mundo urbanizado: mesas, estanterías, libros, paredes, ventanas, edificios, plazas…

Y, en concreto, hay dos rectángulos que usas continuamente y cuyas dimensiones tienen mucho que ver con la semejanza. Son las hojas de papel A4 y el documento de identidad.

Empecemos viendo cómo se caracteriza la semejanza de dos rectángulos.

Caracterización de la semejanza de rectángulos

Dos rectángulos son semejantes si sus dimensiones (largo y ancho) son proporcionales.

En esta serie de rectángulos hemos hecho evidente la proporcionalidad de sus dimensiones, y por tanto su semejanza, mediante el teorema de Tales.

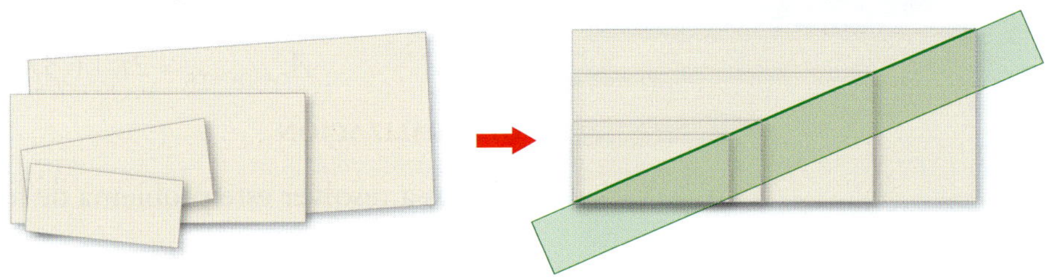

Una hoja de papel A-4

Las hojas de papel que se utilizan habitualmente (A-4) tienen una curiosa propiedad: si las partimos por la mitad, cada uno de los trozos es semejante a la hoja inicial. Basándonos en esta propiedad, hallamos la proporción entre sus lados.

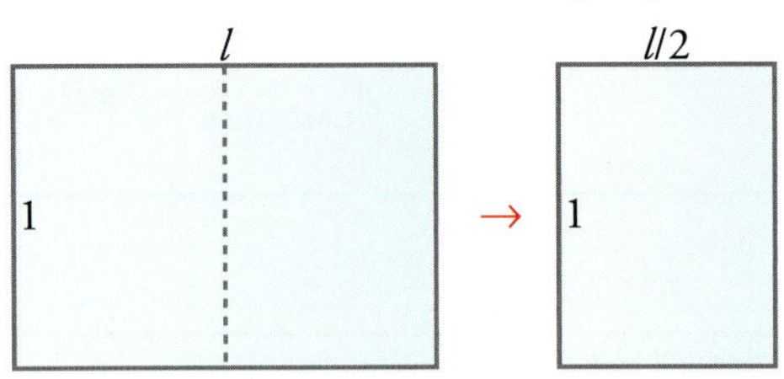

ESTOS DOS RECTÁNGULOS SON SEMEJANTES

Tomamos como unidad el lado menor. La semejanza de los dos rectángulos nos lleva a la siguiente proporción:

$$\frac{l}{1} = \frac{1}{l/2}$$

$$\frac{l}{1} = \frac{1}{l/2} \rightarrow \frac{l^2}{2} = 1 \rightarrow l^2 = 2 \rightarrow l = \sqrt{2}$$

Llegamos a la conclusión de que para que un rectángulo sea semejante a su mitad, es necesario que la proporción entre sus lados sea $\sqrt{2}$.

Es fácil comprobar mediante dos pliegues si una hoja de dimensiones $a \times b$ es A-4 o semejante:

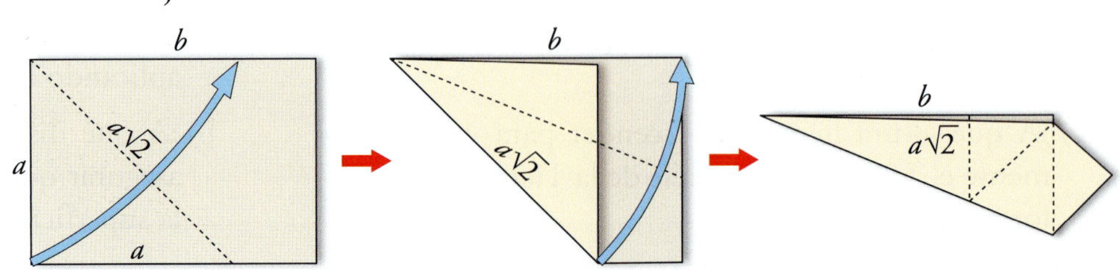

La cadena A-0, 1, 2, 3, 4, 5...

La hoja de papel doble de la A-4 se llama A-3.

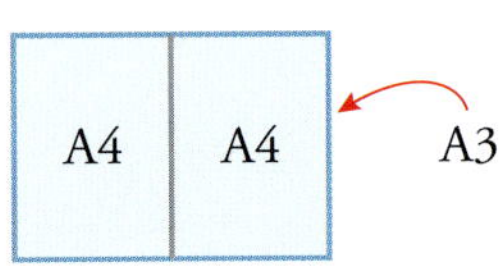

A su vez, el doble de la A-3 es la A-2 y el doble de la A-2 es la A-1.

La mitad de la A-4 es la A-5.

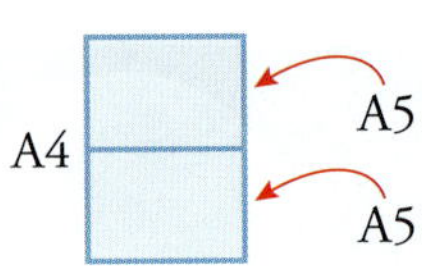

La mitad de la A-5 es la A-6.

…

Todas ellas son semejantes.

Rectángulo áureo

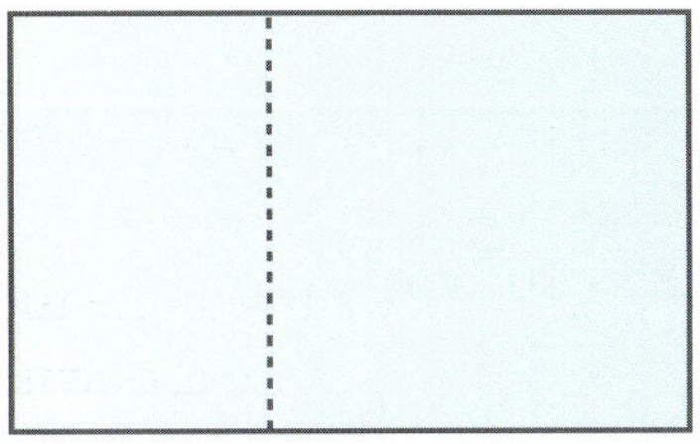

El rectángulo del margen tiene la siguiente peculiaridad: si se le suprime un cuadrado, el rectángulo que queda es semejante al inicial. Veamos cuál es la relación entre sus dimensiones:

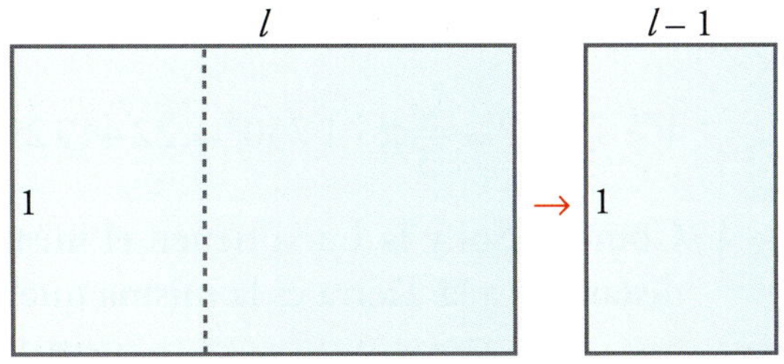

Tomamos como unidad el lado menor. La semejanza de los rectángulos nos lleva a la siguiente proporción:

$$\frac{l}{1} = \frac{1}{l-1}$$

$$\frac{l}{1} = \frac{1}{l-1} \to l(l-1) = 1 \to l^2 - l - 1 = 0 \to l = \frac{1 \pm \sqrt{1+4}}{2} \to l = \frac{1+\sqrt{5}}{2}$$

La relación entre los lados es el número $l = \frac{1+\sqrt{5}}{2}$. ¿Recuerdas? Es el número áureo, Φ, que veíamos en la unidad 1. Por eso, este rectángulo y todos los semejantes a él se llaman rectángulos áureos.

El DNI y las tarjetas de crédito, por ejemplo, son rectángulos áureos. En arquitectura también se utilizan con mucha frecuencia rectángulos áureos.

Comprobamos con regla y compás que el rectángulo es áureo con un método basado en la construcción del número Φ.

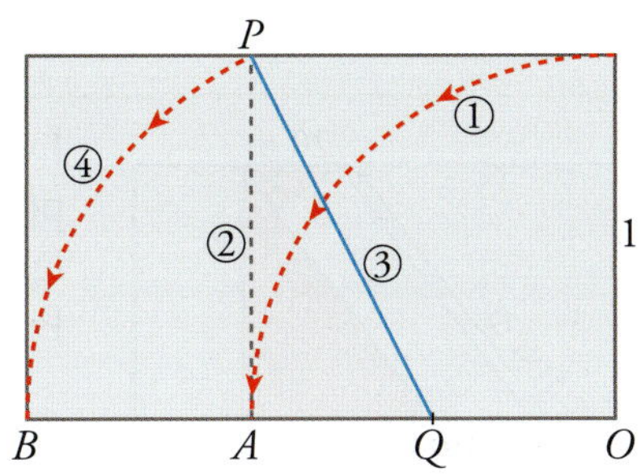

① Llevamos el lado menor, 1, sobre el mayor: $\overline{OA} = 1$.

② Levantamos $\overline{AP} = 1$, formando un cuadrado.

③ Q es el punto medio de AO. Y $\overline{PQ} = \frac{\sqrt{5}}{2}$.

④ Llevamos PQ sobre el lado mayor del rectángulo. BO mide:

$$\frac{\sqrt{5}}{2} + \frac{1}{2} = \frac{\sqrt{5}+1}{2} = \Phi$$

Recuerda

$$\Phi = \frac{1+\sqrt{5}}{2} = 1{,}618\ldots$$

En la web

El rectángulo áureo y otros rectángulos de proporciones interesantes.

Piensa y practica

1. Si a una hoja A-4 se le corta una tira de 2,5 cm de ancho a lo largo del lado mayor, obtendrás un rectángulo áureo. Constrúyete dos.

A uno de ellos, córtale un cuadrado. Comprueba que el rectángulo remanente es semejante al rectángulo inicial.

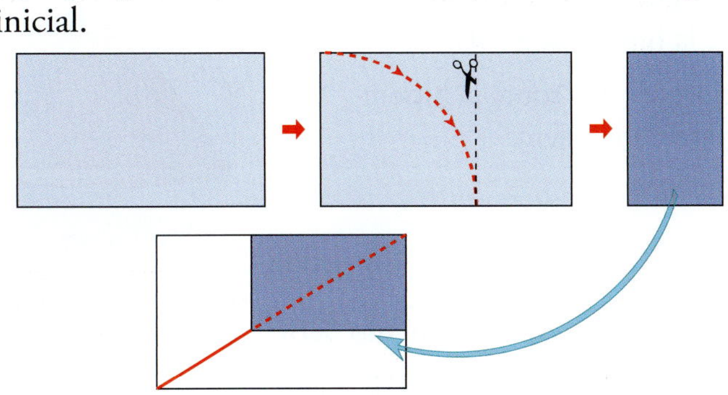

2. Si a una hoja A-4 le añadimos un cuadrado, el rectángulo resultante, al que llamaremos A-4 PLUS, tiene la siguiente propiedad: si le quitamos dos cuadrados, el rectángulo remanente es semejante al inicial.

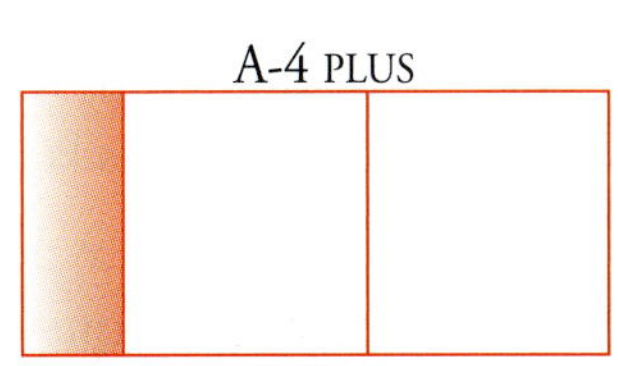

El rectángulo sombreado es semejante al rectángulo total.

a) Compruébalo con una hoja A-4.

b) Demuéstralo teniendo en cuenta que las dimensiones del A-4 PLUS son $\sqrt{2} + 1$ y 1, y las del rectángulo sobrante son 1 y $\sqrt{2} - 1$.

En la web

- Construcción de segmentos en razón áurea.
- La proporción áurea en el arte.

Ejercicios y problemas resueltos

1. Razón de semejanza

La Luna está a 384 000 km de nosotros y su diámetro es 3 500 km. El Sol está a 150 000 000 km. El tamaño aparente del Sol es igual al de la Luna.

a) Calcular la superficie y el volumen de la Luna.

b) Hallar el diámetro, la superficie y el volumen del Sol a partir de las correspondientes magnitudes de la Luna.

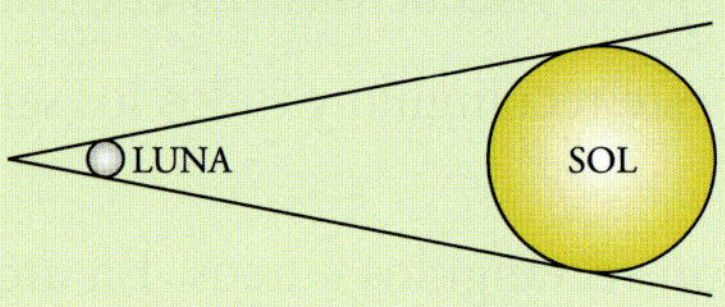

a) Suponemos que la Luna es una esfera perfecta.

$$S = 4\pi r^2 = 4\pi \cdot 1\,750^2 = 38\,484\,510 \text{ km}^2 \approx 3{,}85 \cdot 10^7 \text{ km}^2$$

$$V = \frac{4}{3}\pi r^3 = \frac{4}{3}\pi \cdot 1\,750^3 = 22\,449\,297\,500 \text{ km}^3 \approx 2{,}24 \cdot 10^{10} \text{ km}^3$$

b) Como el Sol y la Luna tienen el mismo tamaño aparente, la razón entre sus distancias a la Tierra es la misma que la razón entre sus diámetros:

$$k = \frac{d_{SOL}}{d_{LUNA}} = \frac{150\,000\,000}{384\,000} = 390{,}625 \rightarrow \frac{D_{SOL}}{D_{LUNA}} = 390{,}625$$

Por tanto:

Diámetro: $D_{SOL} = k \cdot D_{LUNA} = 390{,}625 \cdot 3\,500 = 1{,}37 \cdot 10^6$ km

Superficie: $S_{SOL} = k^2 \cdot S_{LUNA} = (390{,}625)^2 \cdot 3{,}85 \cdot 10^7 = 5{,}87 \cdot 10^{12}$ km^2

Volumen: $V_{SOL} = k^3 \cdot V_{LUNA} = (390{,}625)^3 \cdot 2{,}24 \cdot 10^{10} = 1{,}34 \cdot 10^{18}$ km^3

Hazlo tú. ¿A qué distancia de nuestros ojos debemos poner una bola de 3 cm de diámetro para que al mirar a la Luna la tape completamente?

2. Triángulos semejantes

Una carretera de 100 m de longitud atraviesa una parcela rectangular de 80 m de ancho. La carretera ocupa 20 m del largo de la parcela. ¿Cuál es el ancho de la carretera?

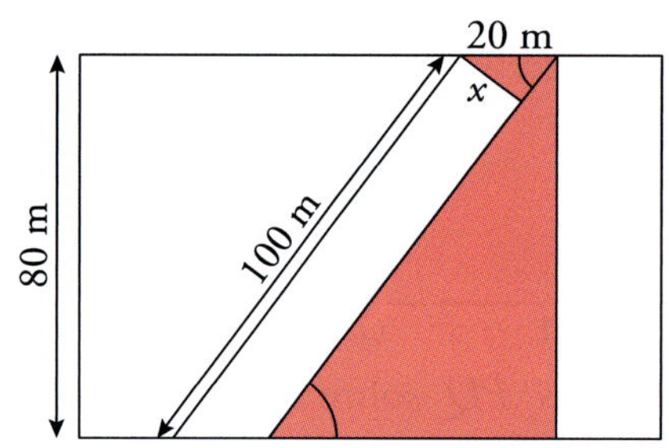

Los triángulos sombreados son semejantes por ser rectángulos con un ángulo agudo igual (alternos internos entre paralelas). Por ello:

$$\frac{x}{80} = \frac{20}{100} \rightarrow x = \frac{20 \cdot 80}{100} = 16 \text{ m}$$

Hazlo tú. Si M y N son los puntos medios de BC y AD, calcula $\overline{MP}$.

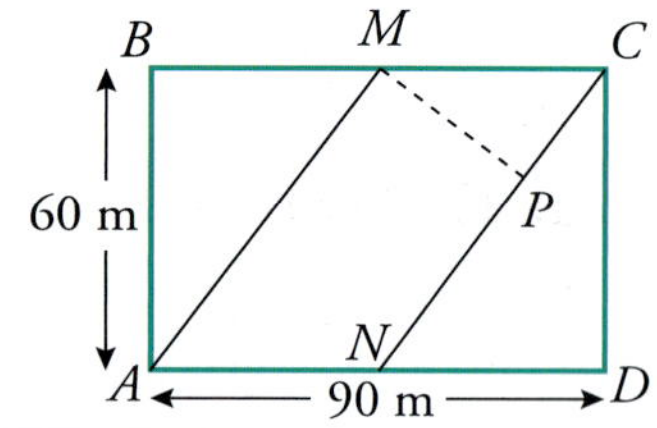

3. Teorema de la altura

Tenemos un cono inscrito en una esfera de radio 11 cm. ¿Cuál será el radio de la base del cono si su altura es 14 cm?

Hazlo tú. En una esfera de diámetro 24 cm se inscribe un cono de radio 8 cm. ¿Cuál será su altura?

El triángulo ABC es rectángulo en B. El radio del cono, R, es la altura sobre la hipotenusa AC.

Llamamos x a la proyección de BC sobre la hipotenusa AC, que es el diámetro de la esfera.

$\overline{AC} = 2 \cdot 11 = 22$ cm

$x = 22 - 14 = 8$ cm

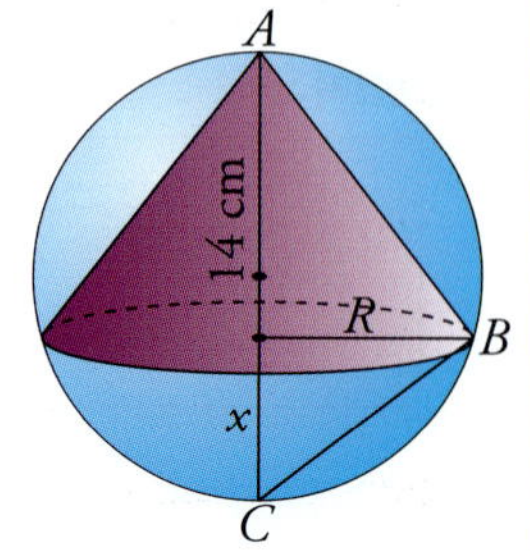

Por el teorema de la altura, en el triángulo rectángulo ABC se verifica:

$$R^2 = 14 \cdot 8 = 112 \rightarrow R \approx 10{,}58 \text{ cm}$$

Ejercicios y problemas

Practica

Razón de semejanza. Escalas

1. a) ¿Son semejantes los triángulos interior y exterior?

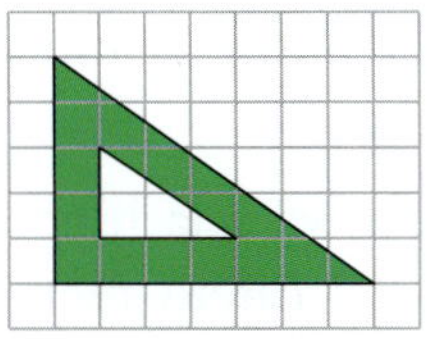

b) ¿Cuántas unidades medirán los catetos de un triángulo semejante al menor cuya razón de semejanza sea 2,5?

2. Una fotografía de 9 cm de ancha y 6 cm de alta tiene alrededor un marco de 2,5 cm de ancho. ¿Son semejantes los rectángulos interior y exterior del marco? Responde razonadamente.

3. Queremos reproducir la figura adjunta a escala 3/2.

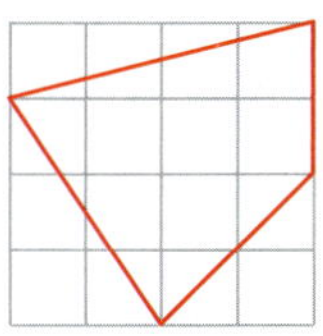

a) Haz un dibujo de la figura ampliada.

b) Calcula la longitud de sus lados.

4. En un mapa cuya escala es 1:1 500 000, la distancia entre dos ciudades es 2,5 cm.

a) ¿Cuál es la distancia real entre ellas?

b) ¿Cuál será la distancia en ese mapa entre dos ciudades A y B cuya distancia real es 360 km?

5. Indica, en cada caso, cuál es la escala del plano:

a) 1 mm del plano representa 10 m reales.

b) 50 km reales se representan por 1 dm en el plano.

c) 0,001 mm reales se representan por 1 cm en el plano.

6. En el plano de un piso cuya escala es 1:200, el salón ocupa una superficie de 7 cm^2. ¿Cuál es la superficie real del salón?

7. Un rombo cuyas diagonales miden 275 cm y 150 cm, ¿qué área ocupará en un plano de escala 1:25?

8. Una maqueta está hecha a escala 1:250. Calcula:

a) Las dimensiones de una torre cilíndrica que en la maqueta mide 6 cm de altura y 4 cm de diámetro.

b) La superficie de un jardín que en la maqueta ocupa 40 cm^2.

c) El volumen de una piscina que en la maqueta contiene 20 cm^3 de agua.

Semejanza de triángulos

9. Identifica triángulos en posición de Tales en cada figura y calcula, en cada caso, la longitud del segmento *DE*:

a)

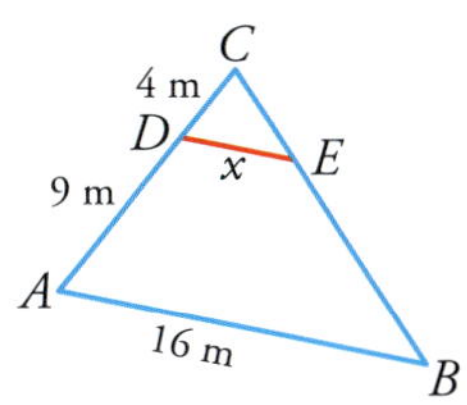

b)

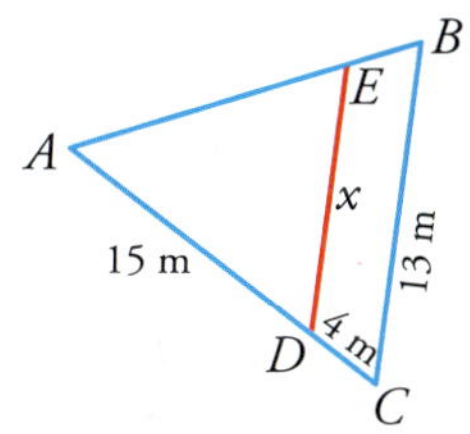

c)

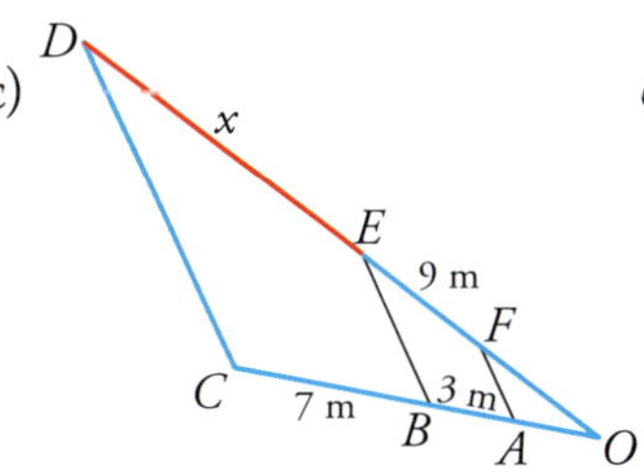

d)

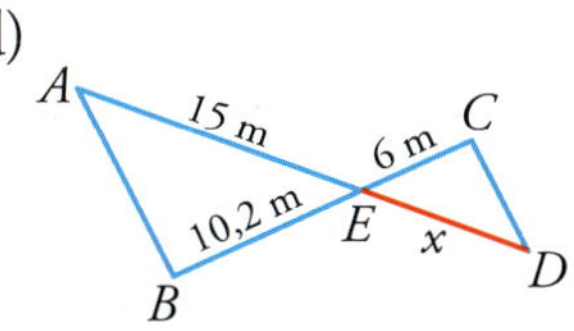

10. En la figura, el segmento *DE* es paralelo a *AB*.

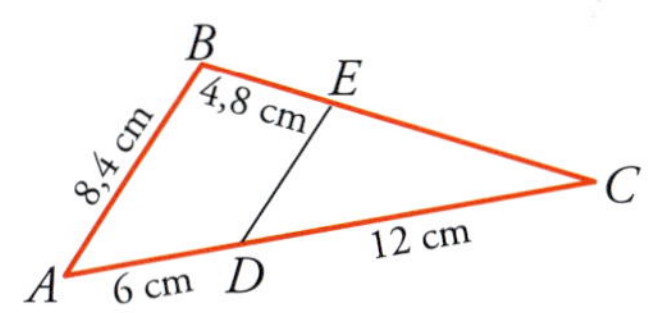

Justifica que los triángulos *ABC* y *CDE* son semejantes y calcula $\overline{DE}$ y $\overline{EC}$.

11. ¿Por qué son semejantes los triángulos *ABC* y *AED*?

Halla el perímetro del trapecio *EBCD*.

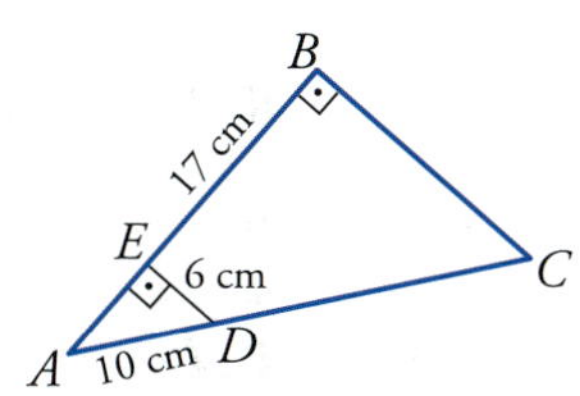

12. En un triángulo rectángulo, la relación entre los catetos es 3/4. Halla el perímetro de otro triángulo semejante en el que el cateto menor mide 54 cm.

13. La razón de semejanza entre dos triángulos es 2/5. Si el área del mayor es 150 cm^2, ¿cuál es el área del menor?

Ejercicios y problemas

14. Observa esta figura, en la que el segmento AB es paralelo a CD.

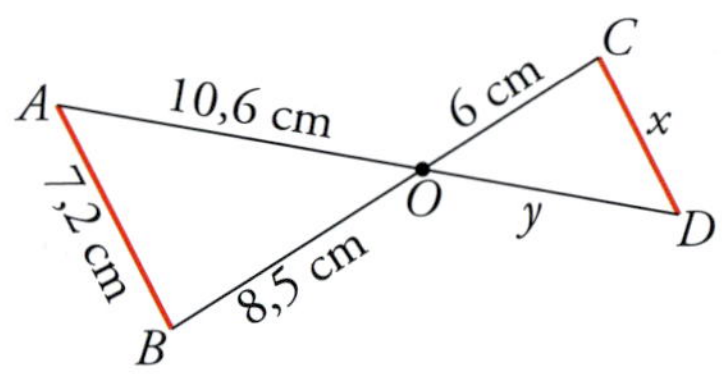

a) Di por qué son semejantes los triángulos AOB y ODC.

b) Calcula x e y.

Teoremas del cateto y de la altura

15. En cada uno de los siguientes triángulos rectángulos se ha trazado la altura BH sobre la hipotenusa. Halla, en cada caso, los segmentos x e y.

a)

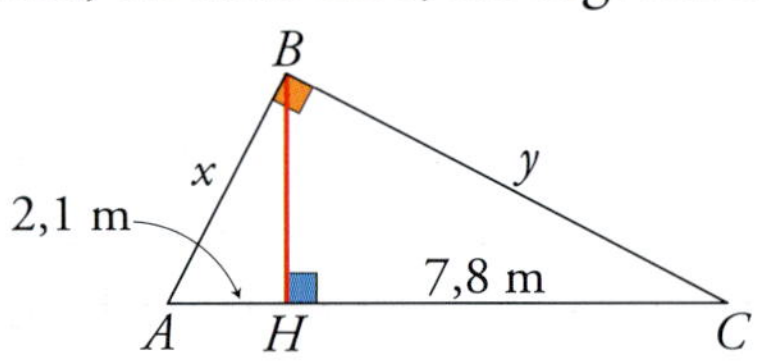

b)

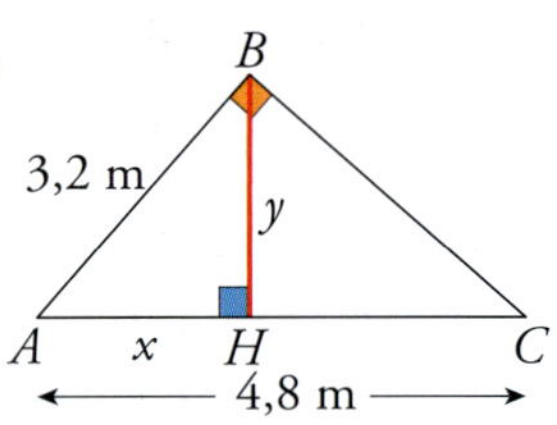

c)

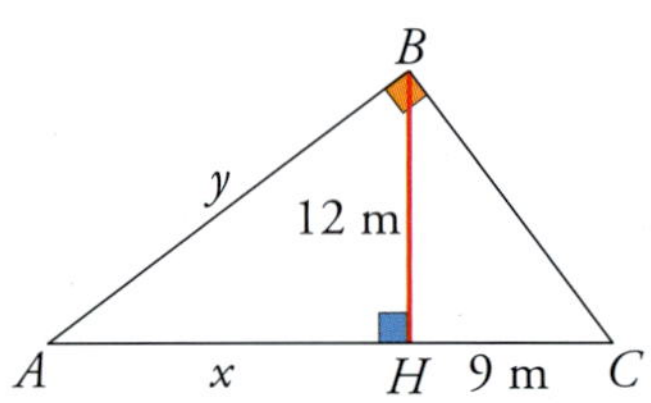

16. Calcula los valores que faltan en cada uno de los siguientes triángulos, rectángulos en A:

a)

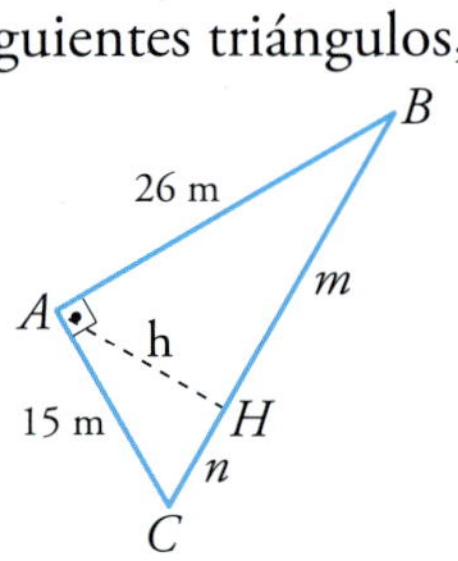

b)

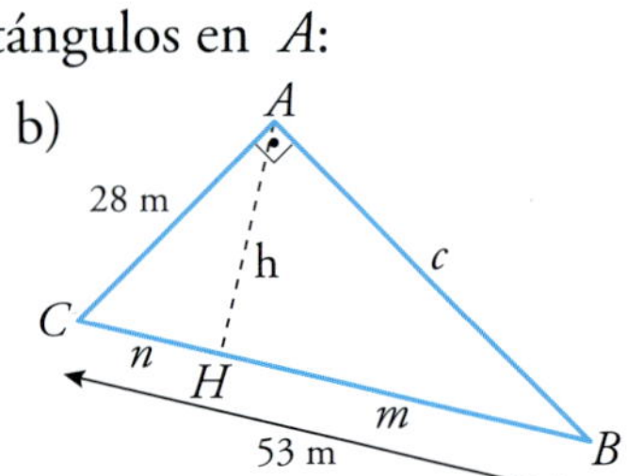

c)

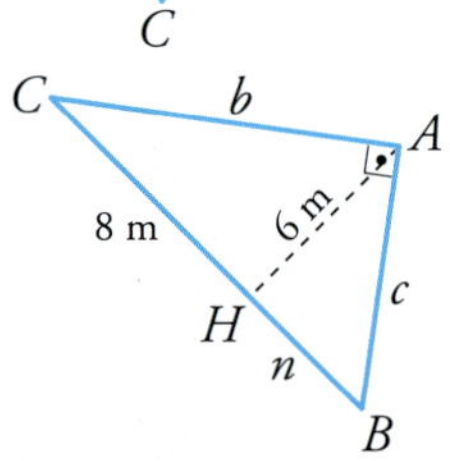

d)

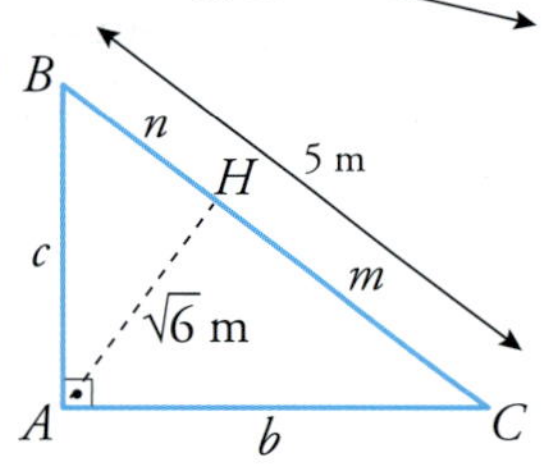

17. Dibuja, en cada caso, un triángulo rectángulo y traza su altura sobre la hipotenusa.

a) Calcula la proyección del cateto menor sobre la hipotenusa si esta mide 50 cm y el cateto mayor, 40 cm.

b) La hipotenusa mide 25 cm, y la proyección del cateto menor sobre la hipotenusa, 9 cm. Halla el cateto mayor.

c) La altura relativa a la hipotenusa mide 6 cm, y la proyección del cateto menor sobre la hipotenusa, 4,5 cm. Halla la hipotenusa.

18. El mástil de una bandera está sujero a tierra por dos cables que forman un ángulo recto en el punto más alto del mástil. Las distancias desde la base del mástil a los puntos de sujección de los cables son 12 m y 15 m. Calcula la altura del mástil.

Aplica lo aprendido

19. Dos depósitos cilíndricos semejantes tienen un volumen de 100 m^3 y 250 m^3, respectivamente. Si la altura del menor es 1,5 m, ¿cuánto mide el radio del mayor?

20. Si BD es paralelo a AE, y $\overline{AC}$ = 15 cm, $\overline{CE}$ = 11 cm y $\overline{BC}$ = 6,4 cm:

a) Calcula $\overline{CD}$.

b) ¿Podemos saber cuánto vale $\overline{AE}$ sin medirlo directamente?

c) Si $\hat{A} = 37°$ y $\hat{C} = 80°$, calcula $\hat{E}$, $\hat{B}$ y $\hat{D}$.

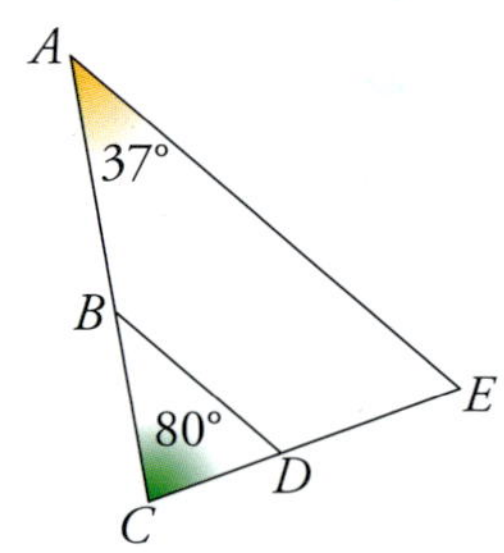

21. Los lados mayores de dos triángulos semejantes miden 8 cm y 13,6 cm, respectivamente. Si el área del primero es 26 cm^2, ¿cuál es el área del segundo?

22. Calcula el perímetro del triángulo cuya base coincide con la base mayor de este trapecio rectángulo y que se obtiene al prolongar los lados no paralelos hasta que se corten.

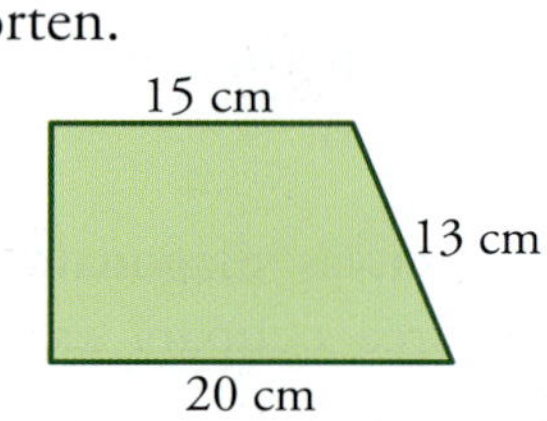

23. ¿En qué punto comprendido entre A y B debe dar la bola blanca para que al rebotar alcance a la bola negra?

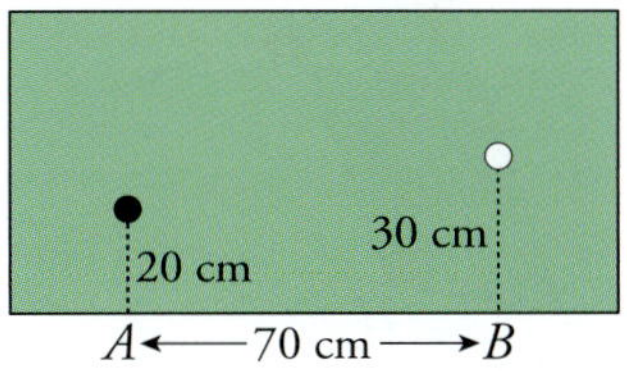

24. ¿Cuál es la profundidad de un pozo, si su anchura es 1,2 m y alejándote 0,8 m del borde, desde una altura de 1,7 m, ves que la visual une el borde del pozo con la línea del fondo?

25. Entre dos pueblos A y B hay una colina. Para medir la distancia $\overline{AB}$, fijamos un punto P desde el que se ven los dos pueblos y tomamos las medidas $\overline{AP}$ = 15 km, $\overline{PM}$ = 7,2 km y $\overline{MN}$ = 12 km. (MN es paralela a AB). Halla la distancia $\overline{AB}$.

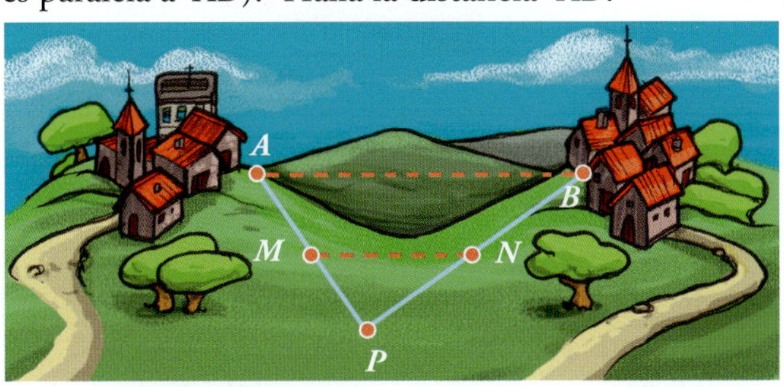

26.

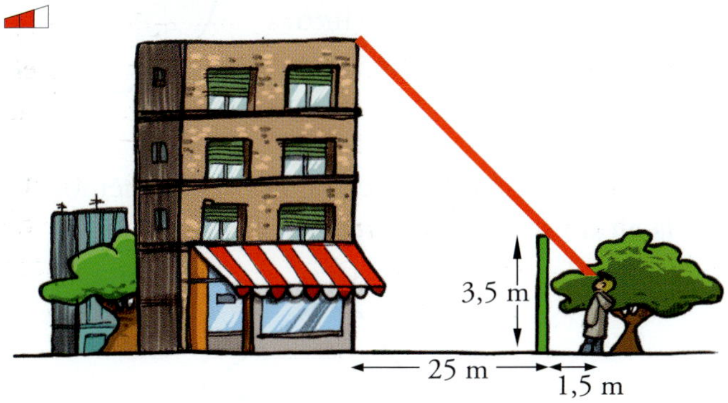

Para medir la altura de la casa, Álvaro, de 165 cm de altura, se situó a 1,5 m de la verja y tomó las medidas indicadas. ¿Cuánto mide la casa?

En la web Resuelve el problema "Medir alturas".

27. La altura relativa a la hipotenusa del triángulo ABC, rectángulo en B, mide 12 cm y la proyección del cateto AB sobre la hipotenusa mide 9 cm. Halla el perímetro de ese triángulo.

28. Uno de los catetos de un triángulo rectángulo mide 12 m y su proyección sobre la hipotenusa mide 7,2 m. Calcula el área y el perímetro del triángulo.

29. El perímetro de un triángulo isósceles es 64 m, y el lado desigual mide 14 m.

Calcula el área de un triángulo semejante cuyo perímetro es de 96 m.

30. Dos triángulos ABC y PQR son semejantes. Los lados del primero miden 24 m, 28 m y 34 m.

Calcula la medida de los lados del segundo triángulo sabiendo que su perímetro es 129 m.

31. Las áreas de dos triángulos isósceles semejantes son 48 m^2 y 108 m^2. Si el lado desigual del primer triángulo es 12 m, ¿cuál es el perímetro del segundo?

32. Los lados de un triángulo ABC miden:

$$\overline{AC} = \overline{AB} = 36 \text{ cm}, \quad \overline{CB} = 42 \text{ cm}$$

Desde un punto M de AB se traza una paralela a AC, que corta al lado BC en un punto N. ¿Cuánto deben medir los lados del triángulo MBN para que su área sea 1/9 de la del triángulo ABC?

33. Queremos construir un ortoedro de volumen 36 015 cm^3 que sea semejante a otro de dimensiones $25 \times 15 \times 35$ cm. ¿Cuánto medirán sus aristas?

34. De un cono de radio 5 cm hemos cortado otro cono de radio 2 cm y altura 3 cm. Calcula el volumen del cono grande.

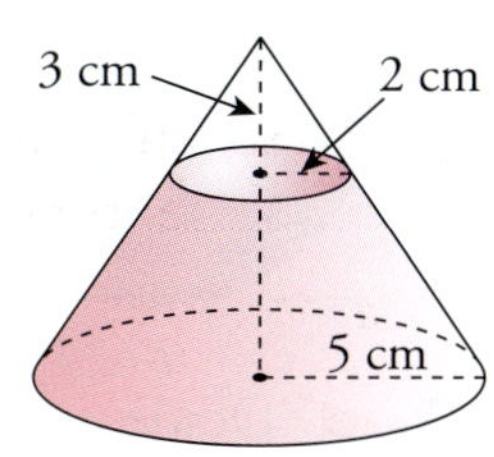

35. En un cono de 10 cm de radio hemos inscrito un cilindro de radio 4 cm y altura 14,4 cm. Halla la altura del cono.

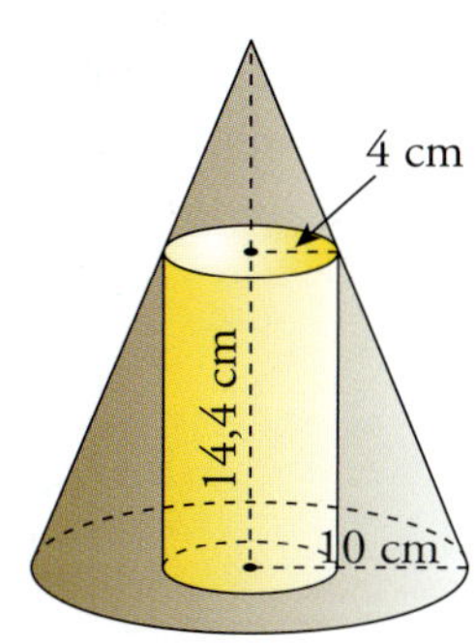

Ejercicios y problemas

Resuelve problemas

36. Calcula el volumen de un tronco de pirámide cuadrangular regular de 15 cm de altura en el que los lados de las bases miden 8 cm y 14 cm.

37. En una circunferencia de radio desconocido, hemos inscrito un triángulo isósceles de lados $\overline{AB} = \overline{AC} = 16$ m y $\overline{BC} = 10$ m. Halla el radio de esa circunferencia.

38. 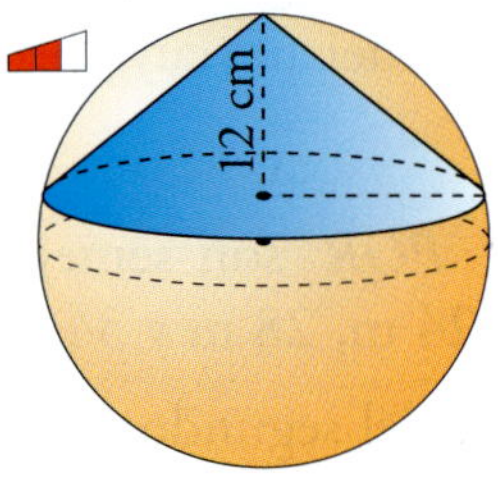

En una esfera de 15 cm de radio hemos inscrito un cono de altura 12 cm. Calcula su área lateral.

39. En una esfera de 24 cm de diámetro se inscribe un cono cuya generatriz mide 10 cm. Calcula el volumen del cono.

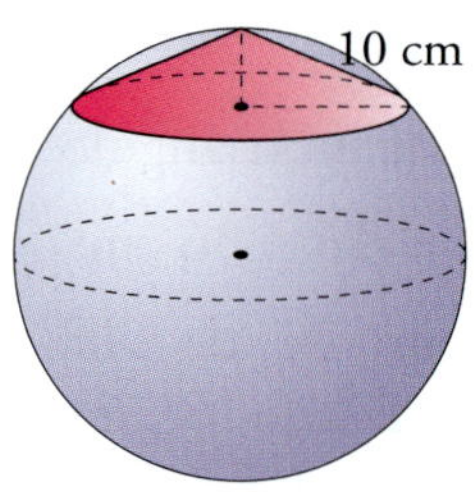

40. 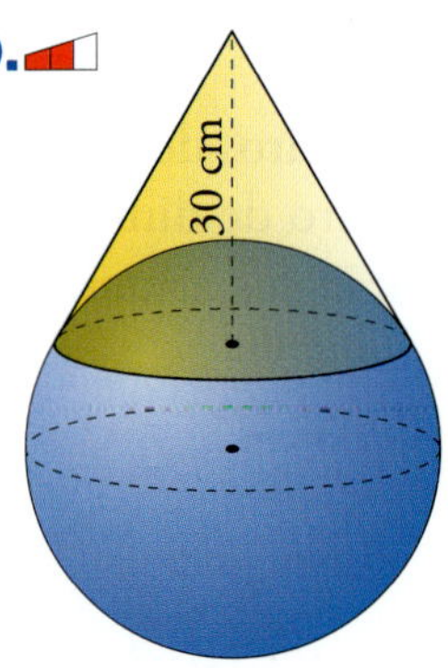

Sobre una esfera de 20 cm de radio se encaja un cono de 30 cm de altura. Halla el área del casquete esférico que determina el cono.

41. Desde un punto P trazamos tangentes a dos circunferencias tangentes exteriores. Si $\overline{OP} = 12$ cm y $\overline{O'A'} = 5$ cm, ¿cuánto mide el radio de la circunferencia menor?

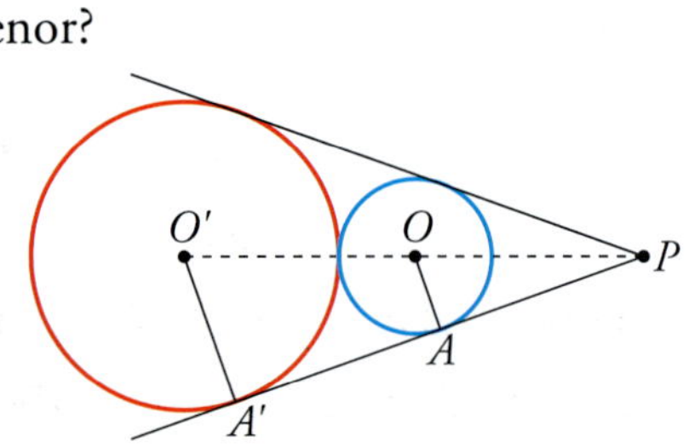

42. En el triángulo ABC, rectángulo en A, conocemos $\overline{AH} = 18$ cm y $\overline{HB} = 32$ cm.

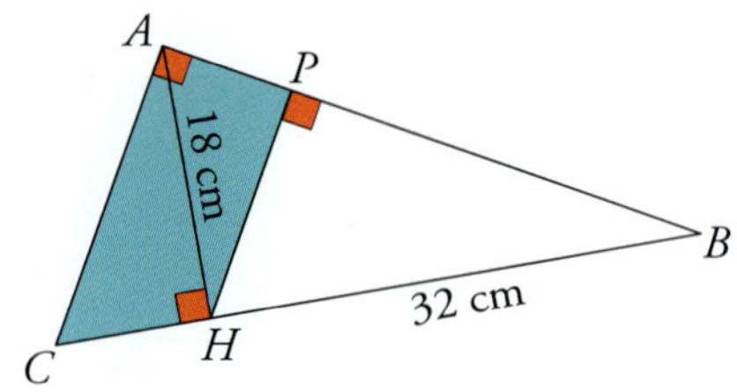

a) Calcula $\overline{CH}$, $\overline{AC}$ y $\overline{AB}$.

b) Aplica el teorema del cateto en el triángulo rectángulo AHB para obtener $\overline{AP}$. Calcula $\overline{PH}$.

c) Halla el área y el perímetro del trapecio $APHC$.

43. En un trapecio rectángulo, la diagonal menor es perpendicular al lado oblicuo, la altura mide 12 cm y la diferencia entre las bases es de 9 cm.

Calcula el perímetro y el área del trapecio.

44. En el rectángulo de la figura, EF es paralelo a AC, y G es el punto medio de BC.

Si $\overline{DF} = 5$ cm, ¿cuál es el área y el perímetro del pentágono $FECGA$?

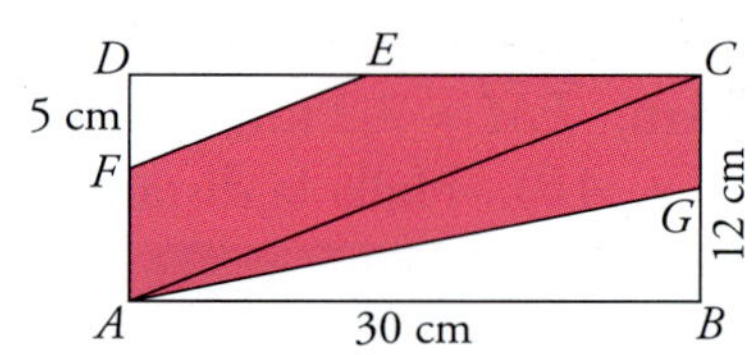

45. En estas dos circunferencias concéntricas, el radio de la mayor es el triple que el de la menor.

Hemos trazado el diámetro AC y la cuerda BC, que es tangente a la circunferencia interior.

Si $\overline{AB} = 10$ cm, ¿cuánto miden los radios de cada circunferencia?

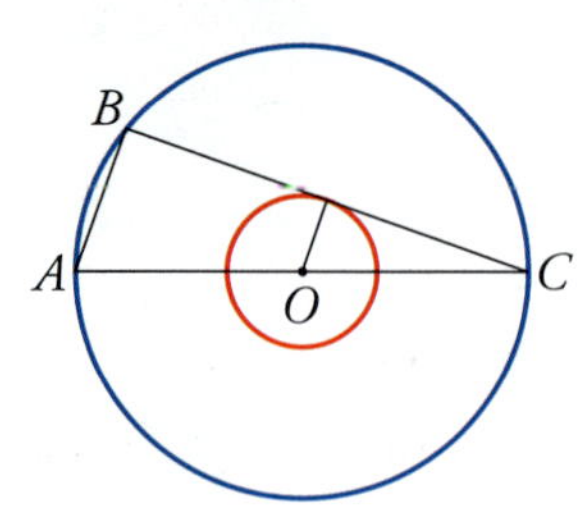

46. En el triángulo rectángulo ABC, hemos trazado la altura sobre la hipotenusa BH.

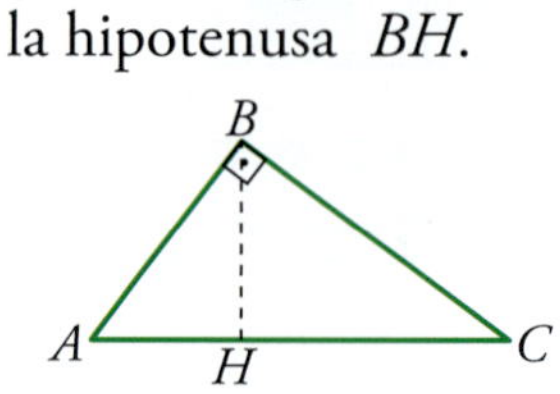

Halla el área del triángulo en el que conocemos $\overline{AB} = 15$ cm y $\overline{HC} = 16$ cm.

Problemas "+"

47. AB y CD son dos edificios de 18 m y 15 m, respectivamente, y que distan entre sí 24 m. Desde el punto de corte, P, de las rectas AD y CB, se traza una perpendicular a AC. H es el pie de esa perpendicular.

a) Calcula $\overline{PH}$.

b) Demuestra que la longitud de PH depende de la altura de los edificios y no de su separación.

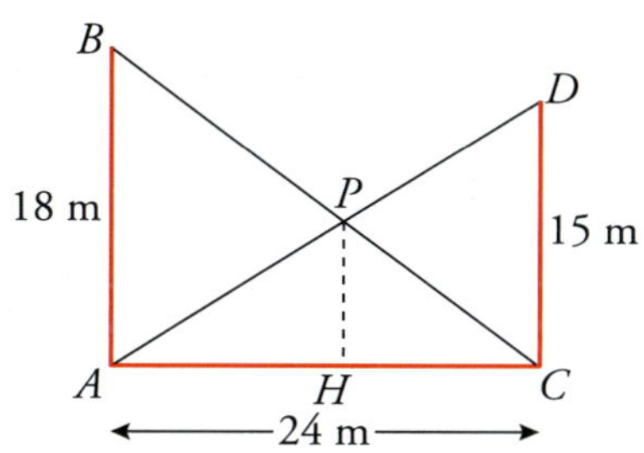

48. Una esfera apoyada en el suelo proyecta una sombra que llega hasta 10 m del punto donde la esfera toca el suelo. En ese momento, un poste vertical de 1 m de alto produce una sombra de 1 m. Calcula el radio de la esfera.

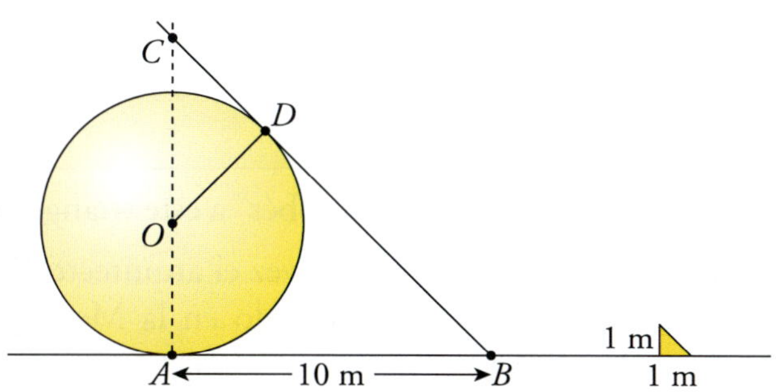

49. Una de las diagonales de un rombo mide 24 cm y el radio del círculo inscrito en dicho rombo es 8 cm. Calcula el perímetro y el área del rombo.

50. En el cuadrado de la figura, E es el punto medio del lado AB, y F, el punto medio de BC.

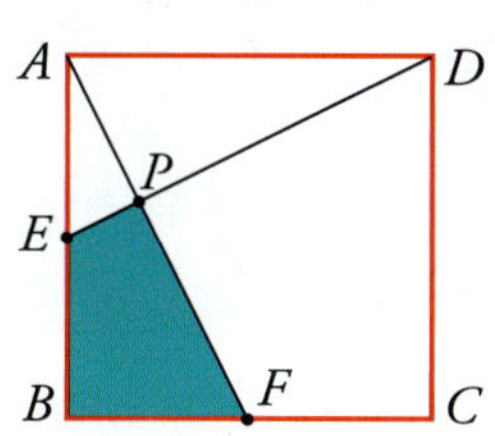

Si el lado del cuadrado mide 2 cm, ¿cuál es el área del cuadrilátero $EPFB$?

Reflexiona sobre la teoría

51. ¿Verdadero o falso? Justifica tu respuesta.

a) Dos triángulos rectángulos que tienen la misma hipotenusa son semejantes.

b) Todos los pentágonos regulares son semejantes.

c) Si los lados de un triángulo son a, b, c; y los de otro, $a + 1$, $b + 1$, $c + 1$, no son semejantes.

d) Las pirámides cuadrangulares son todas semejantes entre sí.

e) Una escala 100:1 significa que 1 cm del dibujo corresponde a 1 m en la realidad.

52. Justifica en qué casos podemos asegurar que los triángulos ABC y $A'B'C'$ son semejantes:

a) $\dfrac{\overline{AB}}{\overline{A'B'}} = \dfrac{\overline{BC}}{\overline{B'C'}}$, $\hat{C} = \hat{C}'$ b) $\dfrac{\overline{AC}}{\overline{A'C'}} = \dfrac{\overline{AB}}{\overline{A'B'}}$, $\hat{A} = \hat{A}'$

c) $\dfrac{\overline{AB}}{\overline{A'B'}} \neq \dfrac{\overline{BC}}{\overline{B'C'}}$, $\hat{B} = \hat{B}'$ d) $\hat{A} = \hat{A}'$, $\hat{B} = \hat{B}'$

53. Se llama homotecia de centro O y razón k a una transformación que hace corresponder a cada punto P otro P' tal que O, P y P' están alineados y $\overline{OP'} : \overline{OP} = k$.

Justifica si las figuras azul y roja son homotéticas y en caso afirmativo di cuál es el centro y la razón.

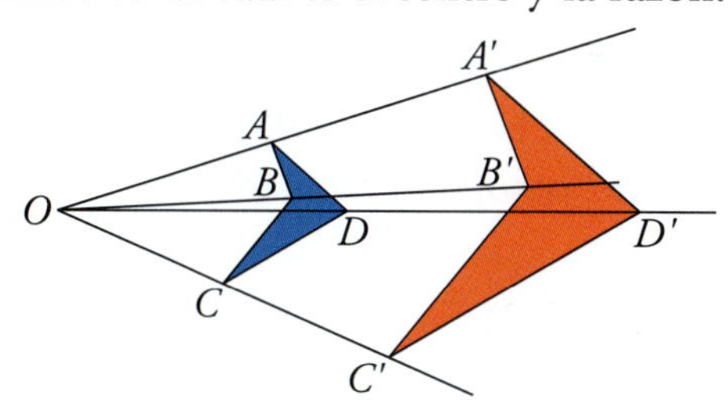

54. Hemos aplicado una homotecia al cuadrilátero $ABCD$ para obtener el cuadrilátero $A'B'C'D'$.

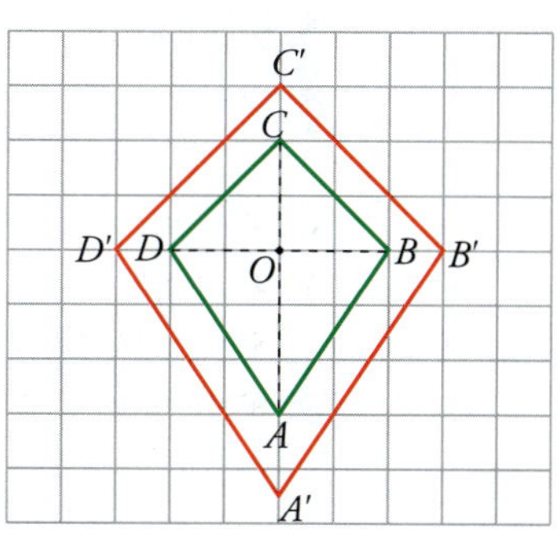

a) ¿Cuál es el centro y cuál es la razón?

b) Justifica que $ABCD$ y $A'B'C'D'$ son semejantes.

c) Aplica a $ABCD$ una homotecia de centro A y razón 2.

Aprende y reflexiona

El número de plata y el triángulo cordobés

Si a una hoja A-4 le añadimos un cuadrado, obtenemos esta figura:

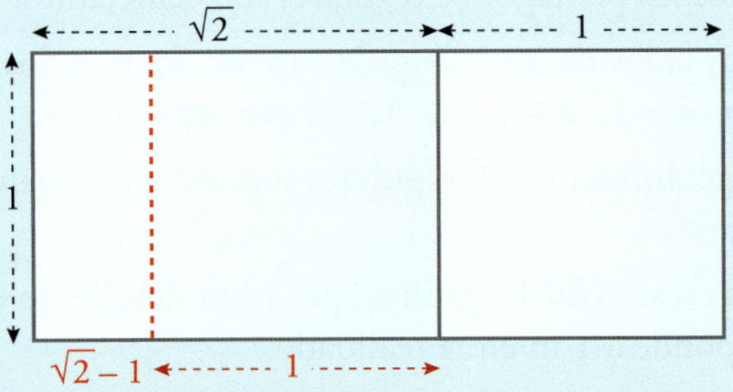

Este rectángulo alargado tiene la siguiente propiedad: si se le suprimen dos cuadrados, el resultado es otro rectángulo semejante a él.

- Compruébalo: $\frac{\sqrt{2}+1}{1} \overset{?}{=} \frac{1}{\sqrt{2}-1}$

Se le llama **rectángulo de plata,** y al número $\sqrt{2}+1$, **número de plata.**

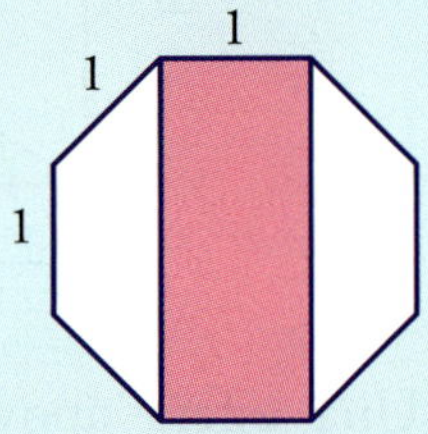

- Demuestra que el rectángulo coloreado sobre el octógono regular de la derecha es de plata.

Pues bien, también en el octógono regular vamos a encontrar otra interesante figura con nombre propio:

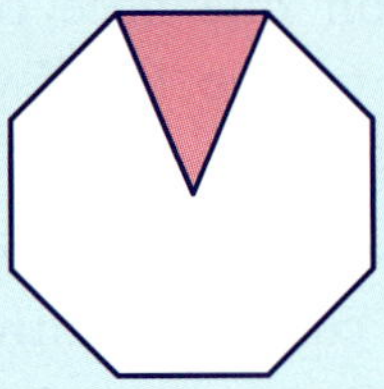

Es el **triángulo cordobés:**

— Es isósceles.

— Su ángulo menor es de 45°.

- Prueba que la relación entre los lados del triángulo cordobés (radio y lado del octógono regular) es:

$$\frac{r}{1} = \sqrt{1+\frac{\sqrt{2}}{2}} = \frac{1}{\sqrt{2-\sqrt{2}}} = 1{,}306562964 \text{ (número cordobés)}$$

El triángulo cordobés lo encontramos, de nuevo, en el octógono regular. También, en una hoja A-4:

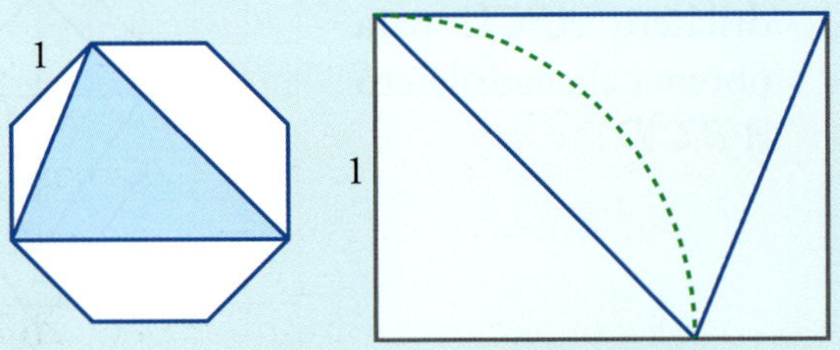

- Demostrar que estos dos triángulos son cordobeses es fácil (45° e isósceles). Otra cosa es obtener sus dimensiones a partir del lado 1 en cada figura y probar que su cociente es el número cordobés.

  Intenta hacer ambas cosas en cada una de las dos figuras.

¿Por qué se llama "cordobés" a este triángulo?

Lo estudió por primera vez el arquitecto Rafael de la Hoz investigando en la Mezquita de Córdoba.

Las dimensiones de la planta de la Mezquita de Córdoba responden a la proporción cordobesa.

Entrénate resolviendo problemas

- Roberto y Carmina van a compartir un helado.

  ¿A qué altura deben cortar el cucurucho para que las dos mitades sean iguales?

- Para preparar una empanada de 15 pulgadas de diámetro y 1 pulgada de grosor, se necesitan 18 onzas de masa. ¿Cuántas onzas de masa se necesitarán para una empanada de pulgada y media de grosor y 25 pulgadas de diámetro?

- Dos localidades A y B se encuentran al mismo lado de una autopista recta, de la cual distan 20 km y 10 km, respectivamente.

  Se desea construir una carretera lo más corta posible, que una ambas localidades en un punto de la autopista. Sabiendo que la distancia entre A y B es de 26 km, halla la longitud de la carretera.

Autoevaluación

En la web Resoluciones de estos ejercicios.

1. Queremos hacer una maqueta de un jardín rectangular a escala 1:400. Su perímetro es de 850 m, y su área, de 37 500 m^2. ¿Cuáles serán estas medidas en la maqueta?

2. En un triángulo rectángulo, se inscribe un rectángulo de lados paralelos a los catetos en el que la base mide el doble que la altura. Si los catetos miden 12 cm y 18 cm, ¿cuáles son las dimensiones del rectángulo?

3. Un barco B que navega hacia puerto se sitúa en un punto tal que su posición forma un ángulo recto con los faros F_1 y F_2. Desde ese punto, la línea que lo une al puerto P es perpendicular a la costa.

Sabemos que $\overline{PF_1} = 13$ km y que $\overline{PF_2} = 26$ km.

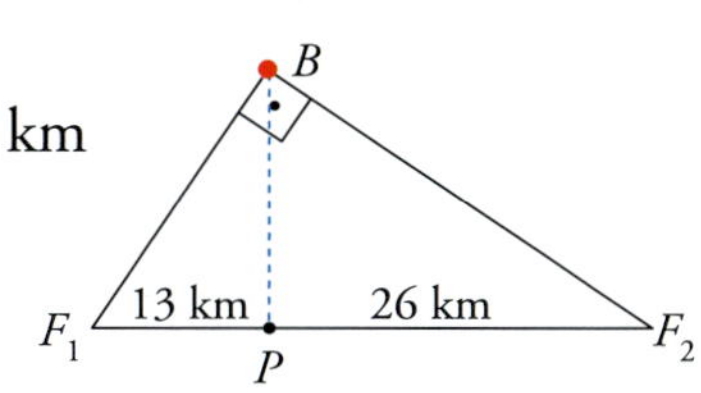

Calcula la distancia del barco al puerto y a cada uno de los faros.

4. Un centro comercial P está situado entre dos vías paralelas r y s. Se quiere unir, mediante carreteras, con las poblaciones A, B, C y D. Con los datos de la figura, calcula x e y.

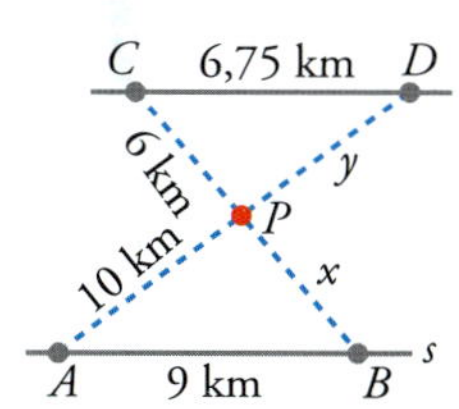

5. En una esfera de diámetro 18 cm, se inscribe un cono cuya altura es 6 cm. ¿Cuánto medirá el radio de la base del cono?

6. Tenemos un vaso con forma de tronco de cono en el que los diámetros de las bases miden 10 cm y 6 cm y su altura es de 12 cm. Si lo llenamos, ¿cabe más de medio litro de agua, o menos?

7. Las diagonales de un rombo miden $\overline{AC} = 32$ cm y $\overline{BD} = 24$ cm. Por un punto P de la diagonal menor, tal que $\overline{PD} = 9$ cm, se traza una paralela a la diagonal AC, que corta en M y N a los lados AD y CD. Calcula el área y el perímetro del pentágono $MABCN$.

7 Trigonometría

Dos grandes astrónomos griegos

Históricamente, el desarrollo de la trigonometría va ligado al de la astronomía.

En la antigua Grecia destacaron dos grandes astrónomos:

Hiparco de Nicea (190-120 a. C.), considerado el "padre de la astronomía", consolidó el sistema sexagesimal para la medida de ángulos. Teniendo en cuenta que la esencia de la trigonometría es sustituir medidas angulares por medidas lineales, elaboró unas tablas en las que asociaba la medida de cada ángulo con la longitud de la cuerda correspondiente.

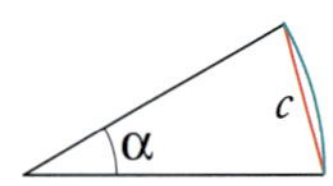

Ptolomeo de Alejandría (85-165) amplió y mejoró la obra de Hiparco y escribió un enorme tratado de astronomía de trece libros, al que se acabó llamando el *Almagesto (el más grande)*.

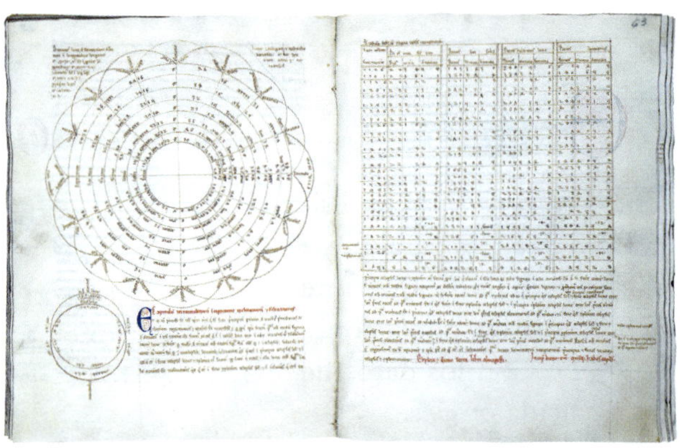

Edición del siglo XIII del "Almagesto" de Ptolomeo que se conserva en la Biblioteca Nacional de Madrid.

Hiparco de Nicea, considerado el inventor de la trigonometría.

Evolución posterior de la trigonometría

Los indios, durante los siglos IV y V, desarrollaron una trigonometría con un enfoque distinto al de los griegos: asociaron a cada ángulo la longitud de la semicuerda del ángulo doble (lo que posteriormente se llamaría *seno* del ángulo), consiguiendo así trabajar con triángulos rectángulos, más fáciles de manejar.

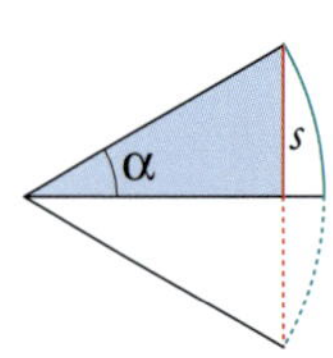

Los árabes (siglos IX-X) se inspiraron en el *Almagesto* de Ptolomeo pero utilizaron las tablas de los senos de los indios, las ampliaron con otras medidas y las mejoraron. Su trigonometría, bien fundamentada y muy práctica, se extendió por Europa a partir del siglo XII.

Astrolabio islámico del siglo XIII. Hiparco inventó este instrumento astronómico de uso imprescindible para agrimensores y navegantes hasta el siglo XVIII.

El fundamento de la trigonometría

La trigonometría se basa en la semejanza de triángulos rectángulos:

> La razón entre dos lados de un triángulo rectángulo es igual a la razón entre los lados correspondientes de cualquier otro triángulo semejante a él.

Observa en el siguiente ejemplo cómo se aplica esta propiedad:

Un grupo de amigos quieren saber las alturas de los árboles de una parcela plana. Para ello, proceden así:

- Clavan en el suelo una estaca vertical, que sobresale 163 cm.
- A continuación, corren a señalar los extremos de las sombras de los árboles y de la estaca.
- Hecho esto, y ya sin prisas, toman medidas y anotan.

Las sombras de la estaca y de un ciprés miden:

SOMBRA ESTACA = 76 cm

SOMBRA CIPRÉS = 2,37 m = 237 cm

Resolvemos por semejanza:

$$\frac{x}{237} = \frac{163}{76} \rightarrow x = \frac{237 \cdot 163}{76} = 508 \text{ cm} = 5{,}08 \text{ m}$$

La altura del ciprés se podría haber obtenido multiplicando la longitud de su sombra por $\frac{163}{76} = 2{,}145$. Este número es el resultado de dividir los catetos de cualquier triángulo rectángulo con un ángulo de 65°. Es, por tanto, un número asociado a este ángulo. Se llama **tangente de 65°.**

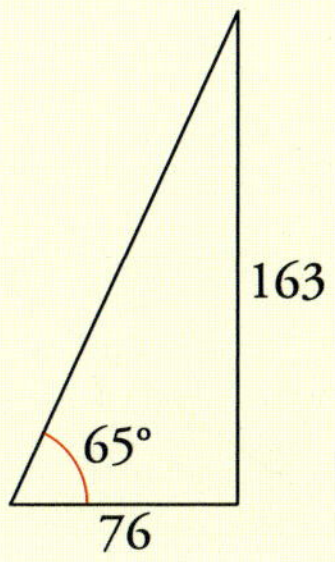

Antiguamente, se recurría a unas tablas en las que se encontraban estos números. Actualmente, los obtenemos con la calculadora.

Resuelve

1. a) Razona que la estaca y su sombra forman un triángulo rectángulo. ¿Ocurre lo mismo con cada árbol y su sombra?

b) ¿Por qué se han de dar prisa en señalar los extremos de las sombras? Razona que todos los triángulos formados por un árbol, o la estaca, y sus correspondientes sombras en cada instante son semejantes.

c) Sabiendo que hay un chopo cuya sombra midió 3,92 m, halla su altura.

1 Razones trigonométricas de un ángulo agudo

Como hemos visto en la página anterior, la razón entre la altura y la sombra de la estaca (163/76) es igual a la razón entre la altura y la sombra del árbol. De esta forma, podemos hallar la altura de un chopo multiplicando la longitud de su sombra, 3,92 m, por 163/76. Este cociente es lo que aquí estamos llamando tangente del ángulo α.

La trigonometría se basa en la semejanza de triángulos rectángulos:

La razón entre dos lados de un triángulo rectángulo es igual a la razón entre los lados correspondientes de cualquier otro triángulo semejante a él.

En adelante, nos disponemos a estudiar todas las posibles razones entre dos de los lados de un triángulo rectángulo.

Seno, coseno y tangente de un ángulo

Sobre un ángulo agudo, α, como el de la derecha, construimos un triángulo rectángulo, *ABC*.

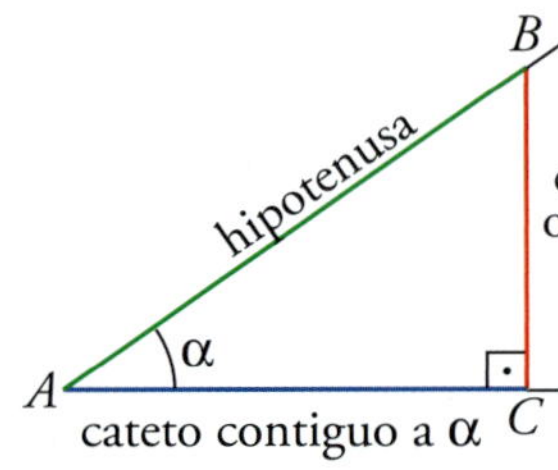

Observa las siguientes relaciones llamadas **razones trigonométricas** del ángulo α.

seno de $\alpha = \dfrac{\text{longitud del cateto opuesto a } \alpha}{\text{longitud de la hipotenusa}}$ $\qquad sen\ \alpha = \dfrac{\overline{BC}}{\overline{AB}}$

coseno de $\alpha = \dfrac{\text{longitud del cateto contiguo a } \alpha}{\text{longitud de la hipotenusa}}$ $\qquad cos\ \alpha = \dfrac{\overline{AC}}{\overline{AB}}$

tangente de $\alpha = \dfrac{\text{longitud del cateto opuesto a } \alpha}{\text{longitud del cateto contiguo a } \alpha}$ $\qquad tg\ \alpha = \dfrac{\overline{BC}}{\overline{AC}}$

En la web

Visualización de las razones trigonométricas de un ángulo agudo.

Cálculo gráfico (aproximado) de razones trigonométricas

La propia definición nos proporciona un método para calcular las razones trigonométricas de un ángulo agudo.

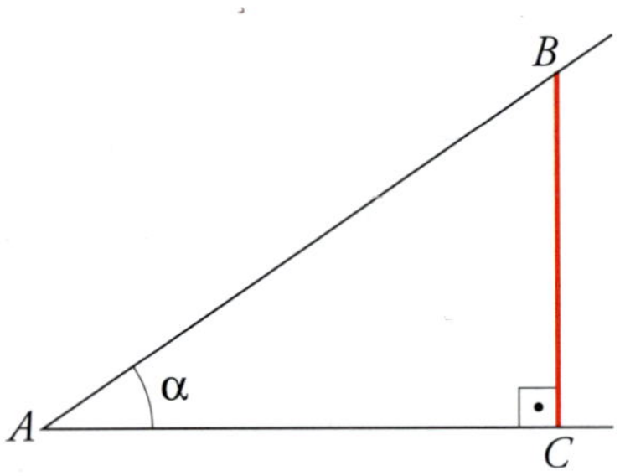

- Se dibuja un ángulo. Por ejemplo, 34°.
- Desde un punto, *B*, de uno de los lados se traza una perpendicular al otro lado. De este modo se forma un triángulo rectángulo *ABC*.
- Se miden los lados del triángulo. En nuestro ejemplo:

$$\overline{AC} = 41 \text{ mm}, \quad \overline{BC} = 28 \text{ mm}, \quad \overline{AB} = 50 \text{ mm}$$

- Con estos datos, calculamos las razones trigonométricas del ángulo, 34°:

$$sen\ \alpha = \frac{\overline{BC}}{\overline{AB}} = \frac{28}{50} = 0,56; \quad cos\ \alpha = \frac{\overline{AC}}{\overline{AB}} = \frac{41}{50} = 0,82; \quad tg\ \alpha = \frac{\overline{BC}}{\overline{AC}} = \frac{28}{41} = 0,68$$

Las medidas tomadas son aproximadas, por lo que las relaciones también lo son.

Piensa y practica

1. Dibuja sobre un ángulo como el anterior, 34°, un triángulo rectángulo de tal modo que $\overline{AB} = 100$ mm.

Halla sus razones trigonométricas y observa que obtienes, aproximadamente, los mismos valores que en el ejemplo de arriba.

2. Dibuja, sobre un ángulo de 45°, un triángulo rectángulo cuya hipotenusa mida 10 cm.

Calcula, como en el ejemplo de arriba, las razones trigonométricas de 45°. ¿Cómo son entre sí el seno y el coseno? ¿Cuánto vale la tangente? Explica por qué.

Las razones trigonométricas dependen del ángulo, no del triángulo

¿Qué pasaría si sobre un mismo ángulo α trazáramos varios triángulos rectángulos distintos?

Ya vimos en el ejercicio 1 de la página anterior que las razones trigonométricas de 34° obtenidas son las mismas, salvo pequeñas diferencias debidas a imprecisiones en la medida. Demostremos, basándonos en la semejanza de triángulos, que lo mismo ocurre para cualquier ángulo α:

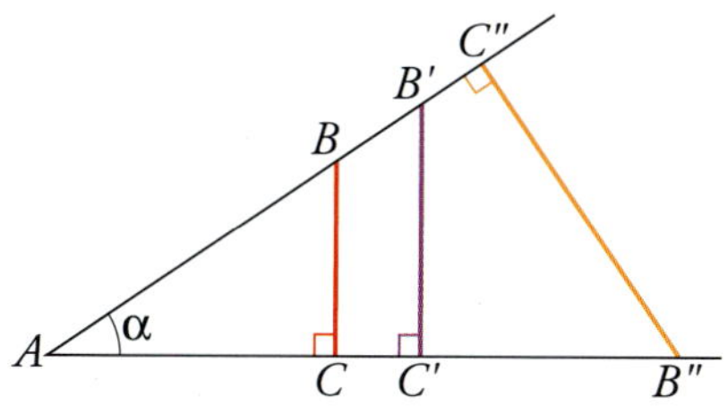

	EN ABC	EN $AB'C'$	EN $AB''C''$
sen α	$\overline{BC}/\overline{AB}$	$\overline{B'C'}/\overline{AB'}$	$\overline{B''C''}/\overline{AB''}$

Los triángulos ABC, $AB'C'$ y $AB''C''$ son semejantes, ya que son rectángulos y tienen un ángulo agudo igual. Por ello:

$$\frac{\overline{BC}}{\overline{AB}} = \frac{\overline{B'C'}}{\overline{AB'}} = \frac{\overline{B''C''}}{\overline{AB''}}$$

Es decir, es indiferente calcular el *seno* sobre cualquiera de los triángulos.

Y lo mismo se puede decir para el *coseno* y para la *tangente*.

Una plantilla para medir razones trigonométricas

Sobre papel milimetrado se traza un cuadrante de circunferencia de radio 10 cm, que *tomamos como unidad*.

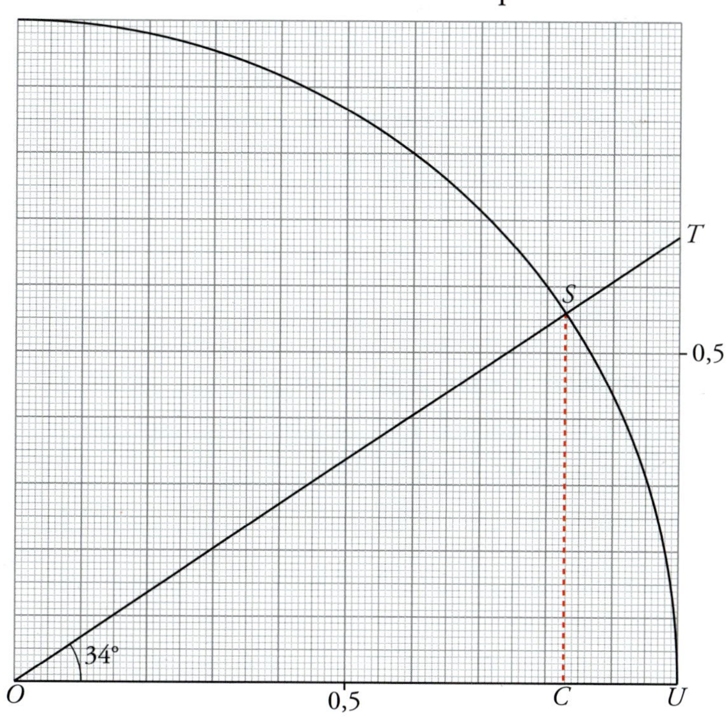

Los ángulos se sitúan con un lado sobre el eje X. La hipotenusa del triángulo rectángulo OCS mide 1, por tanto:

$$sen\ 34° = \frac{\overline{SC}}{1} \rightarrow sen\ 34° = \overline{SC}$$

$$cos\ 34° = \frac{\overline{OC}}{1} \rightarrow cos\ 34° = \overline{OC}$$

Medimos $\overline{SC}$ y $\overline{OC}$ sobre el papel milimetrado y obtenemos:

$sen\ 34° = 0{,}56$ $\qquad$ $cos\ 34° = 0{,}83$

Puesto que $\overline{OU} = 1$, la tangente se mide también directamente:

$$tg\ 34° = \frac{\overline{UT}}{\overline{OU}} = \frac{\overline{UT}}{1} = \overline{UT} = 0{,}68$$

Observa que, a partir de un cierto ángulo, la tangente ya no se puede medir directamente porque se sale de la plantilla.

Piensa y practica

3. Utilizando una plantilla de papel milimetrado como la de arriba y un transportador de ángulos, calcula el seno y el coseno de 10°, 20°, 30°, 40°, 50°, 60°, 70° y 80°, y la tangente de aquellos que puedas.

4. Calcula las razones trigonométricas, seno, coseno y tangente, de 45° y comprueba que coinciden (excepto decimales) con lo que calculaste en el ejercicio 2 de la página anterior.

2 Relaciones trigonométricas fundamentales

Notación

En lugar de $(sen\ \alpha)^2$ se suele poner $sen^2\ \alpha$. Del mismo modo:

$(cos\ \alpha)^2 = cos^2\ \alpha$ y $(tg\ \alpha)^2 = tg^2\ \alpha$

A pesar de la costumbre, y para evitar confusiones, utilizaremos durante este curso la expresión con paréntesis.

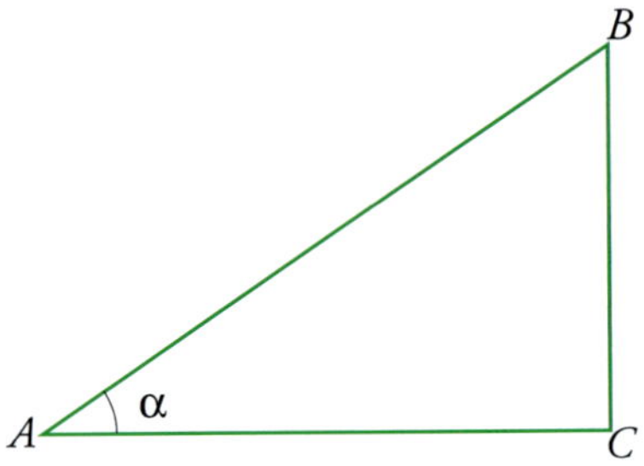

Los valores de *sen*, *cos* y *tg* de un mismo ángulo no son independientes, sino que están relacionados, de tal modo que *conociendo uno de ellos, podemos calcular los otros dos*. Las relaciones que los ligan son las siguientes (se las suele llamar **relaciones fundamentales**):

$$(sen\ \alpha)^2 + (cos\ \alpha)^2 = 1 \quad [I] \qquad \frac{sen\ \alpha}{cos\ \alpha} = tg\ \alpha \quad [II]$$

Estas igualdades son fáciles de demostrar:

$$[I]\ (sen\ \alpha)^2 + (cos\ \alpha)^2 = \left(\frac{\overline{BC}}{\overline{AB}}\right)^2 + \left(\frac{\overline{AC}}{\overline{AB}}\right)^2 = \frac{\overline{BC}^2 + \overline{AC}^2}{\overline{AB}^2} \overset{(*)}{=} \frac{\overline{AB}^2}{\overline{AB}^2} = 1$$

(*) Por el teorema de Pitágoras, se cumple que $\overline{BC}^2 + \overline{AC}^2 = \overline{AB}^2$.

$$[II]\ \frac{sen\ \alpha}{cos\ \alpha} = \frac{\overline{BC}}{\overline{AB}} : \frac{\overline{AC}}{\overline{AB}} = \frac{\overline{BC}}{\overline{AC}} = tg\ \alpha$$

En los siguientes ejercicios resueltos vemos cómo, conocida una razón trigonométrica de un ángulo, se pueden calcular las otras dos.

Ejercicios resueltos

1. ***Sabiendo que $cos\ \alpha = 0,63$, calcular $s = sen\ \alpha$ y $t = tg\ \alpha$.***

Mediante la igualdad I, conocido $sen\ \alpha$ obtenemos $cos\ \alpha$, y viceversa.

$$s^2 + 0,63^2 = 1 \rightarrow s^2 = 1 - 0,63^2 = 0,6031 \rightarrow s = \sqrt{0,6031} = 0,777$$

(Solo tomamos la raíz positiva, porque $sen\ \alpha$ ha de ser positivo).

$$t = \frac{0,777}{0,63} = 1,23$$

Solución: $sen\ \alpha = 0,777 \qquad tg\ \alpha = 1,23$

2. ***Sabiendo que $tg\ \alpha = 2$, calcular $s = sen\ \alpha$ y $c = cos\ \alpha$.***

Mediante las igualdades I y II, conocida $tg\ \alpha$ se obtienen, resolviendo un sistema de ecuaciones, los valores de $sen\ \alpha$ y $cos\ \alpha$:

$$\left.\begin{array}{l}\frac{s}{c} = 2 \\ s^2 + c^2 = 1\end{array}\right\} \begin{array}{l} s = 2c \\ (2c)^2 + c^2 = 1 \rightarrow 4c^2 + c^2 = 1 \rightarrow 5c^2 = 1\end{array}$$

$$c^2 = \frac{1}{5} \xrightarrow[\text{la raíz positiva}]{\text{solo tomamos}} c = \frac{1}{\sqrt{5}} \xrightarrow{\text{racionalizando}} c = \frac{\sqrt{5}}{5};\ s = \frac{2\sqrt{5}}{5}$$

Solución: $sen\ \alpha = \frac{2\sqrt{5}}{5} = 0,894 \qquad cos\ \alpha = \frac{\sqrt{5}}{5} = 0,447$

Piensa y practica

1. $sen\ \alpha = 0,6$. Calcula $cos\ \alpha$ y $tg\ \alpha$.

2. $tg\ \beta = 0,53$. Calcula $sen\ \beta$ y $cos\ \beta$.

Razones trigonométricas de 30°, 45° y 60°

Los triángulos rectángulos cuyos ángulos agudos son 45°, 30° o 60° aparecen con mucha frecuencia, por lo que resultan especialmente interesantes en geometría. Vamos a hallar las razones trigonométricas de estos ángulos.

■ RAZONES TRIGONOMÉTRICAS DE 45°

La hipotenusa de este triángulo rectángulo isósceles cuyos catetos miden 1 es:

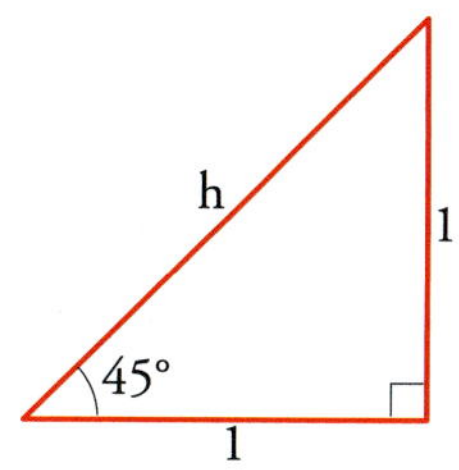

$$h = \sqrt{1^2 + 1^2} = \sqrt{2}$$

Por tanto:

$$sen\ 45° = \frac{1}{\sqrt{2}} = \frac{\sqrt{2}}{2} \qquad cos\ 45° = \frac{\sqrt{2}}{2} \qquad tg\ 45° = 1$$

■ RAZONES TRIGONOMÉTRICAS DE 30° Y DE 60°

Calculamos la altura de este triángulo equilátero de lado 1:

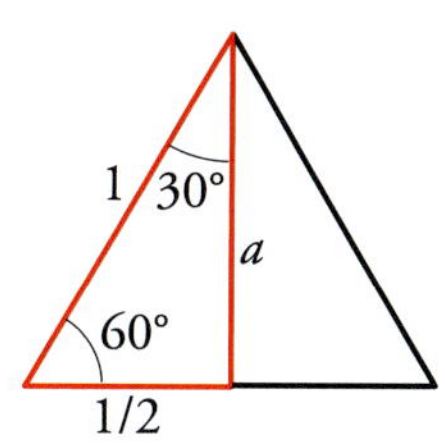

$$a = \sqrt{1^2 - \left(\frac{1}{2}\right)^2} = \sqrt{1 - \frac{1}{4}} = \sqrt{\frac{3}{4}} = \frac{\sqrt{3}}{2}$$

Por tanto:

$$sen\ 30° = \frac{1}{2} \qquad cos\ 30° = \frac{\sqrt{3}}{2} \qquad tg\ 30° = \frac{1/2}{\sqrt{3}/2} = \frac{1}{\sqrt{3}} = \frac{\sqrt{3}}{3}$$

$$sen\ 60° = \frac{\sqrt{3}}{2} \qquad cos\ 60° = \frac{1}{2} \qquad tg\ 60° = \frac{\sqrt{3}/2}{1/2} = \sqrt{3}$$

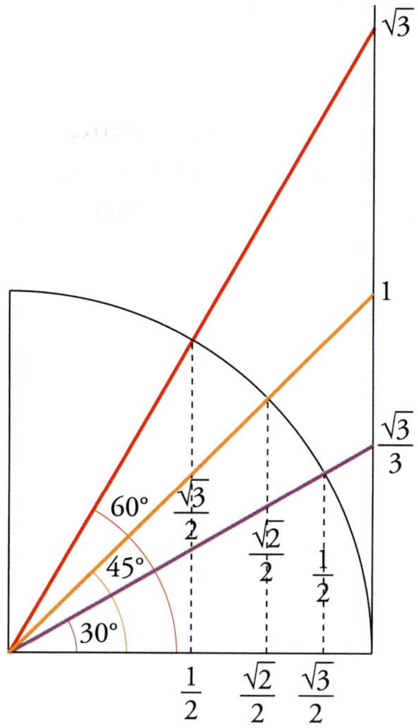

Localiza en la gráfica las razones que aparecen en la tabla.

	sen	cos	tg
30°	$\frac{1}{2}$	$\frac{\sqrt{3}}{2}$	$\frac{\sqrt{3}}{3}$
45°	$\frac{\sqrt{2}}{2}$	$\frac{\sqrt{2}}{2}$	1
60°	$\frac{\sqrt{3}}{2}$	$\frac{1}{2}$	$\sqrt{3}$

Piensa y practica

3. Teniendo en cuenta que $tg\ 45° = 1$, deduce el valor de $sen\ 45°$ y de $cos\ 45°$ mediante las relaciones fundamentales.

4. Teniendo en cuenta que $sen\ 30° = 1/2$, halla el valor de $cos\ 30°$ y de $tg\ 30°$ mediante las relaciones fundamentales.

5. Calcula el seno y la tangente de un ángulo cuyo coseno vale 0,8.

6. Halla el seno y el coseno de un ángulo cuya tangente vale 0,7.

7. Copia en tu cuaderno y completa la siguiente tabla de razones trigonométricas:

sen α	0,94		4/5			
cos α		0,82			$\sqrt{3}/2$	
tg α				3,5		1

En las operaciones donde aparezcan fracciones o radicales, trabaja con ellos; no utilices su expresión decimal.

En la web: Obtención de las razones trigonométricas de 30°, 45° y 60°.

3 Utilización de la calculadora en trigonometría

Teclas trigonométricas

Para el cálculo y el manejo de las razones trigonométricas, hasta ahora solo hemos utilizado las operaciones aritméticas de la calculadora: ⊕ ⊖ ⊗ ⊘ y √.

En este apartado vamos a aprender a manejar las teclas específicamente trigonométricas.

Las calculadoras científicas nos dan directamente el valor del seno, del coseno o de la tangente de cualquier ángulo. También nos dicen cuál es el ángulo del que conocemos el valor de una de sus razones trigonométricas.

Veamos, paso a paso, cómo se recurre a la calculadora para trabajar en trigonometría.

■ SELECCIÓN DEL MODO DEG (GRADOS SEXAGESIMALES)

Las calculadoras manejan tres unidades de medida de ángulos:

- Grados sexagesimales (DEG). Son los que utilizamos normalmente.
- Grados centesimales (GRA). Un ángulo recto tiene 100 grados centesimales. Nunca usaremos esta unidad de medida.
- Radianes (RAD). Esta unidad de medida de ángulos está relacionada con el estudio funcional de las razones trigonométricas (funciones trigonométricas).

En este curso utilizaremos, casi siempre, los grados sexagesimales. Por tanto, selecciona en la calculadora el modo DEG, a partir de la tecla [MODE] o [SETUP], según el modelo de calculadora.

■ ANOTAR UN ÁNGULO. TECLA [° ' "]

Para escribir el ángulo 38° 25' 36", se procede así:

38 [° ' "] 25 [° ' "] 36 [° ' "] [38.42666667] — Se anota el ángulo en forma decimal

[SHIFT] [° ' "] [38°25°36] — Se expresa el ángulo en forma sexagesimal

En las CALCULADORAS DE PANTALLA DESCRIPTIVA se procede del mismo modo (el ángulo sale directamente en forma sexagesimal):

38 [° ' "] 25 [° ' "] 36 [° ' "] [=] [38°25°36° / 38°25'36"]

■ CÁLCULO DE UNA RAZÓN TRIGONOMÉTRICA. TECLAS [sin] [cos] [tan]

Para calcular *sen* (47° 25'), se procede así:

[sin] 47 [° ' "] 25 [° ' "] [47.41666667] [=] [0.736293951 21]

Es decir, *sen* 47° 25' = 0,736

Análogamente, se procede con coseno, [cos], y tangente, [tan].

Atención

En algunas calculadoras antiguas, las teclas de las razones trigonométricas y sus inversas se pulsan después del número correspondiente.

Para hallar *sen* 47°:

47 [sin]

Piensa y practica

1. Obtén las siguientes razones trigonométricas y escribe en tu cuaderno los resultados redondeando a las milésimas.

a) *sen* 86° b) *cos* 59° c) *tg* 22° d) *sen* 15° 25' 43" e) *cos* 59° 27' f) *tg* 86° 52' g) *sen* 10° 30" (atención, 10° 0' 30")

■ **FUNCIONES INVERSAS:** $\sin^{-1}$ (SHIFT sin), $\cos^{-1}$ (SHIFT cos), $\tan^{-1}$ (SHIFT tan)

¿Cuál es el ángulo cuyo seno vale 0,5? Sabemos que es 30°. La forma de preguntárselo a la calculadora es esta:

SHIFT sin 0,5 = [30]

Análogamente:

cos α = 0,56 → ¿α? → SHIFT cos 0,56 = SHIFT °′″ [55°56°39.13]

tg α = 3 → ¿α? → SHIFT tan 3 = SHIFT °′″ [71°33°54.18]

Cálculo de una razón conociendo otra

Sabemos que *cos* α = 0,63. *¿Cuánto vale* *tg* α*?*

Para resolver este problema, tuvimos que recurrir a las igualdades fundamentales (página 146). Ahora podemos hacerlo directamente con las teclas trigonométricas de la calculadora:

SHIFT cos 0,63 = [50.9498774] tan = [1.23269068]

Ángulo cuyo coseno es 0,63 ↗ Su tangente es ↗

Con las CALCULADORAS DE PANTALLA DESCRIPTIVA podemos proceder análogamente:

SHIFT cos 0,63 = [cos⁻¹(0.63 / 50.9498774] tan Ans = [tan(Ans / 1.23269068]

Pero también se puede hacer directamente:

tan SHIFT cos 0,63 = [tan(cos⁻¹(0.63 / 1.23269068] La tangente del ángulo cuyo coseno es 0,63 vale 1,23269…

Recuerda

Ans es un lugar de memoria donde se sitúa el último resultado obtenido.

En la web

Refuerza el uso de la calculadora en trigonometría.

Ejercicio resuelto

Sabemos que tg* α *= 2. ¿Cuánto vale cos* α*?

SHIFT tan 2 = [63.43494882] cos = [0.4472135955] → *cos* α = 0,447

El ángulo cuya tangente es 2 — El coseno de ese ángulo

Con PANTALLA DESCRIPTIVA: cos SHIFT tan 2 = [cos(tan⁻¹(2 / .4472135955]

Piensa y practica

2. Da el valor del ángulo α en forma sexagesimal, en cada caso:

a) *sen* α = 0,91 b) *tg* α = 5,83

c) *cos* α = 0,42 d) *tg* α = 0,34

e) *sen* α = 0,08 f) *cos* α = 0,88

3. a) Calcula *sen* α sabiendo que *cos* α = 0,91.

b) Calcula *cos* α sabiendo que *tg* α = 6,41.

c) Calcula *tg* α sabiendo que *cos* α = 0,06.

d) Calcula *tg* α sabiendo que *cos* α = 0,96.

e) Calcula *sen* α sabiendo que *tg* α = 0,1.

4 Resolución de triángulos rectángulos

En la web HOJA DE CÁLCULO para resolver triángulos rectángulos.

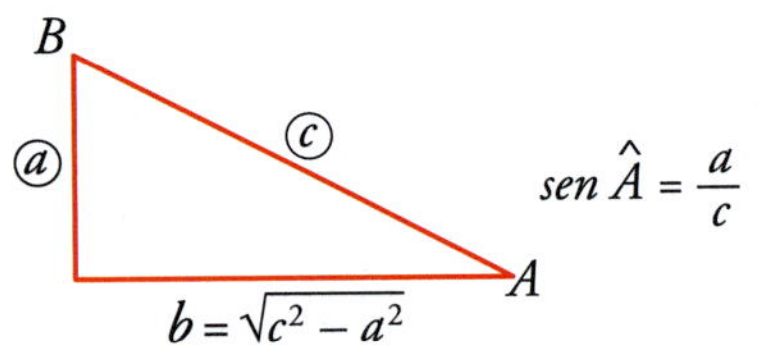

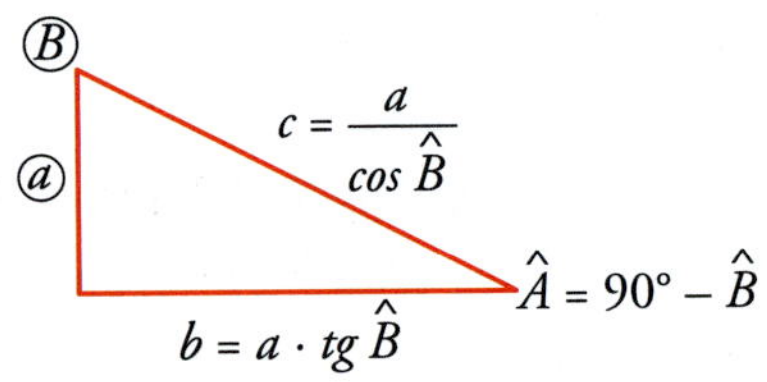

Resolver un triángulo es hallar uno o más elementos desconocidos (lados o ángulos) a partir de algunos elementos conocidos.

Las razones trigonométricas nos permiten resolver cualquier triángulo rectángulo.

■ **CONOCIDOS DOS LADOS**

- El tercer lado se obtiene mediante el teorema de Pitágoras.
- Cada uno de los ángulos agudos se halla a partir de la razón trigonométrica que lo relaciona con los dos lados conocidos.

■ **CONOCIDOS UN LADO Y UN ÁNGULO**

- Otro lado se halla mediante la razón trigonométrica que lo relaciona con el lado y el ángulo conocidos.
- El otro ángulo agudo es complementario del que conocemos.

Ejercicios resueltos

1. ***Los dos catetos de un triángulo miden 17 cm y 40 cm. Hallar los ángulos del triángulo.***

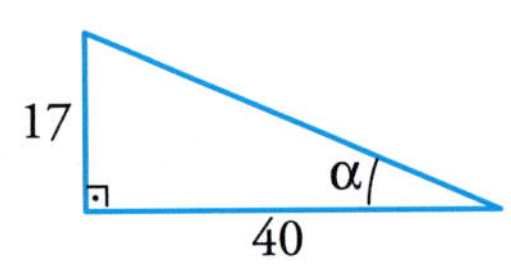

El ángulo α se relaciona con los dos catetos mediante su tangente: $tg\ \alpha = \frac{17}{40} = 0{,}425$

Hallamos con la calculadora el ángulo cuya tangente es 0,425:

SHIFT tan 0,425 = SHIFT °'" 23°1°31.77. Es decir, $\alpha = 23°\ 1'\ 32''$.

El otro ángulo es su complementario: $90° - 23°\ 1'\ 32'' = 66°\ 58'\ 28''$

2. ***En un triángulo rectángulo, un ángulo agudo mide 27° y la hipotenusa, 46 m. Hallar los dos catetos.***

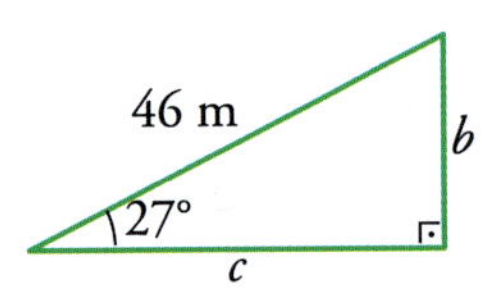

b es el cateto opuesto al ángulo de 27°. Por tanto:

$sen\ 27° = \frac{b}{46} \rightarrow b = 46 \cdot sen\ 27° = 20{,}88$ m

Análogamente: $cos\ 27° = \frac{c}{46} \rightarrow c = 46 \cdot cos\ 27° = 40{,}99$ m

3. ***¿Cuánto mide la apotema de un pentágono regular de lado 10 cm?***

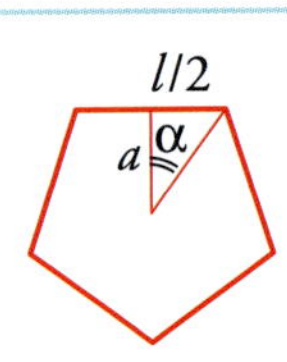

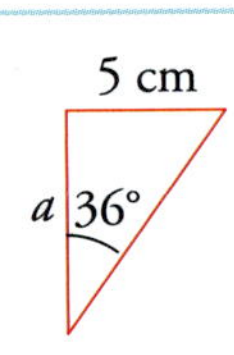

$\alpha = 360° : 10 = 36°$

$tg\ 36° = \frac{5}{a} \rightarrow a = \frac{5}{tg\ 36°} = 6{,}88$

La apotema mide 6,9 cm.

Piensa y practica

En la web Refuerza la resolución de triángulos rectángulos.

1. Los dos catetos de un triángulo rectángulo miden 48 cm y 71 cm. Halla los dos ángulos agudos.

2. En un triángulo rectángulo, un ángulo agudo mide 37°, y el cateto opuesto, 87 m.

Halla el otro cateto y la hipotenusa.

3. Calcula el radio de un octógono regular de 20 cm de lado. ¿Cuánto mide su apotema?

4. Halla la apotema de un heptágono regular de 10 cm de radio.

Calcula también la longitud del lado.

5 Resolución de triángulos oblicuángulos

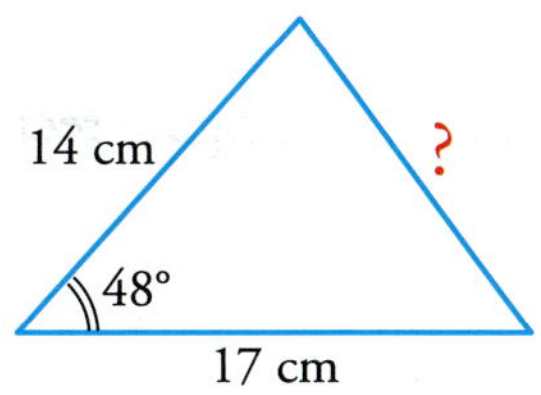

■ **PROBLEMA 1**

El triángulo del margen no es rectángulo. Para obtener el lado desconocido, lo partimos, mediante la altura, en dos triángulos rectángulos con un lado común:

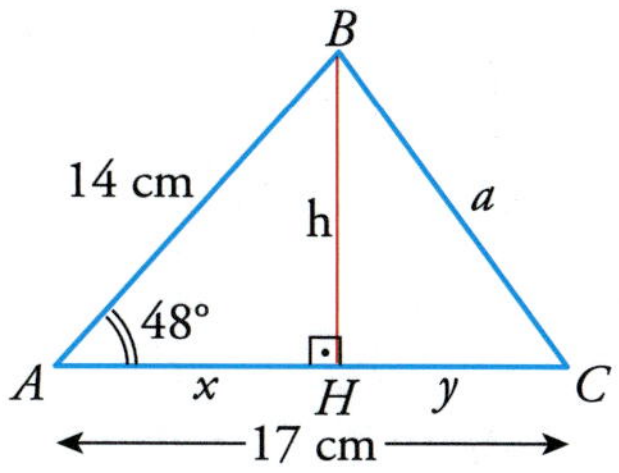

- El triángulo ABH es rectángulo. En él conocemos la hipotenusa y un ángulo agudo. Podemos calcular los dos catetos:

$$sen\ 48° = \frac{h}{14} \rightarrow h = 14 \cdot sen\ 48° = 10{,}4 \text{ cm}$$

$$cos\ 48° = \frac{x}{14} \rightarrow x = 14 \cdot cos\ 48° = 9{,}37 \text{ cm}$$

- En el triángulo rectángulo BHC conocemos $\overline{BH} = h = 10{,}4$ cm y podemos calcular muy fácilmente $\overline{HC} = y = 17 - x = 17 - 9{,}37 = 7{,}63$ cm.

  Conocidos los dos catetos, calculamos la hipotenusa:

$$a = \sqrt{h^2 + y^2} = \sqrt{10{,}4^2 + 7{,}63^2} = 12{,}9 \text{ cm}$$

Reflexión del problema 1

La altura, h, ha partido el triángulo oblicuángulo en dos triángulos rectángulos. En el primero se hallan elementos que sirven para obtener, en el otro triángulo, el lado *a*.

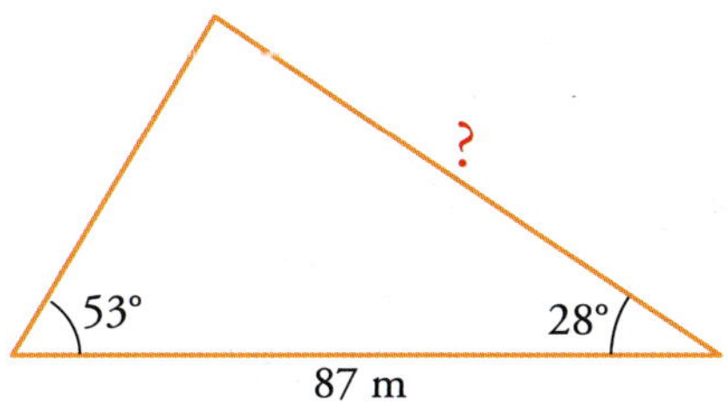

■ **PROBLEMA 2**

En este caso, para resolver el triángulo del margen, hacemos como en el caso anterior: la altura h determina dos triángulos rectángulos. Con ellos vamos a relacionar x e y.

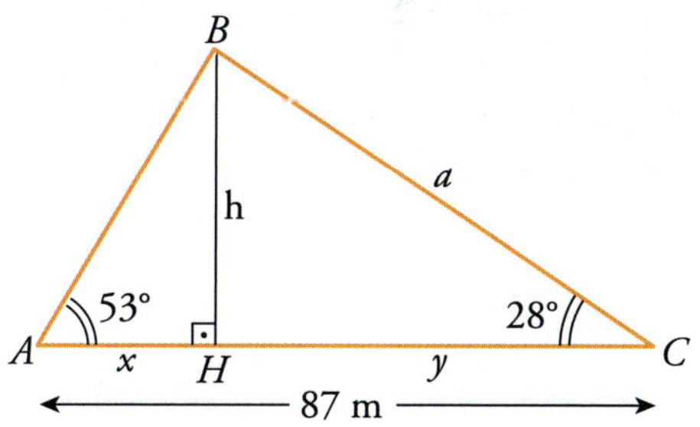

$$\left.\begin{array}{l}\text{En } \widehat{ABH},\ tg\ 53° = \dfrac{h}{x} \rightarrow h = x\ tg\ 53° \\ \text{En } \widehat{BHC},\ tg\ 28° = \dfrac{h}{y} \rightarrow h = y\ tg\ 28°\end{array}\right\} \begin{array}{l} x\ tg\ 53° = y\ tg\ 28° \\ 1{,}33x = 0{,}53y \end{array}$$

Como $x + y = 87$, tenemos un sistema de dos ecuaciones con dos incógnitas:

$$\left.\begin{array}{l} x + y = 87 \\ 1{,}33x = 0{,}53y \end{array}\right\} \begin{array}{l} x = 87 - y \\ 1{,}33(87 - y) = 0{,}53y \rightarrow y = 62{,}2 \text{ m} \end{array}$$

Conocido y, podemos calcular a:

$$\text{En } \widehat{BHC},\ cos\ 28° = \frac{y}{a} \rightarrow a = \frac{62{,}2}{cos\ 28°} = 70{,}4 \text{ m}$$

Reflexión del problema 2

En este caso hemos tenido que resolver simultáneamente los dos triángulos rectángulos. Relacionando algebraicamente las conclusiones (con un sistema de ecuaciones), se obtienen los segmentos buscados.

Cualquier triángulo no rectángulo puede ser resuelto mediante la **estrategia de la altura.** Consiste en elegir una de las alturas del triángulo de modo que, al trazarla, se obtengan dos triángulos rectángulos resolubles por separado o conjuntamente.

En la web

Ampliación teórica: teoremas de los senos y del coseno.

Piensa y practica

1. En un triángulo ABC, halla $\overline{BC}$ conociendo $\overline{AB} = 37$ cm, $\overline{AC} = 50$ cm y $\hat{A} = 32°$.

2. Halla los lados $\overline{AB}$ y $\overline{BC}$ de un triángulo ABC en el que sabemos $\overline{AC} = 100$ cm, $\hat{A} = 42°$ y $\hat{C} = 18°$.

En la web

- Practica la resolución de triángulos oblicuángulos.
- Calcula el lado de polígonos estrellados.

6 Razones trigonométricas de 0° a 360°

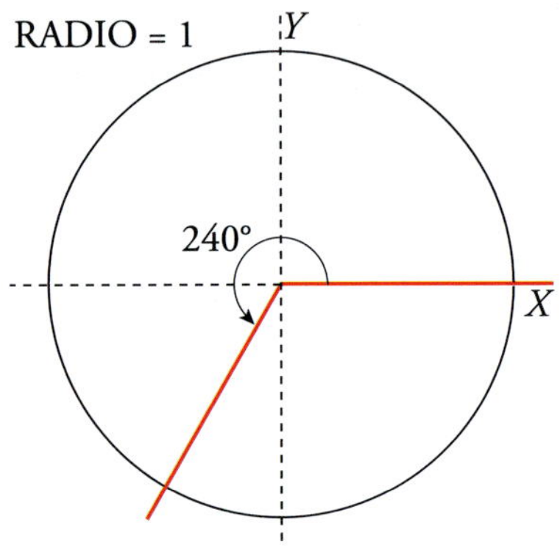

Circunferencia goniométrica

Sobre un sistema de coordenadas, trazamos, con centro en el origen, una circunferencia de radio 1. La llamamos **circunferencia goniométrica.** En ella, es sencillo definir y visualizar las razones trigonométricas de un ángulo cualquiera.

Los ángulos se sitúan sobre la circunferencia goniométrica del siguiente modo:

- Su vértice en el centro.
- Uno de los lados se hace coincidir con el semieje positivo de las *X*.
- El otro lado se sitúa donde corresponda, abriéndose el ángulo en el sentido contrario al movimiento de las agujas del reloj.

Seno y coseno de un ángulo entre 0° y 360°

Si situamos un ángulo cualquiera, ϕ, sobre la circunferencia goniométrica, definimos $(\cos \phi, \operatorname{sen} \phi)$ como las coordenadas del punto en el que el segundo lado del ángulo corta a la circunferencia.

Observa que esta definición es compatible con los conceptos de $\operatorname{sen} \alpha$ y $\cos \alpha$ para ángulos agudos. De este modo, las coordenadas de *A* son $(\cos \alpha, \operatorname{sen} \alpha)$.

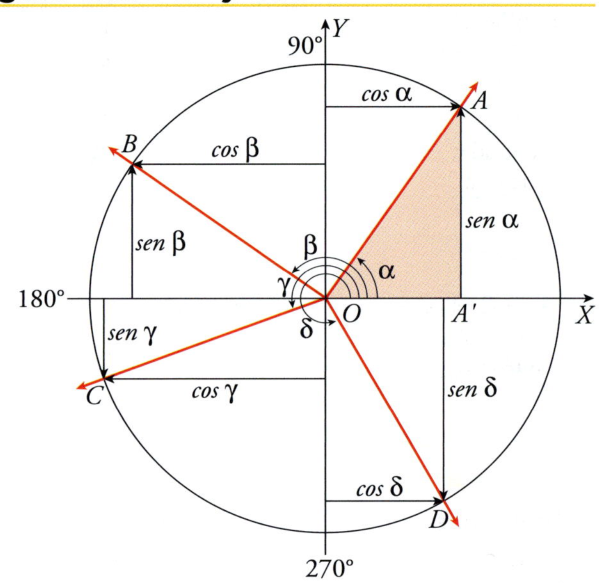

Signo del seno y del coseno

Al igual que las coordenadas de un punto, los signos del seno y del coseno de un ángulo dependen del cuadrante en el que se sitúe el segundo lado del ángulo.

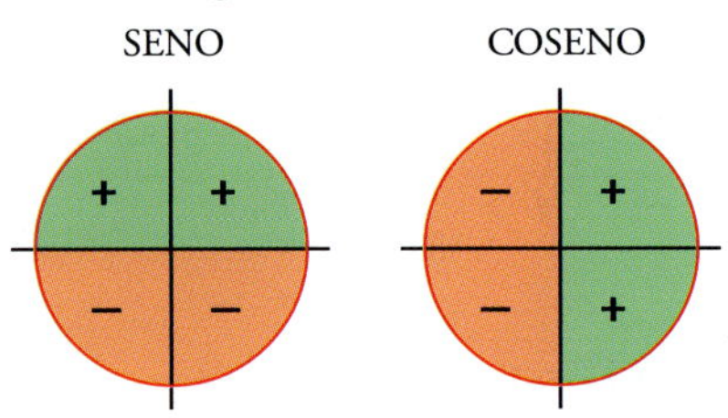

Tangente de un ángulo entre 0° y 360°

Situamos un ángulo cualquiera, α, sobre la circunferencia goniométrica. Trazamos la recta *t*, tangente a la circunferencia en *U*.

El segundo lado del ángulo, o su prolongación, corta a la recta *t* en un punto, *T*. La tangente del ángulo es igual a la medida del segmento *UT*, con el signo correspondiente, positivo hacia arriba y negativo hacia abajo.

Los ángulos de 90° y 270° no tienen tangente.

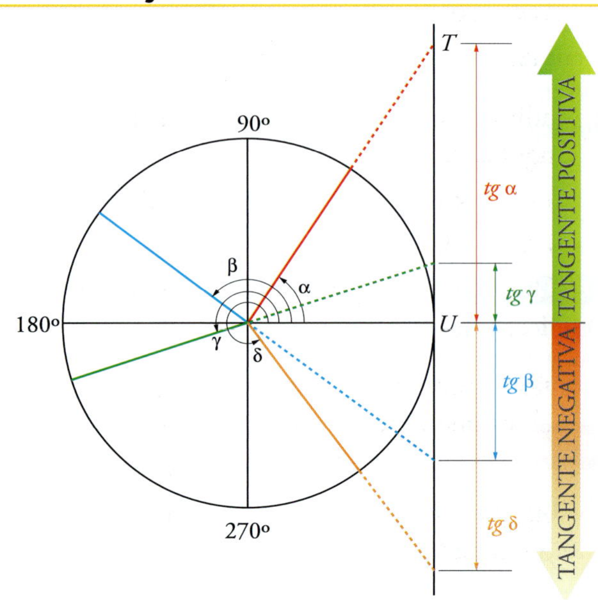

Signo de la tangente

La tangente es positiva en los cuadrantes primero y tercero, y negativa en los cuadrantes segundo y cuarto.

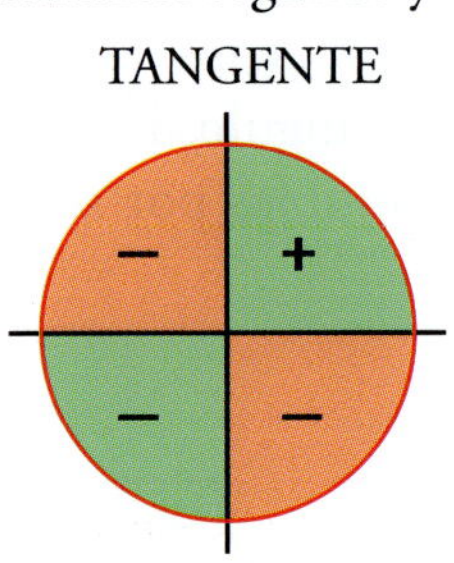

En la web Estimación de ángulos con la circunferencia goniométrica.

Ejercicio resuelto

Situar sobre la circunferencia goniométrica los ángulos de 141°, 233° y 338°. Representar sus razones trigonométricas (sen, cos, tg) y valorarlas numéricamente.

Para facilitar la valoración de las razones trigonométricas, puedes imprimir desde Internet la circunferencia goniométrica dibujada sobre papel milimetrado. Aquí la hemos representado reducida a menos de la mitad de su tamaño real. Situando los ángulos convenientemente, la lectura de los valores de las razones goniométricas es inmediata.

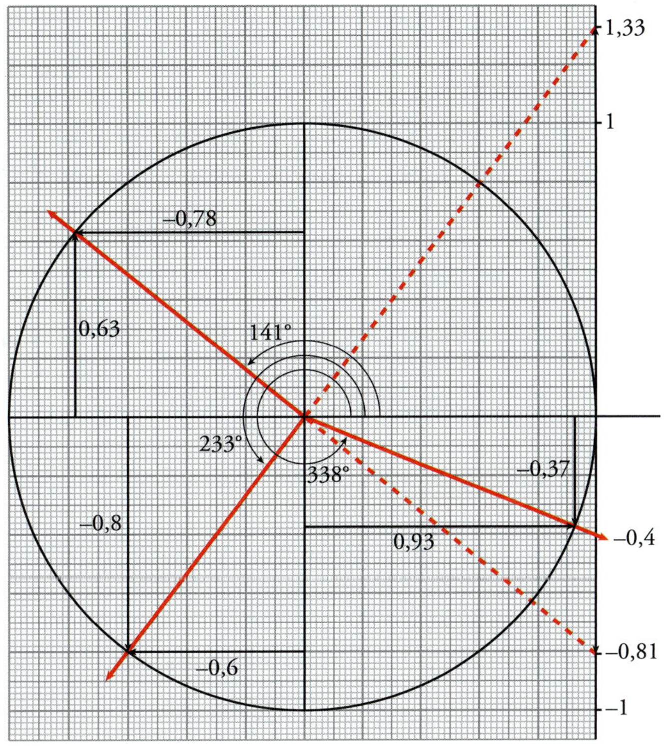

sen 141° = 0,63

cos 141° = –0,78

tg 141° = –0,81

sen 233° = –0,8

cos 233° = –0,6

tg 233° = 1,33

sen 338° = –0,37

cos 338° = 0,93

tg 338° = –0,40

En la web Circunferencia goniométrica sobre papel milimetrado.

En la web Transportador de ángulos circular (ángulos de 0° a 360°).

En la web Refuerza el cálculo de razones trigonométricas utilizando la circunferencia goniométrica.

Piensa y practica

1. Indica el signo de cada una de estas razones trigonométricas, situando aproximadamente los ángulos en la circunferencia goniométrica:

a) *sen* 185°	b) *cos* 320°	c) *tg* 100°
d) *cos* 350°	e) *cos* 120°	f) *tg* 95°
g) *cos* 275°	h) *sen* 85°	i) *tg* 265°

2. Indica en qué cuadrante se encuentra cada uno de los ángulos α, β, γ y ϕ:

a) $sen\ \alpha < 0$ y $tg\ \alpha > 0$ b) $cos\ \beta > 0$ y $tg\ \beta < 0$

c) $sen\ \gamma < 0$ y $cos\ \gamma < 0$ d) $cos\ \phi > 0$ y $sen\ \phi < 0$

¿Qué signo tiene cada una de las razones trigonométricas que faltan?

3. Dibuja sobre una circunferencia goniométrica, en papel milimetrado, los ángulos siguientes:

62°, 154°, 243° y 300°

Representa sus razones trigonométricas y da su valor aproximado.

4. En la página anterior, en la circunferencia goniométrica sobre la que se han representado el seno y el coseno, hay un triángulo coloreado, *OA'A*.

a) Razonando sobre él y teniendo en cuenta que $\overline{OA} = 1$, justifica que $cos\ \alpha = \overline{OA'}$ y $sen\ \alpha = \overline{A'A}$.

b) Aplicando el teorema de Pitágoras en este triángulo, justifica que $(sen\ \alpha)^2 + (cos\ \alpha)^2 = 1$.

c) Justifica que $(sen\ \beta)^2 + (cos\ \beta)^2 = 1$, razonando sobre el correspondiente triángulo.

5. Di el valor de $sen\ \alpha$ y $cos\ \alpha$ cuando α vale 0°, 90°, 180°, 270° y 360°.

6. Teniendo en cuenta la semejanza de los triángulos *OA'A* y *OUT*, y que $\overline{OU} = 1$, demuestra que:

$$\frac{sen\ \alpha}{cos\ \alpha} = tg\ \alpha$$

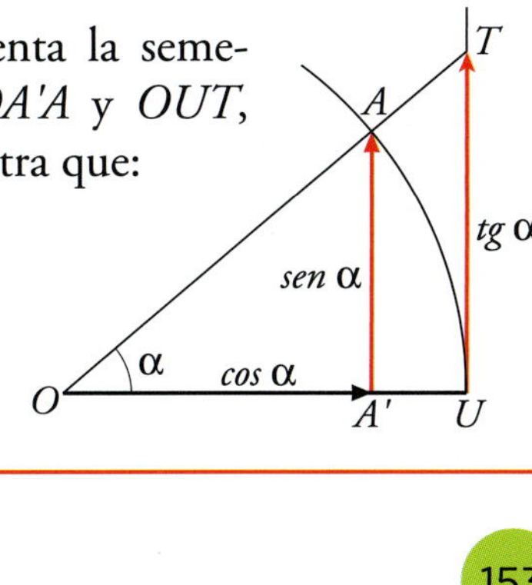

En la web Razones trigonométricas de ángulos entre 0° y 360°.

7 Ángulos de medidas cualesquiera. Razones trigonométricas

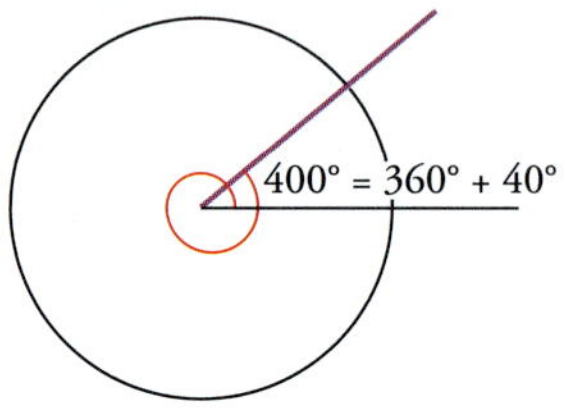

Los valores comprendidos entre 0° y 360° nos permiten medir cualquier ángulo. Pero también podemos darle sentido a otras medidas. Por ejemplo, podemos interpretar 400° como una vuelta completa (360°) más un ángulo de 40°. Es decir, 400° = 360° + 40° = 40°. Las razones trigonométricas de 400° serán, pues, las mismas que las de 40°.

En la web

Amplía el cálculo de razones trigonométricas que se relacionan con las de otros ángulos.

En general, si $\alpha \in [0°, 360°)$ y $\beta = \alpha + 360° \cdot n$, donde n es un número entero (positivo o negativo), entonces el ángulo β es esencialmente igual al α y, por tanto, las razones trigonométricas de β son las mismas que las de α.

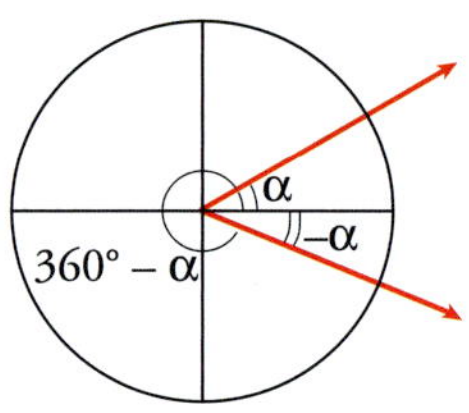

ÁNGULOS NEGATIVOS

Un ángulo de 300° puede expresarse así: 300° = 300° – 360° = –60°. Por eso, con frecuencia, los ángulos que quedan situados bajo el eje X, es decir, los comprendidos entre 180° y 360°, se designan con una medida negativa.

Calculadora

Las calculadoras dan directamente el valor de *sen*, *cos*, *tg* de cualquier ángulo.

Por ejemplo: [sin] 3842 [=] [-0.882947592851] → *sen* 3 842° = –0,88

[cos] –597 [=] [-0.544639035011] → *cos* (–597°) = –0,54

[tan] 8324 [=] [0.965688774 8] → *tg* 8 324° = 0,97

Si le preguntamos a la calculadora **cuál es el ángulo cuya razón trigonométrica es un cierto número,** responde del siguiente modo:

[INV] [sin] –0,5 [=] → [-30] [INV] [sin] 0,8 [=] → [53.130...]

[INV] [cos] –0,5 [=] → [120] [INV] [cos] 0,8 [=] → [36.869...]

[INV] [tan] –4 [=] → [-75.963...] [INV] [tan] 1 [=] → [45]

PARA	DA UN VALOR ENTRE
seno	–90° y 90°
coseno	0° y 180°
tangente	–90° y 90°

Es decir, de los muchos ángulos que tienen esa razón trigonométrica, la calculadora da uno de ellos, siguiendo el criterio que ves en la tabla del margen.

Ejercicio resuelto

Expresar con valores comprendidos entre –180° y 180° los siguientes ángulos:

a) 775° b) 1 400°

a) 775 | 360
55 2

775° = 360° · 2 + 55° =
= 55°

b) 1 400 | 360
320 3

1 400° = 360° · 3 + 320° = 320° =
= 320° – 360° = – 40°

Piensa y practica

1. Expresa con valores comprendidos entre –180° y 180° estos ángulos:

a) 1 837° b) 3 358° c) 1 381° d) 3 805°

Comprueba con la calculadora que, en cada caso, coinciden las razones trigonométricas de uno y otro ángulo.

8 Funciones trigonométricas. El radián

Construimos una función que asocia a cada ángulo del intervalo [0°, 360°] su seno.

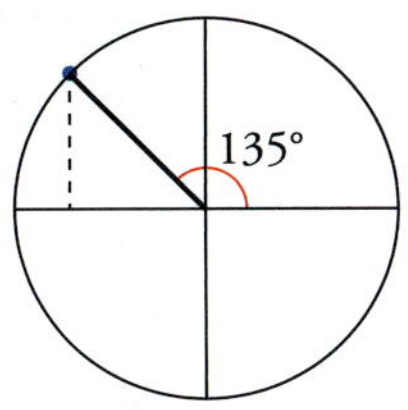

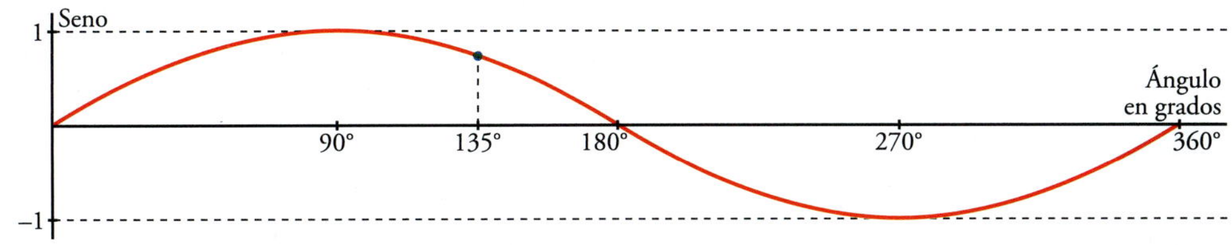

El dominio de definición de esta función es [0°, 360°]. Observa que, para representarla, hemos tenido que utilizar escalas muy distintas en los dos ejes. Con el fin de corregir este defecto, vamos a construir otra función, muy parecida a esta, en la que cambiamos la forma de medir los ángulos:

Tomamos como medida de un ángulo la longitud de su arco en la circunferencia goniométrica (recordamos que en ella, $r = 1$).

Una vuelta completa (360°) tiene una longitud de 2π: $360° \to 2\pi$

Por tanto, a un ángulo de $\alpha°$ le corresponde $\frac{2\pi}{360}\alpha$ como nueva medida.

Con esta unidad de medida de ángulos podemos representar la función tomando la misma escala en los dos ejes:

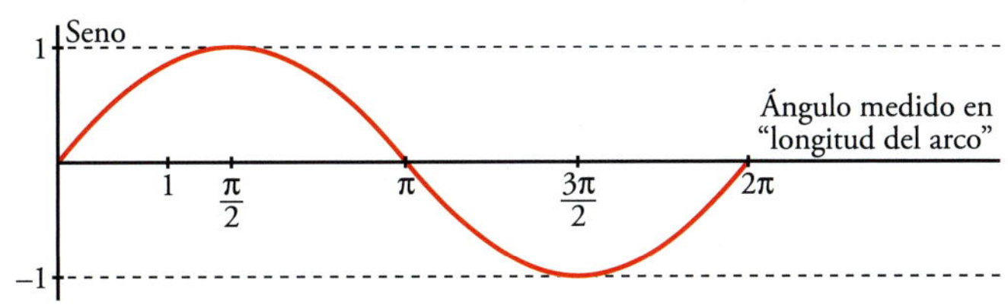

La función $y = sen\ x$ definida en $[0, 2\pi]$.

Expresión de un ángulo α en la nueva unidad

$$\left.\begin{array}{l} 360° \to 2\pi \\ \alpha \to x \end{array}\right\} \to x = \frac{2\pi}{360}\alpha$$

En la web

Significado y uso del radián como medida de ángulos.

El radián

La unidad de medida de ángulos que acabamos de ver es el *radián* y se define así:

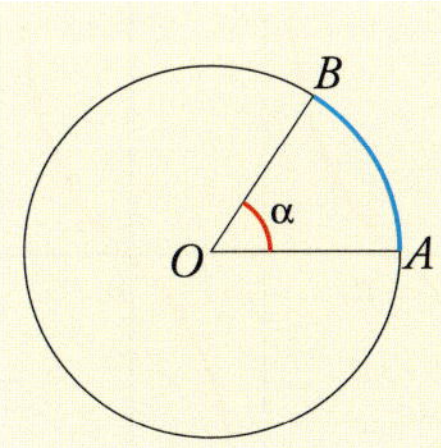

Se llama **radián** a un ángulo tal que el arco que abarca tiene la misma longitud que el radio con el que se ha trazado. Es decir, α es un radián porque la longitud del arco AB es igual a la del radio:

$$\text{Longitud de } \widehat{AB} = \overline{OA}$$

Para pasar de grados a radianes se utiliza la igualdad $\alpha° = \frac{2\pi}{360}\alpha$ rad.

El valor de un radián es: 1 rad ≈ 57° 17' 45''

Recuerda

1 rad es un ángulo un poco menor que 60°.

Piensa y practica

1. Pasa a radianes los siguientes ángulos:

a) 25° b) 100° c) 150° d) 250°

Expresa el resultado en función de π y, luego, en forma decimal. Por ejemplo: 180° = π rad = 3,14 rad.

2. Pasa a grados los siguientes ángulos:

a) 0,5 rad b) 1,5 rad c) $\frac{\pi}{3}$ rad

d) $\frac{3\pi}{4}$ rad e) 4,8 rad f) 3π rad

Las funciones trigonométricas en [0, 2π]

Al igual que hemos construido la función seno tomando como unidad de medida de ángulos el radián, podemos construir las funciones coseno y tangente. Veámoslas:

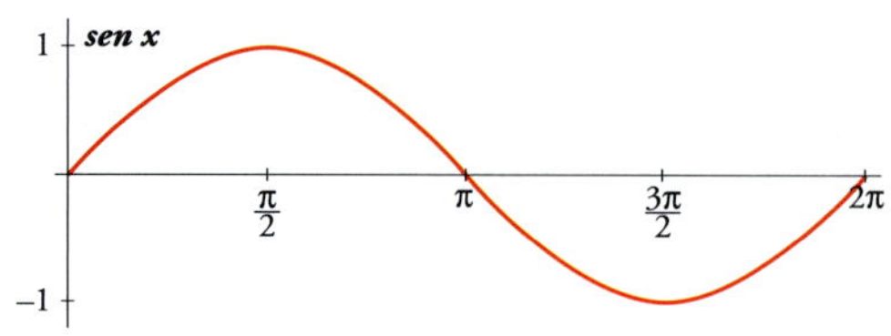

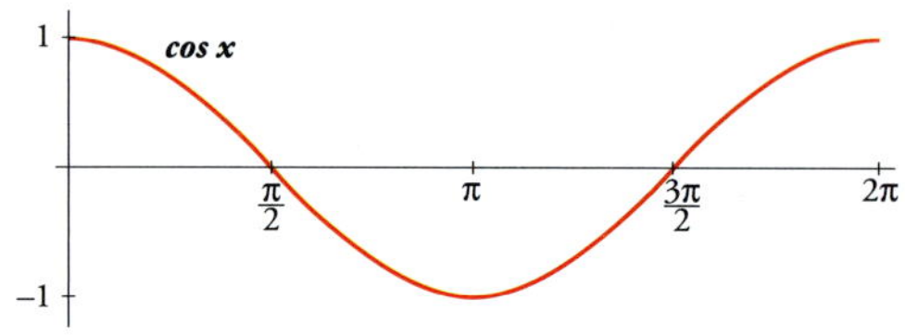

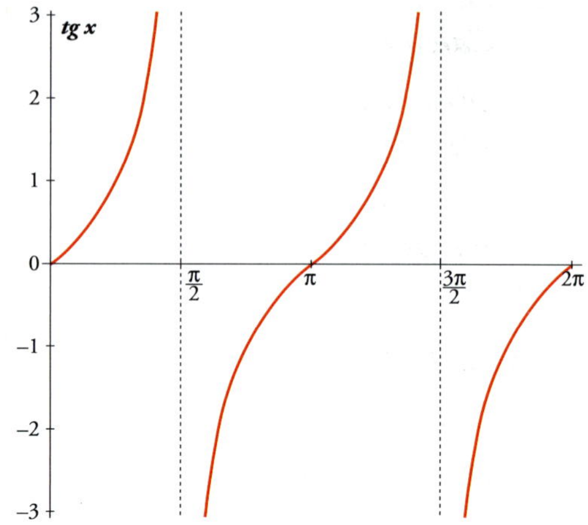

En la web

- La función *sen x*.
- La función *cos x*.
- La función *tg x*.

Estas tres funciones, $y = sen\ x$, $y = cos\ x$, $y = tg\ x$, definidas en [0, 2π] en las que la abscisa es la medida del ángulo en radianes y la ordenada el valor de la razón trigonométrica correspondiente, se llaman **funciones trigonométricas.**

Nomenclatura

Las funciones trigonométricas se llaman también **funciones circulares.**

Las funciones trigonométricas definidas en todo ℝ

Si extendemos periódicamente estas tres funciones a toda la recta real, obtenemos:

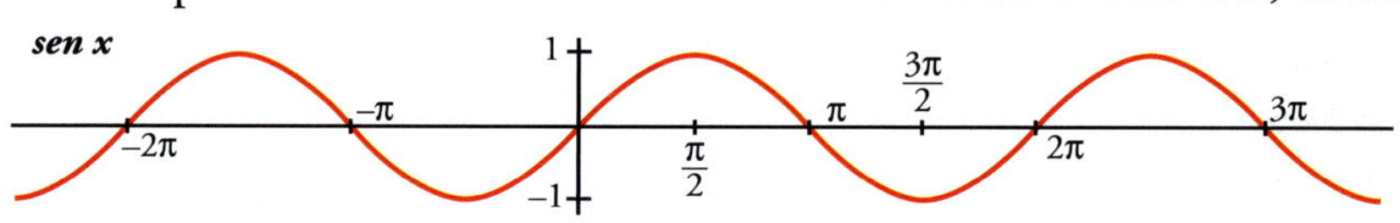

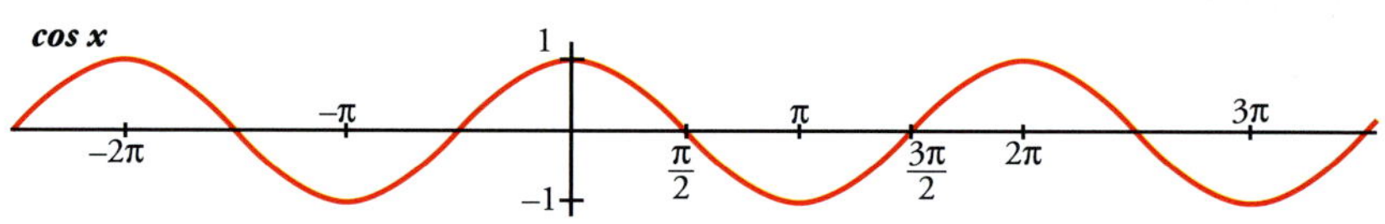

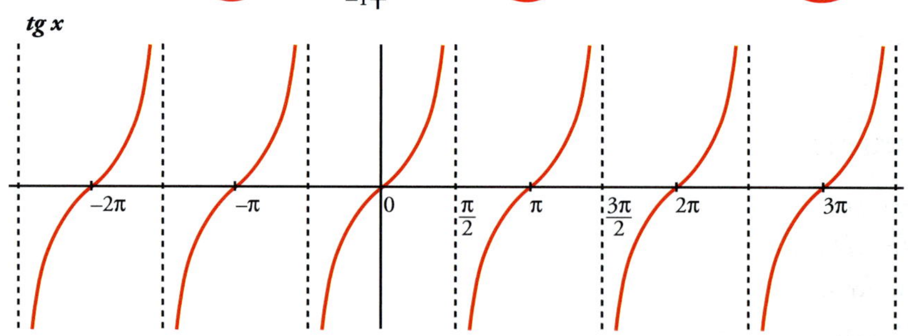

Observa

- Las funciones $y = sen\ x$, $y = cos\ x$ están definidas en todo ℝ y son periódicas de periodo 2π.
- La función $y = tg\ x$ está definida en ℝ salvo en los puntos $x = \frac{\pi}{2} + k\pi$.

  Es periódica de periodo π.

Piensa y practica

3. ¿Verdadero o falso?

a) El radián es una medida de longitud equivalente al radio.

b) Un radián es un ángulo algo menor que 60°.

c) Puesto que la longitud de la circunferencia es $2\pi r$, un ángulo completo (360°) tiene 2π radianes.

d) 180° es algo menos de 3 radianes.

e) Un ángulo recto mide π/2 radianes.

f) Las funciones trigonométricas son periódicas.

g) Las funciones *sen x* y *cos x* tienen un periodo de 2π.

h) La función *tg x* tiene periodo π.

i) La función *cos x* es como *sen x* desplazada π/2 a la izquierda.

Ejercicios y problemas resueltos

1. Visión de la Tierra desde un satélite

Desde un satélite artificial se ve la Tierra bajo un ángulo de 140°. Calcular:

a) La distancia a la que se encuentra de la Tierra.

b) El área de la porción de la Tierra visible desde el satélite.

Radio de la Tierra: 6371 km

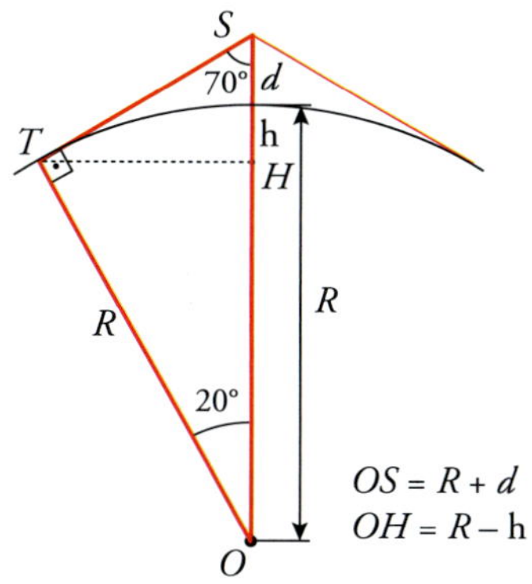

a) En el triángulo OTS:

$$cos\ 20° = \frac{\overline{OT}}{\overline{OS}} = \frac{R}{R+d}$$

$$R + d = \frac{R}{cos\ 20°} \rightarrow$$

$$\rightarrow d = \frac{R}{cos\ 20°} - R = 408,88 \text{ km}$$

El satélite se encuentra a unos 410 km de la Tierra.

b) Para calcular el área del casquete esférico visible desde S, hemos de conocer la altura, h, del casquete, pues $A = 2\pi R \cdot \text{h}$.

$$\text{En } \widehat{OHT},\ cos\ 20° = \frac{\overline{OH}}{\overline{OT}} = \frac{R - \text{h}}{R} \rightarrow R - \text{h} = R\,cos\ 20° \rightarrow$$

$$\rightarrow \text{h} = R - R\,cos\ 20° = R(1 - cos\ 20°) = 384{,}22 \text{ km}$$

Área del casquete $= 2\pi R \cdot \text{h} = 15\,380\,393 \text{ km}^2$

El área de la porción de Tierra visible es de unos 15 millones de km^2.

Hazlo tú. Repite el problema anterior suponiendo que el satélite ve la Tierra bajo un ángulo de 100°.

2. Elevarse para ver a gran distancia

¿A qué altura sobre la superficie terrestre hemos de subir para ver un lugar situado a 1 000 km de distancia?

Un cuadrante de meridiano terrestre tiene 10 000 km y corresponde a un ángulo de 90°. Por tanto, a un arco de 1 000 km le corresponde un ángulo de 9°.

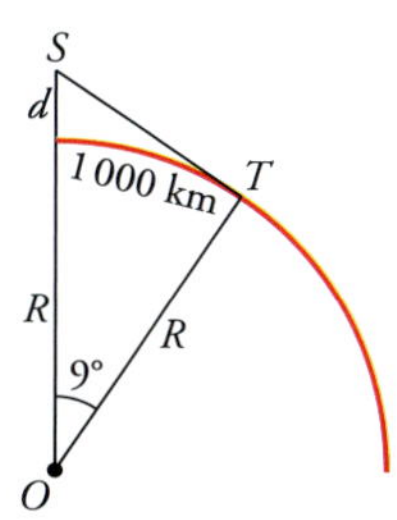

$$\text{En } \widehat{OTS}:\ cos\ 9° = \frac{\overline{OT}}{\overline{OS}} = \frac{R}{R+d} \rightarrow R + d = \frac{R}{cos\ 9°} \rightarrow$$

$$\rightarrow d = \frac{R}{cos\ 9°} - R \rightarrow d = 6371\left(\frac{1}{cos\ 9°} - 1\right) = 79{,}415 \text{ km}$$

Solución: Deberíamos elevarnos unos 80 km.

Hazlo tú. ¿A qué altura hemos de subir para ver un lugar situado a 500 km?

3. Altura del árbol y anchura del río

Quieres conocer el ancho de un río y la altura de un árbol que está en la orilla opuesta. Para ello, te sitúas frente al árbol y mides el ángulo que forma con la horizontal la visual a la parte alta del árbol (41°). Te alejas del árbol, en dirección perpendicular a la orilla, andando 25 m. Vuelves a medir el ángulo. Ahora son 23°.

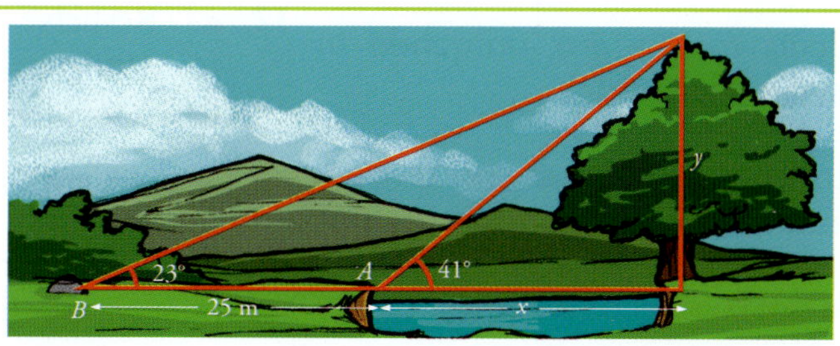

Hacemos una representación.

Llamamos x al ancho del río e y a la altura del árbol.

$$\left.\begin{array}{l} tg\ 41° = y/x \\ tg\ 23° = y/(x+25) \end{array}\right\} \begin{array}{l} \rightarrow y = x \cdot 0{,}87 \\ \rightarrow y = (x+25)\cdot 0{,}42 \end{array}\Bigg\} \rightarrow 0{,}87x = 0{,}42x + 25 \cdot 0{,}42 \rightarrow$$

$$\rightarrow 0{,}45x = 10{,}5 \rightarrow x = 23{,}3;\ y = 23{,}3 \cdot 0{,}87 = 20{,}3$$

Solución: El ancho del río es 23,3 m, y la altura del árbol, 20,3 m.

Hazlo tú. Repite el problema con estos datos: 1.ª medición, 50°; camina 10 m; 2.ª medición, 25°.

En la web Resuelve el problema "El satélite".

Ejercicios y problemas

Practica

Razones trigonométricas de un ángulo agudo

1. Halla las razones trigonométricas del ángulo α en cada uno de estos triángulos:

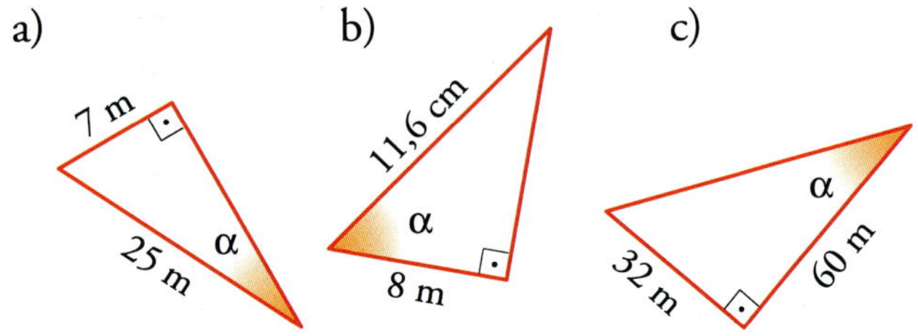

2. Halla las razones trigonométricas de los ángulos agudos de los siguientes triángulos rectángulos $(\hat{A} = 90°)$:

a) $b = 56$ cm; $a = 62,3$ cm

b) $b = 33,6$ cm; $c = 4,5$ cm

c) $c = 16$ cm; $a = 36$ cm

3. Calcula las razones trigonométricas de los ángulos $\hat{A}$, $\hat{C}$, $\widehat{ABD}$ y $\widehat{CBD}$.

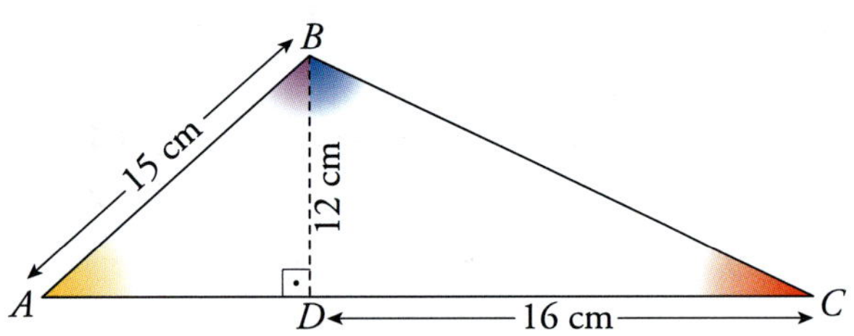

Relaciones fundamentales

4. Si $sen\ \alpha = 0,28$, calcula $cos\ \alpha$ y $tg\ \alpha$ utilizando las relaciones fundamentales $(\alpha < 90°)$.

5. Halla el valor exacto (con radicales) de $sen\ \alpha$ y $tg\ \alpha$ sabiendo que $cos\ \alpha = 2/3$ $(\alpha < 90°)$.

6. Si $tg\ \alpha = \sqrt{5}$, calcula $sen\ \alpha$ y $cos\ \alpha$ $(\alpha < 90°)$.

7. Completa en tu cuaderno esta tabla con las razones trigonométricas que faltan siendo $\alpha < 90°$. Utiliza radicales cuando sea posible.

sen α	0,92			2/3		
cos α		0,12			$\sqrt{2}/3$	
tg α			0,75			2

8. Calcula el valor de las siguientes expresiones sin utilizar la calculadora:

a) $sen\ 45° - cos\ 45°$ b) $sen\ 30° + cos\ 60°$

c) $sen\ 30° + cos\ 30°$ d) $tg\ 30° + tg\ 60°$

e) $tg\ 45° - cos\ 60°$ f) $tg\ 45° + sen\ 45°$

Calculadora

9. Completa en tu cuaderno la tabla siguiente, utilizando la calculadora:

α	15°	55° 20′	72° 25′ 40″	85,5°
sen α				
cos α				
tg α				

10. Halla el ángulo $\alpha < 90°$ en cada caso. Exprésalo en grados, minutos y segundos.

a) $sen\ \alpha = 0,58$ b) $cos\ \alpha = 0,75$ c) $tg\ \alpha = 2,5$

d) $sen\ \alpha = \dfrac{\sqrt{5}}{3}$ e) $cos\ \alpha = \dfrac{1}{\sqrt{3}}$ f) $tg\ \alpha = 3\sqrt{2}$

11. Halla, con la calculadora, las otras razones trigonométricas del ángulo $\alpha < 90°$ en cada uno de los casos siguientes:

a) $sen\ \alpha = 0,23$ b) $cos\ \alpha = 0,74$ c) $tg\ \alpha = 1,75$

d) $sen\ \alpha = \dfrac{1}{\sqrt{2}}$ e) $tg\ \alpha = \sqrt{3}$ f) $cos\ \alpha = \dfrac{\sqrt{3}}{2}$

Resolución de triángulos

12. Resuelve los siguientes triángulos rectángulos $(\hat{C} = 90°)$ hallando la medida de todos los elementos desconocidos:

a) $a = 5$ cm, $b = 12$ cm. Halla c, $\hat{A}$, $\hat{B}$.

b) $a = 43$ m, $\hat{A} = 37°$. Halla b, c, $\hat{B}$.

c) $a = 7$ m, $\hat{B} = 58°$. Halla b, c, $\hat{A}$.

d) $c = 5,8$ km, $\hat{A} = 71°$. Halla a, b, $\hat{B}$.

13. Cuando los rayos del sol forman 40° con el suelo, la sombra de un árbol mide 18 m. ¿Cuál es su altura?

14. Una escalera de 3 m está apoyada en una pared. ¿Qué ángulo forma la escalera con el suelo si su base está a 1,2 m de la pared?

15. Calcula el perímetro y el área de un triángulo isósceles en el que el ángulo desigual mide 72° y la medida del lado opuesto a ese ángulo es de 16 m.

16. Un mástil está sujeto a tierra con dos cables de 12 m que forman ángulos de 50° con el suelo. Calcula la altura del mástil y la distancia de la base a los puntos de sujección.

17. Calcula la altura, h, y el área de los siguientes triángulos:

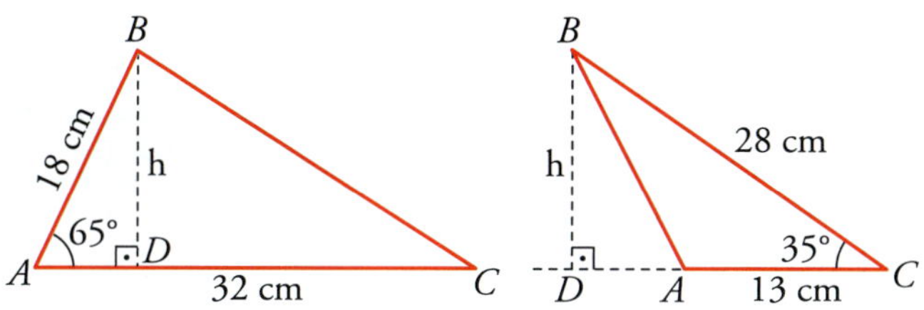

18. Para medir la altura de un árbol, nos situamos a 20 m de su base y observamos, desde el suelo, su parte más alta bajo un ángulo de 50°. ¿Cuánto mide el árbol?

19. Una cometa está sujeta al suelo mediante un hilo que mide 50 m y que forma con la horizontal un ángulo de 60°. ¿A qué altura está la cometa?

Razones trigonométricas de ángulos cualesquiera

20. Sitúa en la circunferencia goniométrica los siguientes ángulos e indica el signo de sus razones trigonométricas.

a) 128° b) 198° c) 87°

d) 98° e) 285° f) 305°

Compruébalo con la calculadora.

21. Explica en qué cuadrante está el ángulo α en cada caso y calcula las razones trigonométricas que faltan:

a) $sen\ \alpha = 0{,}6$; $cos\ \alpha < 0$ b) $cos\ \alpha = -1/3$; $tg\ \alpha > 0$

c) $tg\ \alpha = -2$; $sen\ \alpha > 0$ d) $sen\ \alpha = -2/3$; $tg\ \alpha < 0$

Representa el ángulo α en una circunferencia goniométrica en cada caso.

22. Justifica en qué cuadrante está α, en cada caso, y calcula las restantes razones trigonométricas:

a) $sen\ \alpha = 4/5$; $\alpha < 90°$ b) $cos\ \alpha = 2/3$; $\alpha > 270°$

c) $tg\ \alpha = 3$; $\alpha > 180°$ d) $cos\ \alpha = -3/4$; $\alpha < 180°$

Aplica lo aprendido

23. Halla:

a) La longitud $\overline{AC}$.

b) El área del triángulo ABC.

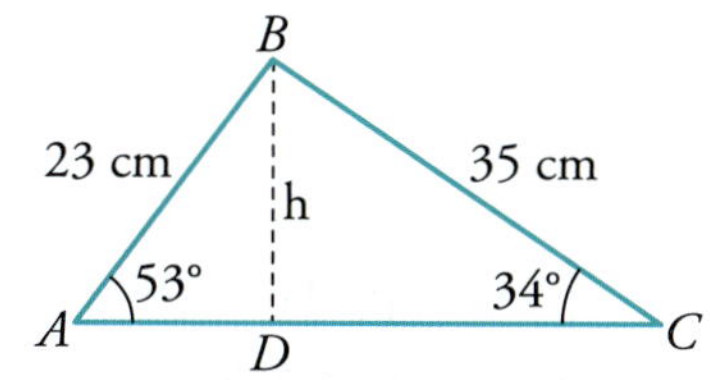

24. El lado de un rombo mide 8 cm y el ángulo menor es de 38°. ¿Cuánto miden las diagonales del rombo?

25. Halla el área de un paralelogramo cuyos lados miden 16 cm y 24 cm y forman un ángulo de 40°.

26. En una carretera de montaña, una señal indica una altitud de 785 m. Tres kilómetros más adelante, la altitud es de 1 065 m. Halla la pendiente media de la carretera y el ángulo que forma con la horizontal.

27. a) En el triángulo ABC, rectángulo en A, calcula $\overline{BH}$ y $\overline{AH}$.

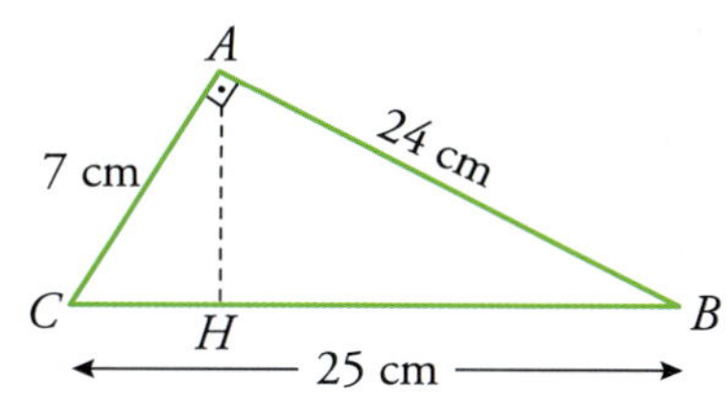

b) Halla las razones trigonométricas del ángulo $\hat{B}$ en el triángulo ABC y en el triángulo ABH y comprueba que coinciden.

28. Halla, en cada triángulo, la altura y el lado desconocido:

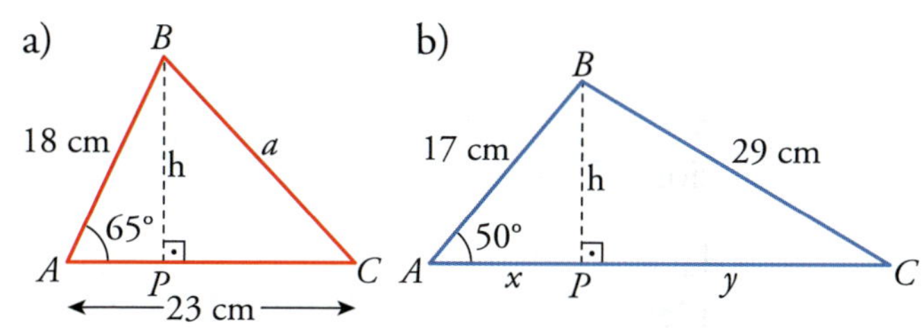

29. En una circunferencia de radio 6 cm trazamos una cuerda AB a 3 cm del centro O. Halla el ángulo $\widehat{AOB}$.

30. a) Expresa en radianes los ángulos de 30°, 45°, 60° y 90° a partir de la equivalencia 180° = π rad.

b) Expresa en radianes los siguientes ángulos teniendo en cuenta que son múltiplos de los anteriores: 150°; 135°; 240°; 300° y 270°.

Ejercicios y problemas

31. Expresa en grados los siguientes ángulos dados en radianes:

$$\frac{2\pi}{3};\ \frac{3\pi}{2};\ \frac{5\pi}{4};\ \frac{7\pi}{6};\ \frac{\pi}{9};\ \frac{\pi}{5}$$

32. a) En una circunferencia de 8 cm de radio, dibujamos un ángulo de 2,5 radianes. ¿Qué longitud tendrá el arco correspondiente?

b) Si en la misma circunferencia, un arco mide 12 cm, halla la medida del ángulo central en grados y en radianes.

Resuelve problemas

33. Desde el punto donde estoy, la visual al punto más alto del edificio que tengo en frente forma un ángulo de 28° con la horizontal. Si me acerco 20 m, el ángulo es de 40°. ¿Cuál es la altura del edificio?

34. Dos edificios distan entre sí 90 m. Desde un punto que está entre los dos edificios vemos que las visuales a los puntos más altos de estos forman con la horizontal ángulos de 35° y 20°. ¿Cuál es la altura de los edificios si sabemos que uno es 6 m más alto que el otro?

35. Un avión P vuela entre dos ciudades A y B que distan entre sí 50 km. Desde el avión se miden los ángulos $\widehat{PAB} = 20°$ y $\widehat{PBA} = 30°$. ¿A qué altura está el avión?

36. En lo alto de un edificio en construcción hay una grúa de 4 m. Desde un punto del suelo se ve el punto más alto de la grúa bajo un ángulo de 45° con respecto a la horizontal y el punto más alto del edificio bajo un ángulo de 40° con la horizontal. Calcula la altura del edificio.

37. Para calcular la altura del edificio, $\overline{PQ}$, hemos medido los ángulos que indica la figura. Sabemos que hay un funicular para ir de S a Q, cuya longitud es de 250 m. Halla $\overline{PQ}$.

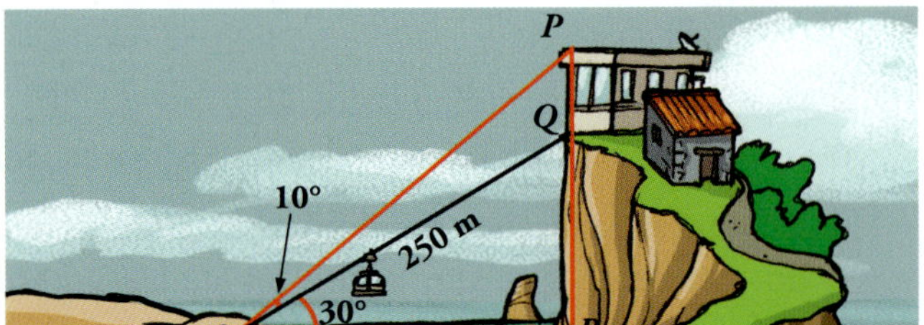

38. Para localizar una emisora clandestina, dos receptores, A y B, que distan entre sí 10 km, orientan sus antenas hacia el punto donde está la emisora.

Estas direcciones forman con AB ángulos de 40° y 65°. ¿A qué distancia de A y B se encuentra la emisora?

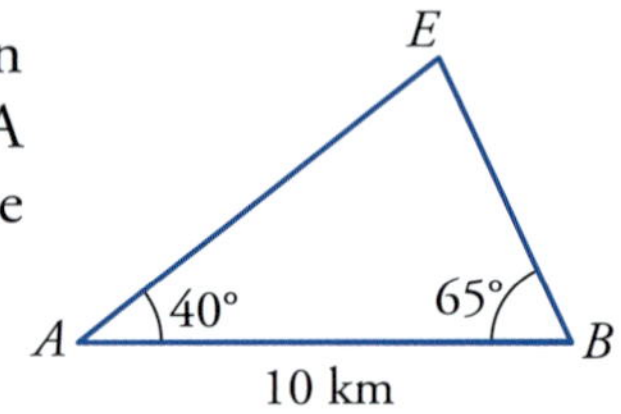

39. Desde un acantilado a 20 m sobre el nivel del mar, se observa un helicóptero en prácticas de salvamento.

Una persona desciende verticalmente hasta un barco en el que alguien está en peligro. Si los ángulos de observación son de 75° para el helicóptero y 38° para el barco, ¿cuánto medirá el cable que va desde el helicóptero al barco?

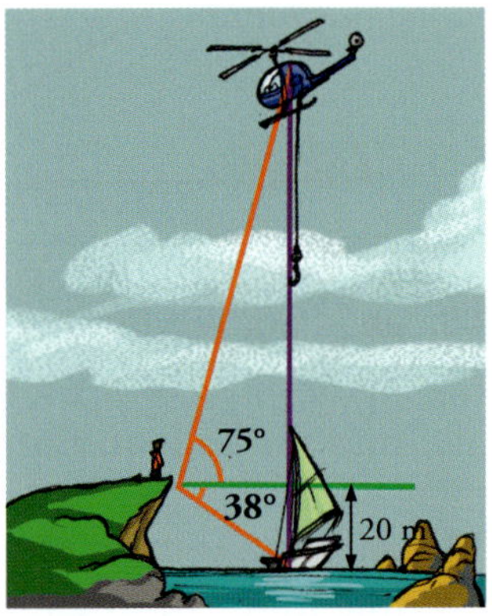

40. En un trapecio isósceles de bases AB y DC, conocemos los lados $\overline{AB} = 5$ m y $\overline{BC} = 3\sqrt{2}$ m, y los ángulos que forma la base mayor con los lados oblicuos, que son de 45°. Halla su área.

41. Desde un faro F se observa un barco A bajo un ángulo de 43° con respecto a la línea de la costa; y un barco B, bajo un ángulo de 21°. El barco A está a 5 km de la costa, y el B, a 3 km. Calcula la distancia entre los barcos.

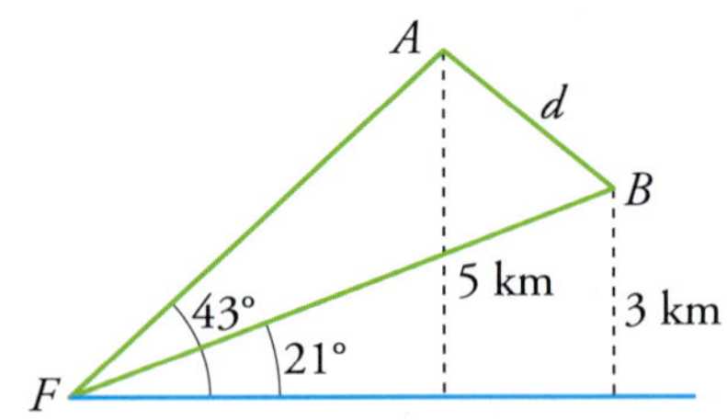

42. Para iluminar una parcela rectangular se han colocado tres focos en P de modo que los ángulos de iluminación $\widehat{APB}$, $\widehat{BPC}$ y $\widehat{CPD}$ son iguales.

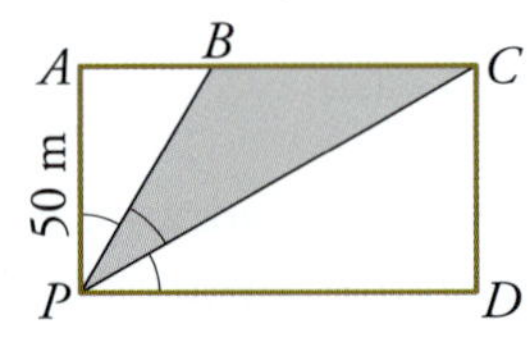

Una avería apaga el foco central. ¿Cuál es el área y el perímetro de la zona oscurecida, si $\overline{AP} = 50$ m?

En la web
- Cálculo de medidas inaccesibles.
- Resuelve el problema “El barco”.

43. En la parcela $ABCD$ conocemos $\hat{B} = \hat{D} = 90°$; $\hat{A} = 120°$; $\overline{AD} = 18$ m y $\overline{AB} = 29$ m. Queremos averiguar la longitud de la diagonal AC.

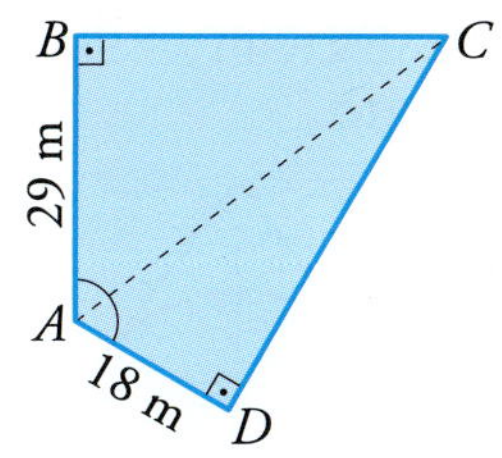

Un amigo topógrafo nos sugiere prolongar los lados BA y CD hasta que se corten en un punto P y averiguar cuánto mide el ángulo $\widehat{APD}$. Hazlo tú.

Problemas "+"

44. Sobre la circunferencia goniométrica señalamos un ángulo α en el primer cuadrante y a partir de él dibujamos los ángulos:

$180° - \alpha$ $\quad$ $180° + \alpha$ $\quad$ $360° - \alpha$

Busca la relación que existe entre:

a) $sen\ (180° - \alpha)$ y $sen\ \alpha$

$cos\ (180° - \alpha)$ y $cos\ \alpha$

$tg\ (180° - \alpha)$ y $tg\ \alpha$

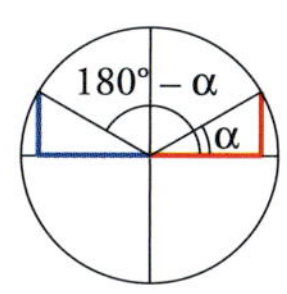

b) $sen\ (180° + \alpha)$ y $sen\ \alpha$

$cos\ (180° + \alpha)$ y $cos\ \alpha$

$tg\ (180° + \alpha)$ y $tg\ \alpha$

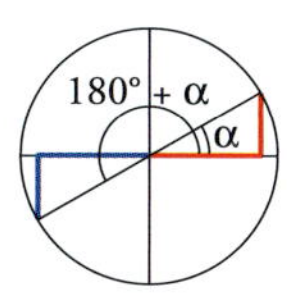

c) $sen\ (360° - \alpha)$ y $sen\ \alpha$

$cos\ (360° - \alpha)$ y $cos\ \alpha$

$tg\ (360° - \alpha)$ y $tg\ \alpha$

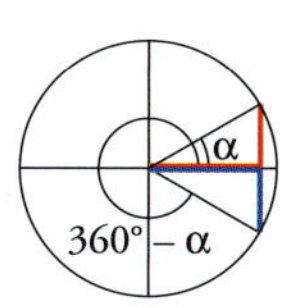

45. Sitúa el ángulo dado sobre la circunferencia goniométrica y expresa sus razones trigonométricas utilizando un ángulo agudo como en el ejemplo:

- **Ángulo: 215°**

$sen\ 215° = -sen\ 35°$

$cos\ 215° = -cos\ 35°$

$tg\ 215° = tg\ 35°$

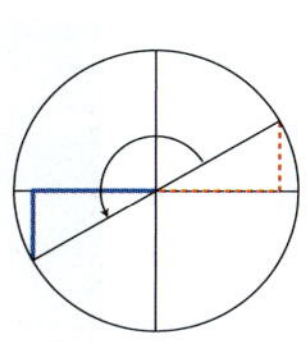

a) 150° $\quad$ b) 240° $\quad$ c) 300°

d) 225° $\quad$ e) 100° $\quad$ f) 320°

46. Halla los ángulos comprendidos entre 0° y 360° que verifican las siguientes ecuaciones, como en el ejemplo:

- **$1 - 2cos\ x = 0 \rightarrow cos\ x = 1/2 \rightarrow x = 60°;\ x = 300°$**

a) $2sen\ x = \sqrt{3}$ $\quad$ b) $2sen\ x = -\sqrt{2}$

c) $3tg\ x + 3 = 0$ $\quad$ d) $(sen\ x)^2 = 1$

e) $(sen\ x)^2 - sen\ x = 0$ $\quad$ f) $4(sen\ x)^2 - 1 = 0$

g) $2(cos\ x)^2 - cos\ x - 1 = 0$

47. Usando las relaciones fundamentales, demuestra estas igualdades:

a) $(sen\ \alpha + cos\ \alpha)^2 + (sen\ \alpha - cos\ \alpha)^2 = 2$

b) $\dfrac{(sen\ \alpha)^3 + sen\ \alpha \cdot (cos\ \alpha)^2}{sen\ \alpha} = 1$

c) $\dfrac{(sen\ \alpha)^3 + sen\ \alpha \cdot (cos\ \alpha)^2}{cos\ \alpha} = tg\ \alpha$

d) $1 + (tg\ \alpha)^2 = \dfrac{1}{(cos\ \alpha)^2}$

Reflexiona sobre la teoría

48. ¿Verdadero o falso? Justifica y pon ejemplos.

a) En un ángulo agudo, el seno es siempre mayor que la tangente.

b) No existe ningún ángulo α tal que $sen\ \alpha = 3/5$ y $tg\ \alpha = 1/4$.

c) El coseno de un ángulo de π radianes es igual a –1.

d) El valor máximo de la tangente de un ángulo es 1.

e) Si $270° < \alpha < 360°$, entonces $tg\ \alpha < 0$ y $cos\ \alpha > 0$.

f) No existe ningún ángulo α tal que: $sen\ \alpha + 2cos\ \alpha = 0$

g) La altura de un triángulo es igual al producto de uno de sus lados por el seno del ángulo que forma dicho lado con la base.

49. Los dos ángulos agudos de un triángulo rectángulo se llaman complementarios porque su suma es uno recto. Observa la figura, copia y completa la tabla, y expresa simbólicamente lo que obtienes:

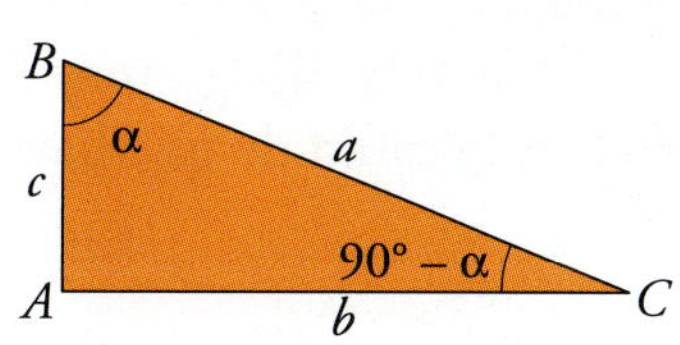

	α	$90° - \alpha$
sen		
cos		
tg		

Taller de matemáticas

Entrénate resolviendo problemas

- ¿Qué fracción de la superficie del triángulo se ha coloreado?

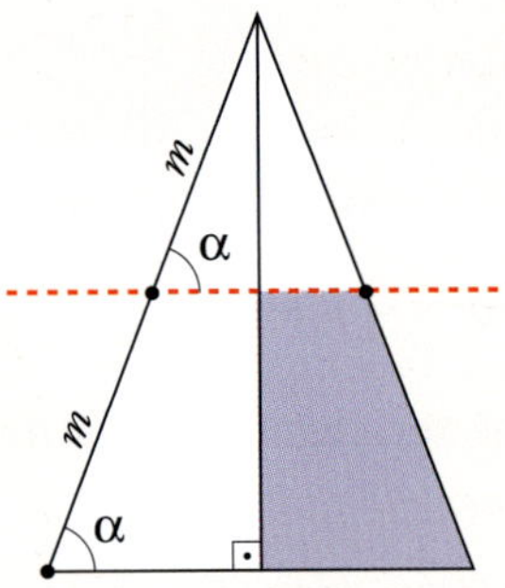

- El rombo tiene una superficie de 24 cm^2, y su diagonal menor es igual a los tres cuartos de la mayor. Calcula el área del círculo inscrito.

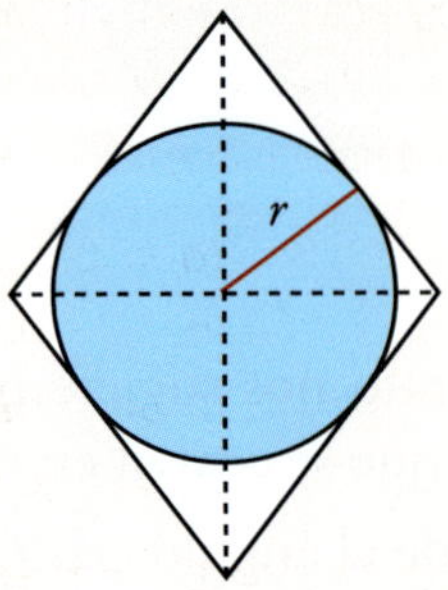

emprender aprender

Infórmate

Eclipses

Un **eclipse de Sol** consiste en la interposición de la Luna entre el Sol y la Tierra.

El diámetro del Sol es unas 400 veces el de la Luna, pero su distancia a la Tierra también es unas 400 veces mayor. Por eso, los discos de la Luna y el Sol vistos desde la Tierra son aproximadamente iguales.

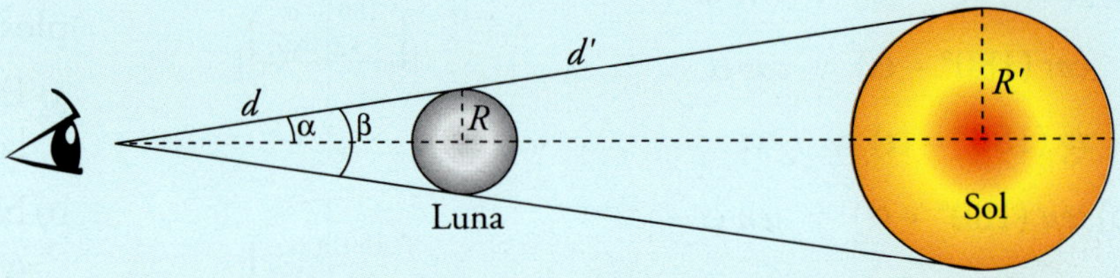

Compruébalo:

- Completa en tu cuaderno los datos que faltan en la tabla, y comprueba que el ángulo β es similar si se calcula a partir de los datos relativos a la Luna o de los relativos al Sol.

	DIÁMETRO (km)	DISTANCIA MEDIA A LA TIERRA (km)	*tg* α	β
LUNA	3 500	384 000	?	?
SOL	1 399 000	149 600 000	?	?

Eclipse total.

Por otra parte, como las órbitas que describen (la Luna en torno a la Tierra y esta en torno al Sol) no son exactamente circulares sino elípticas, sus distancias a la Tierra varían ligeramente según el momento, por lo que unas veces el tamaño aparente del Sol será algo mayor que el de la Luna y otras veces al contrario. Esta es la causa de que haya distintos tipos de eclipses.

Eclipse anular.

Lee y comprende

Geometrías varias

La geometría convencional, con la que analizamos el espacio que vemos a nuestro alrededor, se llama **geometría euclidiana.** Piensa, por ejemplo, en el principio ***La suma de los ángulos de un triángulo vale 180°,*** que es cierto cuando dibujas en un papel las rectas que unen tres puntos no alineados.

GEOMETRÍA EUCLIDIANA

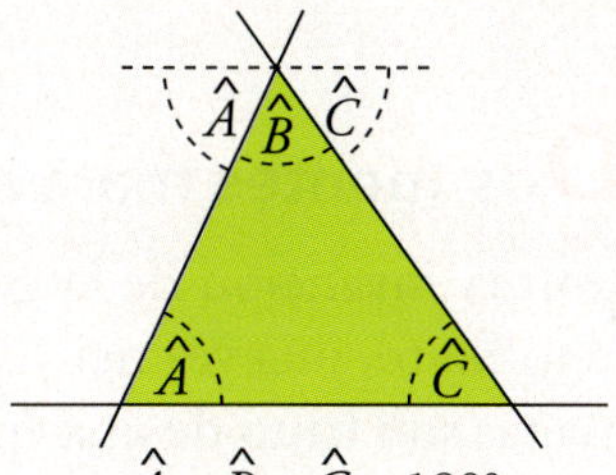

$\hat{A} + \hat{B} + \hat{C} = 180°$

Piensa ahora que construimos un triángulo mayor, sobre la superficie terrestre, con segmentos de círculos máximos. Los lados serían arcos de circunferencias, y podríamos enunciar el principio ***La suma de los ángulos del triángulo es mayor que 180°.*** La geometría que asume este principio se llama **geometría elíptica.**

Y si construimos un triángulo enorme, en un espacio curvo deformado por una masa estelar, o por un agujero negro (parece que así son las cosas en el universo), obtendríamos un triángulo diferente a los anteriores. En estas condiciones, ***La suma de los ángulos del triángulo es menor que 180°.*** **(Geometría hiperbólica).**

GEOMETRÍA ELÍPTICA

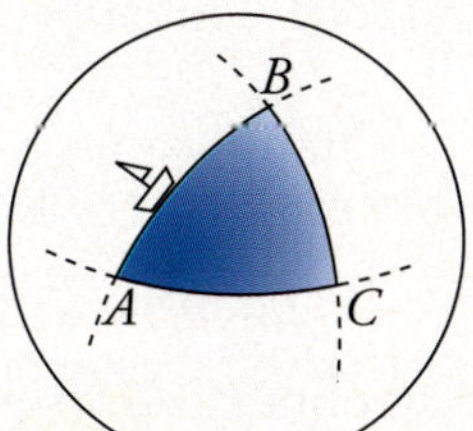

$\hat{A} + \hat{B} + \hat{C} > 180°$

GEOMETRÍA HIPERBÓLICA

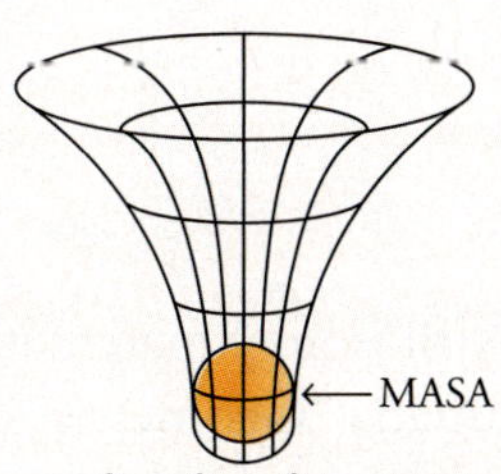

$\hat{A} + \hat{B} + \hat{C} < 180°$

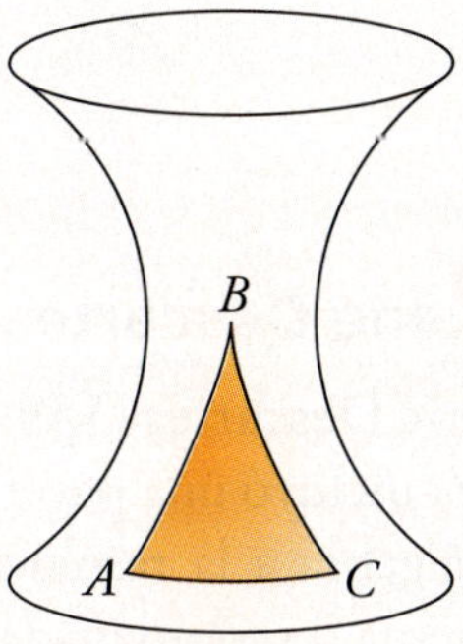

La utilización de estas "otras" geometrías más generales, que engloban como caso particular a la euclidiana, ha permitido grandes avances de la física moderna (astrofísica, teoría de la relatividad, análisis de la propagación de ondas, etc.).

Autoevaluación

En la web Resoluciones de estos ejercicios.

1. a) Si $cos\, \alpha = 0{,}52$ y $\alpha < 90°$, calcula $sen\, \alpha$ y $tg\, \alpha$.

b) Si $tg\, \beta = \dfrac{12}{5}$ y $\beta < 90°$, calcula $sen\, \beta$ y $cos\, \beta$.

2. Los brazos de un compás, que miden 12 cm, forman un ángulo de 50°.

¿Cuál es el radio de la circunferencia que puede trazarse con esa abertura?

3. Para medir la anchura de un río, hemos tomado las medidas indicadas en la figura. Hállala.

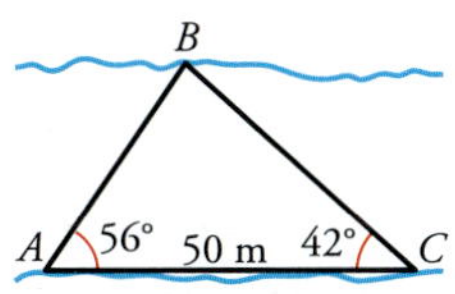

4. En este triángulo, halla la altura sobre AC, el área del triángulo y el ángulo $\hat{C}$.

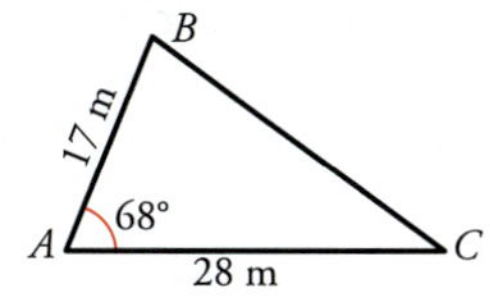

5. En un huerto hay un pozo de 1,2 m de ancho. Cuando está vacío vemos, desde el brocal, el borde opuesto del fondo bajo un ángulo de 70° con la horizontal. Cuando el agua sube, vemos el borde opuesto del agua bajo un ángulo de 42°. ¿Cuál es la altura del pozo? ¿Cuánto subió el agua?

6. Si $cos\, \alpha = -1/5$ y $tg\, \alpha < 0$, indica en qué cuadrante está el ángulo α y calcula sus restantes razones trigonométricas.

8 Geometría analítica

Dos mentes maravillosas

Con la invención de la geometría analítica se pone de manifiesto, una vez más, que las grandes creaciones humanas son fruto de una época, de un momento histórico cuyas circunstancias lo propician. Solo falta el personaje genial que lo lleve a efecto. En este caso fueron dos franceses, **Descartes** y **Fermat,** quienes la desarrollaron independiente y casi simultáneamente.

René Descartes (1596-1650)

Pierre de Fermat (1601-1665)

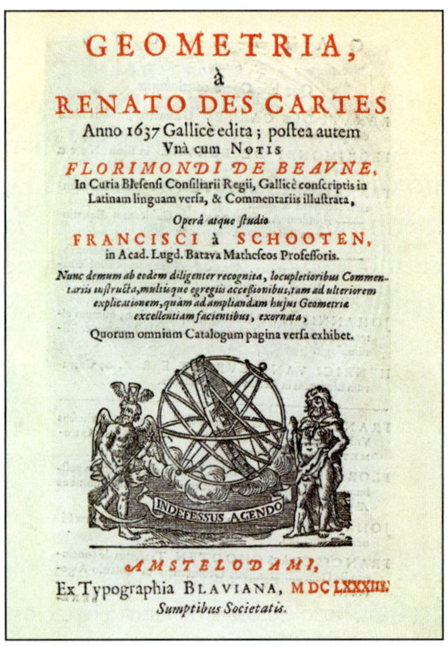

GEOMETRIA,
à
RENATO DES CARTES
Anno 1637 Gallicè edita; poſtea autem
Vnà cum Notis
FLORIMONDI DE BEAVNE,
In Curia Bleſenſi Conſiliarii Regii, Gallicè conſcriptis in Latinam linguam verſa, & Commentariis illuſtrata,
Operâ atque ſtudio
FRANCISCI à SCHOOTEN,
in Acad. Lugd. Batava Matheſeos Profeſſoris.
Nunc demum ab eodem diligenter recognita, locupletioribus Commentariis inſtructa, multisque egregiis acceſſionibus, tam ad uberiorem explicationem, quam ad ampliandam hujus Geometriæ excellentiam facientibus, exornata,
Quorum omnium Catalogum pagina verſa exhibet.

AMSTELODAMI,
Ex Typographia Blaviana, MDCLXXXIII.
Sumptibus Societatis.

La "Geometría" es la única obra matemática de Descartes, un apéndice de apenas cien páginas de su "Discurso del Método" que cambió para siempre el quehacer matemático.

René Descartes

René Descartes (1596-1650), filósofo y matemático, en su obra *El discurso del Método* incluyó una parte final llamada "Geometría" en la que se detalla cómo se aplica el álgebra a la resolución de algunos problemas geométricos con la ayuda de un sistema de coordenadas. *Coordenadas cartesianas* se llamaron, pues en aquella época los textos científicos se escribían en latín y Descartes latinizó su nombre: *Cartesius.*

Pierre de Fermat

Pierre de Fermat (1601-1665), abogado, político y matemático por afición, desarrolló un sistema similar al de Descartes: aplicó los métodos algebraicos al tratamiento de figuras geométricas representadas en unos ejes de coordenadas rectangulares. Esto lo describió en 1636, un año antes que Descartes, pero no fue publicado hasta después de su muerte, por lo que su obra no ejerció tanta influencia como la de aquel. Por eso es frecuente atribuir solo a Descartes la invención de la geometría analítica, olvidando la contribución de Fermat que, incluso, llegó un poco antes.

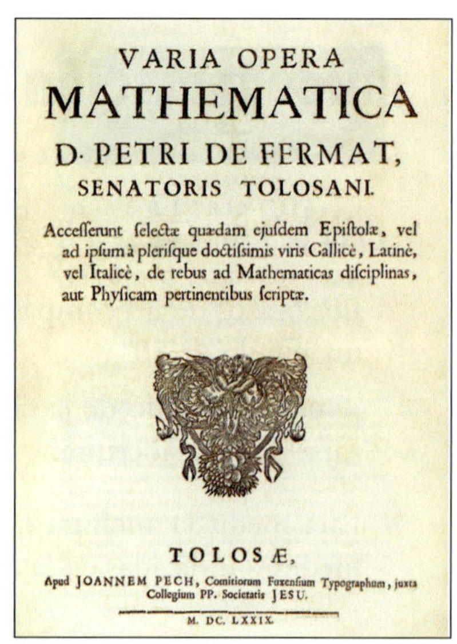

VARIA OPERA
MATHEMATICA
D. PETRI DE FERMAT,
SENATORIS TOLOSANI.
Acceſſerunt ſelectæ quædam ejuſdem Epiſtolæ, vel ad ipſum à plerisque doctiſſimis viris Gallicè, Latinè, vel Italicè, de rebus ad Mathematicas diſciplinas, aut Phyſicam pertinentibus ſcriptæ.
TOLOSÆ,
Apud JOANNEM PECH, Comitiorum Fuxenſium Typographum, juxta Collegium PP. Societatis JESU.
M. DC. LXXIX.

En 1679, el hijo de Fermat publicó la obra "Varia Opera Mathematica", en la que recopiló los estudios matemáticos de su padre.

Qué son los vectores y para qué sirven

Un vector es, sencillamente, una flecha que va de un punto a otro. Veamos, mediante unos ejemplos, para qué pueden servir.

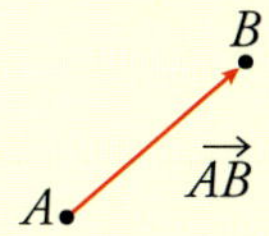

PRIMERA EXCURSIÓN

Un grupo de chicas y chicos están en el campo. Su residencia está en el punto *O*. No lejos de allí pasa un río al que suelen ir de excursión. En él encuentran un lugar maravilloso, *M*, al cual vuelven con frecuencia.

Por ejemplo, un día hacen el siguiente recorrido:

$\overrightarrow{OA}$ andando + $\overrightarrow{AM}$ en barca = $\overrightarrow{OM}$

Esto se expresa así usando coordenadas:

$\overrightarrow{OA} = (1, 5)$, $\overrightarrow{AM} = (4, 4)$, $\overrightarrow{OM} = (5, 9) \rightarrow (1, 5) + (4, 4) = (5, 9)$

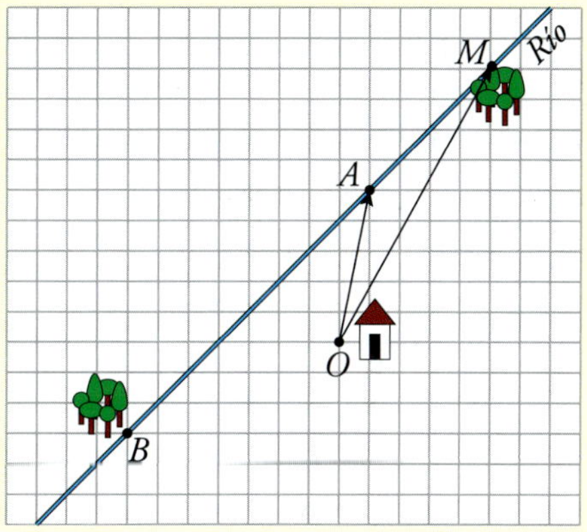

SEGUNDA EXCURSIÓN

Varios meses después vuelven al mismo sitio, pero advierten un importante cambio: el río está vallado y solo se puede acceder a él desde un embarcadero, *E*. En consecuencia, deciden hacer excursiones a lo largo del río. Por ejemplo:

$\overrightarrow{OA} = \overrightarrow{OE} + \overrightarrow{EA} \rightarrow (0, 4) + (1, 1)$

$\overrightarrow{OM} = \overrightarrow{OE} + \overrightarrow{EM} \rightarrow (0, 4) + (5, 5)$

El viaje por el río $\overrightarrow{EM}$ es 5 veces el $\overrightarrow{EA}$:

$\overrightarrow{OM} = \overrightarrow{OE} + 5 \cdot \overrightarrow{EA} \rightarrow (0, 4) + 5 \cdot (1, 1)$

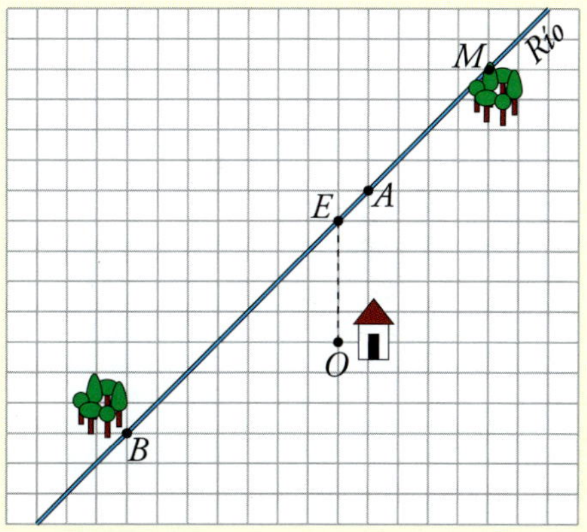

El vector $\overrightarrow{OE}$ nos **posiciona** en el río. El vector (1, 1) multiplicado por un número *t*, nos **desliza** a lo largo del río: $\overrightarrow{OX} = (0, 4) + t \cdot (1, 1)$

Resuelve

1. El día después de la PRIMERA EXCURSIÓN van andando al bosquecillo *B*, y de allí, en barca, a *M*.

Describe este último itinerario con vectores, $\overrightarrow{OB} + \ldots$, y con coordenadas.

2. En la SEGUNDA EXCURSIÓN, los viajes por el río están descritos así: $\overrightarrow{OX} = (0, 4) + t(1, 1)$.

a) Señala a qué lugares se llega para $t = 4$, $t = -1$ y $t = 0$.

b) ¿Qué valor hay que dar a *t* para llegar al bosquecillo *B*?

1 Vectores en el plano

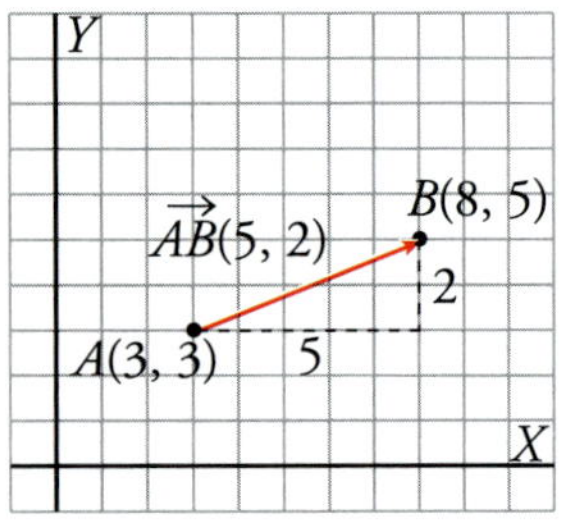

En un sistema de ejes cartesianos, cada punto se describe mediante sus coordenadas: $A(3, 3)$, $B(8, 5)$.

La flecha que va de A a B se llama **vector** y se representa por $\overrightarrow{AB}$. Es el vector de **origen** A y **extremo** B.

Al vector $\overrightarrow{AB}$ podríamos describirlo del modo siguiente: desde A avanzamos 5 unidades en el sentido de las X y subimos 2 unidades en el sentido de las Y.

Eso se dice más brevemente así: las **coordenadas** de $\overrightarrow{AB}$ son (5, 2). O, mejor, así: $\overrightarrow{AB} = (5, 2)$. O, simplemente, $\overrightarrow{AB}(5, 2)$.

Las coordenadas de un vector se obtienen restando las coordenadas de su origen a las de su extremo:

$$\overrightarrow{AB} = (8, 5) - (3, 3) = (8 - 3, 5 - 3) = (5, 2)$$

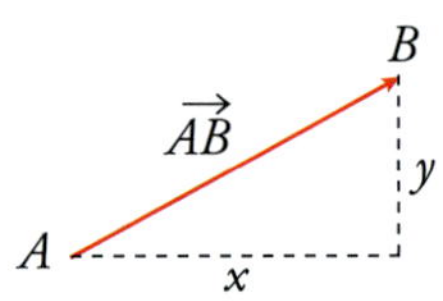

El módulo de un vector $\overrightarrow{AB}(x, y)$, por el teorema de Pitágoras, es:

$$|\overrightarrow{AB}| = \sqrt{x^2 + y^2}$$

- El **módulo** de un vector $\overrightarrow{AB}$, es la distancia de A a B. Se designa así: $|\overrightarrow{AB}|$.

  Si las coordenadas de $\overrightarrow{AB}$ son (x, y), entonces $|\overrightarrow{AB}| = \sqrt{x^2 + y^2}$.
- La **dirección** de un vector es la de la recta en la que se encuentra y la de todas sus paralelas.
- Cada dirección admite dos **sentidos** opuestos.

Por ejemplo, $\overrightarrow{PQ}$ y $\overrightarrow{PR}$ son vectores de igual dirección y sentidos opuestos.

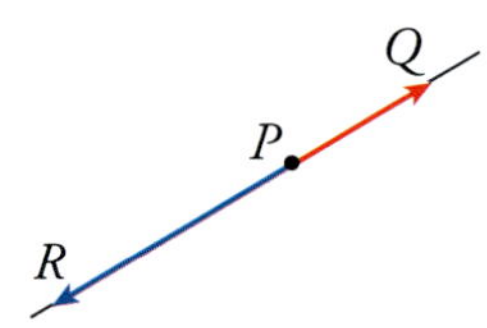

Dos **vectores** son **iguales** cuando tienen el mismo módulo, la misma dirección y el mismo sentido. En tal caso, tienen las mismas coordenadas.

Ejercicio resuelto

Si $A(3, 3)$, $B(7, 6)$, $A'(7, -2)$ y $B'(11, 1)$, comprobar que los vectores $\overrightarrow{AB}$ y $\overrightarrow{A'B'}$ son iguales. Calcular sus módulos.

Representándolos, observamos que tienen el mismo módulo, la misma dirección y el mismo sentido. Pero también podemos comprobarlo mediante sus coordenadas:

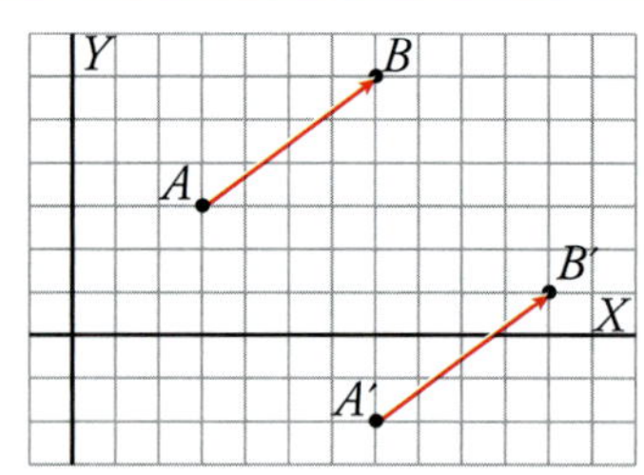

$$\left.\begin{array}{l} \overrightarrow{AB}: (7, 6) - (3, 3) = (4, 3) \rightarrow \overrightarrow{AB}(4, 3) \\ \overrightarrow{A'B'}: (11, 1) - (7, -2) = (4, 3) \rightarrow \overrightarrow{A'B'}(4, 3) \end{array}\right\} \rightarrow \overrightarrow{AB} = \overrightarrow{A'B'}$$

Sus módulos, por tanto, también son iguales: $|\overrightarrow{AB}| = |\overrightarrow{A'B'}| = \sqrt{4^2 + 3^2} = 5$

Piensa y practica

1. Representa los vectores $\overrightarrow{AB}$ y $\overrightarrow{CD}$, siendo $A(1, 1)$, $B(-2, 7)$, $C(6, 0)$, $D(3, 6)$ y observa que son iguales.

Comprueba que $\overrightarrow{AB} = \overrightarrow{CD}$ hallando sus coordenadas. Calcula su módulo.

2. Tenemos tres puntos de coordenadas:

$$A(3, -1),\ B(4, 6),\ C(0, 0)$$

Halla las coordenadas del punto D para que los vectores $\overrightarrow{AB}$ y $\overrightarrow{CD}$ sean iguales.

2 Operaciones con vectores

Vectores proporcionales

Dos vectores $\vec{u}$ y $\vec{v}$ son **proporcionales** si tienen la **misma dirección.** Sus coordenadas son, pues, proporcionales.

$$\vec{u} = k\vec{v}$$

Por ejemplo, $\vec{u}(1, -3)$ y $\vec{v}(-2, 6)$ son proporcionales porque $\vec{u} = -2\vec{v}$.

Producto de un vector por un número

El producto de un número k por un vector $\vec{v}$ es otro vector $k\vec{v}$ que tiene:

- Módulo: igual al producto del módulo de $\vec{v}$ por el valor absoluto de k:

$$|k\vec{v}| = |k| \cdot |\vec{v}|$$

- Dirección: la misma que $\vec{v}$.
- Sentido: el mismo que el de $\vec{v}$ o su opuesto, según k sea positivo o negativo, respectivamente.

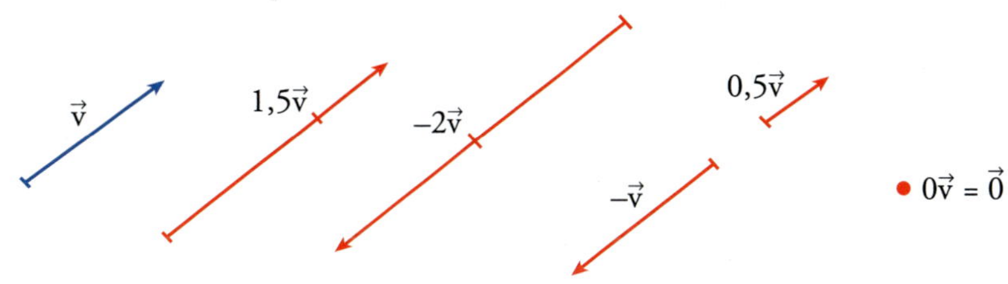

El producto $0\vec{v}$ es igual al **vector cero,** $\vec{0}$. Es un vector cuyo origen y extremo coinciden y, por tanto, su módulo es cero. Carece de dirección.

El vector $-1\vec{v}$ se designa por $-\vec{v}$ y se llama **opuesto** de $\vec{v}$.

Las **coordenadas** del vector $k\vec{v}$ se obtienen multiplicando por k las coordenadas de $\vec{v}$. Las coordenadas de $\vec{0}$ son (0, 0). Las coordenadas de $-\vec{v}$ son las opuestas de las coordenadas de $\vec{v}$.

Por ejemplo, si $\vec{v} = (2, -3)$, entonces $-\vec{v} = (-2, 3)$ y, además:

$$2\vec{v} = (2 \cdot 2, 2 \cdot (-3)) = (4, -6) \qquad -3\vec{v} = (-3 \cdot 2, (-3) \cdot (-3)) = (-6, 9)$$

Coordenadas

$$\vec{u}(x, y) \to \begin{cases} k\vec{u}(kx, ky) \\ -\vec{u}(-x, -y) \\ \vec{0}(0, 0) \end{cases}$$

Suma de vectores

Para sumar dos vectores, $\vec{u}$ y $\vec{v}$, se procede del siguiente modo: se sitúa $\vec{v}$ a continuación de $\vec{u}$, de manera que el origen de $\vec{v}$ coincida con el extremo de $\vec{u}$. La suma $\vec{u} + \vec{v}$ es el vector cuyo origen es el de $\vec{u}$ y extremo, el de $\vec{v}$.

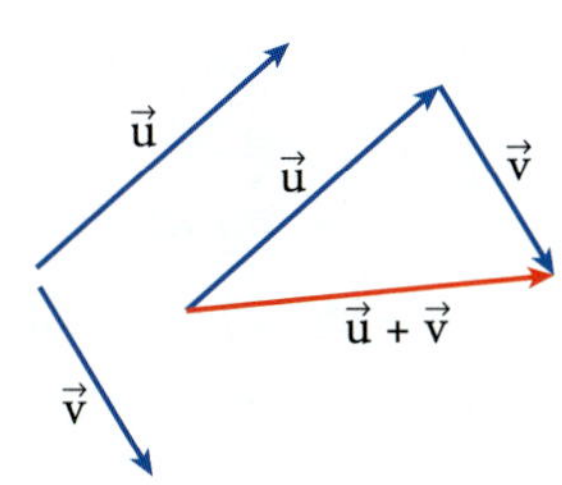

Las **coordenadas** del vector $\vec{u} + \vec{v}$ se obtienen sumando las coordenadas de $\vec{u}$ con las de $\vec{v}$. Por ejemplo:

$$\vec{u}(7, -3),\ \vec{v}(4, 5) \to \vec{u} + \vec{v} = (7 + 4, -3 + 5) = (11, 2)$$

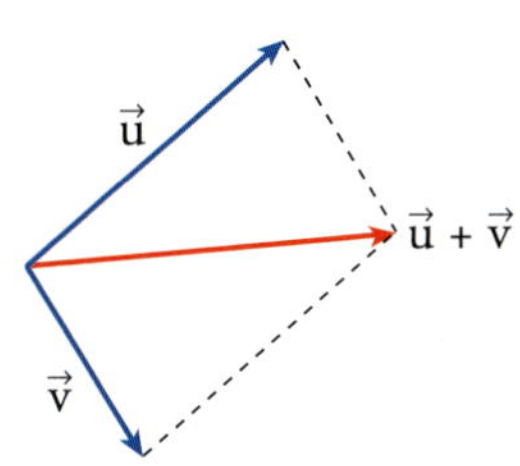

Si colocamos $\vec{u}$ y $\vec{v}$ con origen común y completamos un paralelogramo, la diagonal cuyo origen es el de $\vec{u}$ y $\vec{v}$ es el vector suma $\vec{u} + \vec{v}$.

Piensa y practica

1. a) Representa los vectores $\vec{u} = \overrightarrow{AB}$ y $\vec{v} = \overrightarrow{BC}$, siendo $A(1, 3)$, $B(4, 5)$ y $C(6, -2)$. Halla sus coordenadas.

b) Representa $\vec{u} + \vec{v}$ y halla sus coordenadas.

c) Representa $3\vec{u}$, $-2\vec{u}$ y $0\vec{v}$ y halla sus coordenadas.

d) Representa y halla las coordenadas del vector:

$$3\vec{u} - 4\vec{v}$$

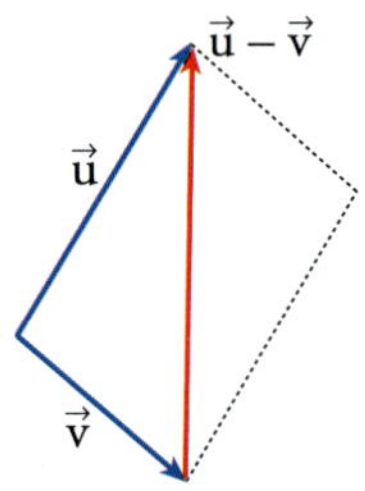

Si colocamos $\vec{u}$ y $\vec{v}$ con origen común y completamos un paralelogramo, la diagonal que va del extremo de $\vec{v}$ al extremo de $\vec{u}$ es $\vec{u} - \vec{v}$.

Resta de vectores

Para restar dos vectores, $\vec{u}$ y $\vec{v}$, se le suma a $\vec{u}$ el opuesto de $\vec{v}$:

$$\vec{u} - \vec{v} = \vec{u} + (-\vec{v})$$

Las **coordenadas** del vector $\vec{u} - \vec{v}$ se obtienen restándole a las coordenadas de $\vec{u}$ las de $\vec{v}$. Por ejemplo:

$$\vec{u}(7, -3),\ \vec{v}(4, 5) \rightarrow \vec{u} - \vec{v} = (7 - 4, -3 - 5) = (3, -8)$$

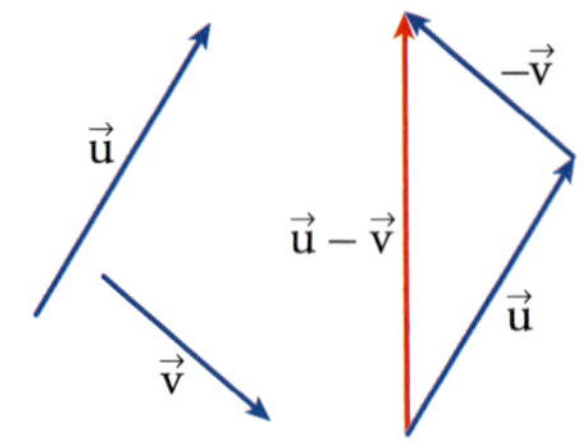

Combinación lineal de vectores

Dados dos vectores, $\vec{u}$, $\vec{v}$, y dos números, a, b, el vector $a\vec{u} + b\vec{v}$ se dice que es una **combinación lineal** de $\vec{u}$ y $\vec{v}$.

Por ejemplo, $4\vec{u} + 2\vec{v}$ y $-2\vec{u} + \vec{v}$ son combinaciones lineales de $\vec{u}$ y $\vec{v}$.

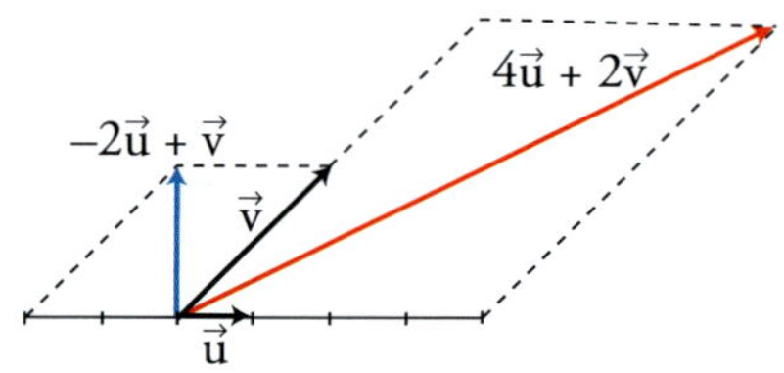

También se pueden formar combinaciones lineales de más de dos vectores. Por ejemplo, $a\vec{u} + b\vec{v} + c\vec{w}$.

Si dos vectores $\vec{u}$ y $\vec{v}$ tienen direcciones distintas, cualquier vector puede expresarse como combinación lineal de ellos.

¿Tienen los vectores $\vec{u}$ y $\vec{v}$ la misma dirección?

Si los vectores $\vec{u}(x, y)$ y $\vec{v}(x', y')$ tienen la misma dirección, sus coordenadas son proporcionales:

$$\frac{x'}{x} = \frac{y'}{y}$$

En caso contrario, tienen direcciones distintas.

Ejercicio resuelto

Dados los vectores $\vec{u}(7, -4)$, $\vec{v}(-5, -2)$ y $\vec{w}(11, 18)$:

a) ¿Tienen los vectores $\vec{u}$ y $\vec{v}$ la misma dirección?

b) Calcular las coordenadas de $3\vec{u} - 2\vec{v}$.

c) Hallar el valor de x e y para que $x\vec{u} + y\vec{v} = \vec{w}$.

a) Es claro que $\vec{u}$ y $\vec{v}$ no tienen la misma dirección, ya que $\frac{-5}{7} \neq \frac{-2}{-4}$.

b) $3\vec{u} - 2\vec{v} = 3(7, -4) - 2(-5, -2) = (21, -12) - (-10, -4) =$
$= (21, -12) + (10, 4) = (31, -8)$

c) $x\vec{u} + y\vec{v} = \vec{w} \rightarrow x(7, -4) + y(-5, -2) = (11, 18) \rightarrow$

$$\rightarrow (7x - 5y, -4x - 2y) = (11, 18) \rightarrow \begin{cases} 7x - 5y = 11 \\ -4x - 2y = 18 \end{cases} \rightarrow x = -2,\ y = -5$$

Por tanto, $-2\vec{u} - 5\vec{v} = \vec{w}$.

Piensa y practica

2. Comprueba si cada uno de los siguientes pares de vectores tienen o no la misma dirección:

a) $\vec{u}(3, -1)$, $\vec{v}(-3, 1)$ b) $\vec{u}(2, -4)$, $\vec{v}(1, 2)$

c) $\vec{u}(-2, 0)$, $\vec{v}(4, 0)$ d) $\vec{u}(5, 2)$, $\vec{v}(2{,}5;\ 1)$

e) $\vec{u}(-2, 6)$, $\vec{v}(-3, 1)$ f) $\vec{u}(0, -1)$, $\vec{v}(-2, 0)$

3. Dados los siguientes vectores:

$$\vec{u}(-5, 8),\ \vec{v}(-41, -10),\ \vec{w}(3, 6)$$

a) Halla las coordenadas de $3\vec{u} - 2\vec{v} + 10\vec{w}$.

b) Averigua el valor de x e y para que se cumpla:

$$x\vec{u} + y\vec{w} = \vec{v}$$

En la web Combinación lineal de vectores en el plano.

3 Vectores que representan puntos

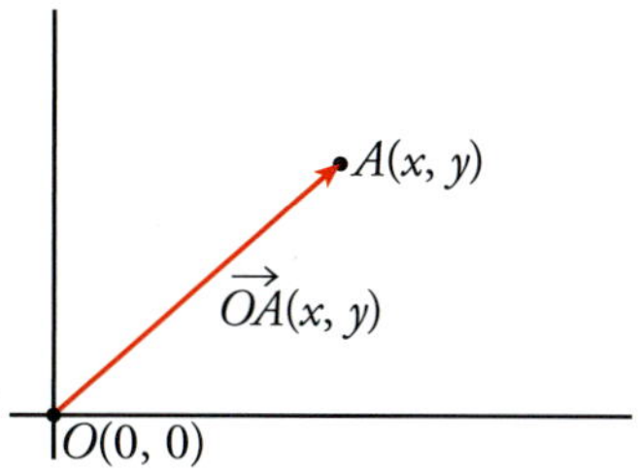

Si un vector tiene su origen en el punto O (origen de coordenadas), entonces sus coordenadas coinciden con las del extremo.

(coordenadas del vector $\overrightarrow{OA}$) = (coordenadas del punto A)

Por eso, los puntos del plano pueden ser descritos por vectores con origen en O.

Esta propiedad resulta muy útil para obtener las coordenadas de puntos a los que se puede llegar mediante un recorrido vectorial.

Ejercicios resueltos

1. ***Desde el punto $A(3, 7)$ nos movemos en la dirección de $\vec{v}(4, 2)$ el doble de su longitud. Después, nos movemos el triple de $\vec{w}(1, -3)$. ¿A qué punto llegamos?***

Gráficamente:

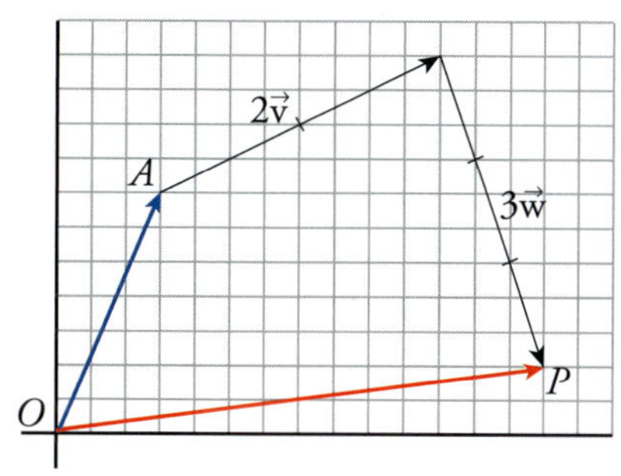

Analíticamente:

$\overrightarrow{OP} = \overrightarrow{OA} + 2\vec{v} + 3\vec{w} =$

$= (3, 7) + 2(4, 2) + 3(1, -3) =$

$= (14, 2)$

Como $\overrightarrow{OP}(14, 2)$, las coordenadas de P son $(14, 2)$.

2. ***El segmento cuyos extremos son $A(1, 4)$ y $B(10, 10)$ se divide en tres trozos iguales. ¿Cuáles son las coordenadas de los dos puntos que marcan la partición?***

Gráficamente:

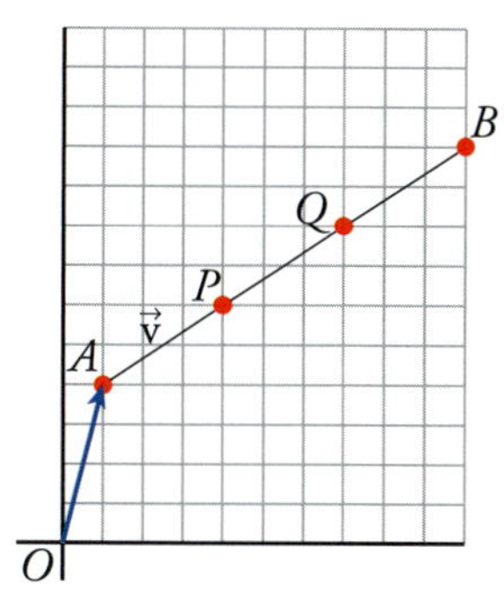

Analíticamente:

$\overrightarrow{AB} = \overrightarrow{OB} - \overrightarrow{OA} = (10, 10) - (1, 4) = (9, 6)$

$\vec{v} = \frac{1}{3}\overrightarrow{AB} = \frac{1}{3}(9, 6) = (3, 2)$

$\overrightarrow{OP} = \overrightarrow{OA} + \vec{v} = (1, 4) + (3, 2) = (4, 6)$

$\overrightarrow{OQ} = \overrightarrow{OP} + \vec{v} = (4, 6) + (3, 2) = (7, 8)$

$P(4, 6)$, $Q(7, 8)$

3. ***Calcular el punto medio, M, del segmento de extremos $A(1, 4)$ y $B(9, 8)$.***

$\overrightarrow{AB} = (9, 8) - (1, 4) = (8, 4)$

Sabemos que $\overrightarrow{AM} = \frac{1}{2}\overrightarrow{AB}$, por tanto:

$\overrightarrow{OM} = \overrightarrow{OA} + \overrightarrow{AM} = \overrightarrow{OA} + \frac{1}{2}\overrightarrow{AB} =$

$= (1, 4) + \frac{1}{2}(8, 4) = (1, 4) + (4, 2) = (5, 6)$

Por tanto, $M(5, 6)$.

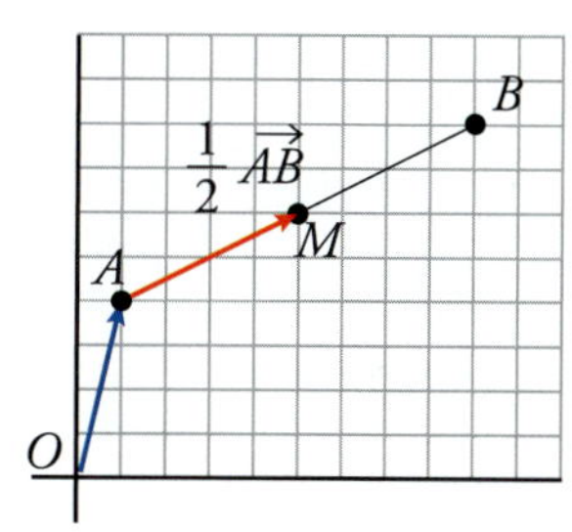

Piensa y practica

1. Desde el punto $A(8, 9)$ nos movemos en la dirección de $\vec{u}(-1, -2)$ cuatro veces su longitud. Después, nos movemos el triple de $\vec{v}(2, 1)$. ¿A qué punto llegamos?

2. Dividimos el segmento de extremos $A(1, 2)$ y $B(16, 12)$ en cinco partes iguales. Halla las coordenadas de los cuatro puntos de separación.

4 Punto medio de un segmento

En la web

Otro enfoque: punto medio de un segmento sin recurrir a los vectores.

En el ejercicio resuelto 3 de la página anterior calculamos el punto medio del segmento de extremos $A(1, 4)$ y $B(9, 8)$ de la siguiente manera:

M es el punto medio de AB, por lo que $\overrightarrow{AM} = \frac{1}{2}\overrightarrow{AB}$. Por tanto:

$$\overrightarrow{OM} = \overrightarrow{OA} + \overrightarrow{AM} = \overrightarrow{OA} + \frac{1}{2}\overrightarrow{AB}$$

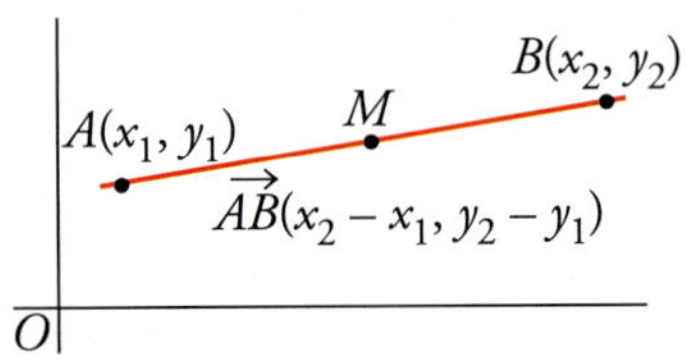

En general, si $A(x_1, y_1)$ y $B(x_2, y_2)$, entonces:

$$\overrightarrow{OM} = (x_1, y_1) + \frac{1}{2}(x_2 - x_1, y_2 - y_1) = \left(x_1 + \frac{1}{2}x_2 - \frac{1}{2}x_1, y_1 + \frac{1}{2}y_2 - \frac{1}{2}y_1\right) =$$

$$= \left(\frac{1}{2}x_1 + \frac{1}{2}x_2, \frac{1}{2}y_1 + \frac{1}{2}y_2\right) = \left(\frac{x_1 + x_2}{2}, \frac{y_1 + y_2}{2}\right)$$

Las coordenadas del **punto medio,** M, de un segmento AB son la semisuma de las coordenadas de sus extremos.

Es decir, si $A(x_1, y_1)$ y $B(x_2, y_2)$ $\rightarrow$ $M\left(\frac{x_1 + x_2}{2}, \frac{y_1 + y_2}{2}\right)$

Ejercicios resueltos

1. ***Hallar las coordenadas del punto medio del segmento de extremos A(7, 10) y B(11, 2).***

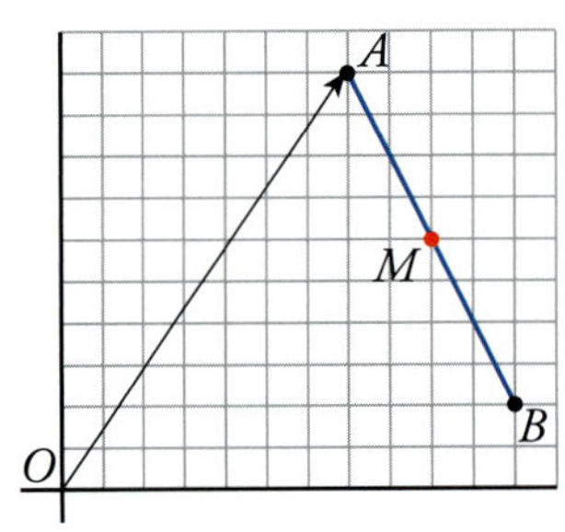

Obtención paso a paso:

$$\overrightarrow{OM} = \overrightarrow{OA} + \overrightarrow{AM} = \overrightarrow{OA} + \frac{1}{2}\overrightarrow{AB} =$$

$$= (7, 10) + \frac{1}{2}(4, -8) = (7, 10) + (2, -4) = (9, 6)$$

Las coordenadas de M son, pues, $(9, 6)$.

Obtención aplicando la fórmula: $M\left(\frac{7 + 11}{2}, \frac{10 + 2}{2}\right) = (9, 6)$

2. ***Hallar las coordenadas del punto simétrico de A(7, 2) respecto de P(4, 4).***

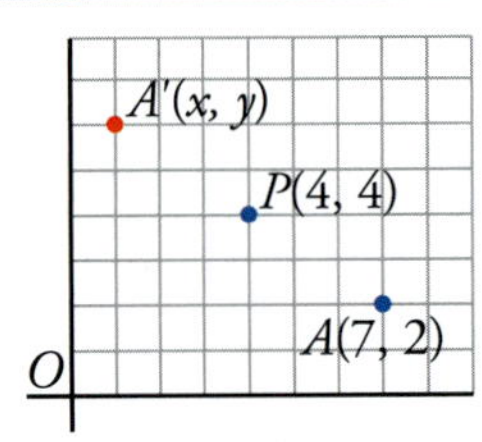

Si A' es el simétrico de A respecto de P, entonces P es el punto medio del segmento AA'. Por tanto, las coordenadas de P son la semisuma de las de A y A':

$$\left.\begin{array}{l} 4 = \dfrac{x + 7}{2} \rightarrow x = 1 \\ 4 = \dfrac{y + 2}{2} \rightarrow y = 6 \end{array}\right\}$$

Las coordenadas de A' son $(1, 6)$.

Piensa y practica

1. Halla las coordenadas del punto medio de cada segmento:

a) $A(-2, 5)$, $B(4, 1)$ b) $C(7, -3)$, $D(-5, 1)$

c) $E(1, 4)$, $F(7, 2)$ d) $G(-3, 5)$, $H(4, 0)$

2. Halla las coordenadas del punto simétrico de A respecto de P en los siguientes casos:

a) $A(4, -1)$, $P(-7, 2)$

b) $A(2, 4)$, $P(5, -1)$

En la web Practica el cálculo del punto medio de un segmento.

5 Puntos alineados

En la web

Otro enfoque: puntos alineados sin recurrir a los vectores.

Comprobamos si los puntos $A(2, 5)$, $B(5, 3)$ y $C(11, -1)$ están alineados. Si lo están, los vectores $\overrightarrow{AB}$ y $\overrightarrow{BC}$ deben tener la misma dirección, y esto solo ocurre si sus coordenadas son proporcionales:

$$\overrightarrow{AB} = (5, 3) - (2, 5) = (3, -2)$$
$$\overrightarrow{BC} = (11, -1) - (5, 3) = (6, -4)$$

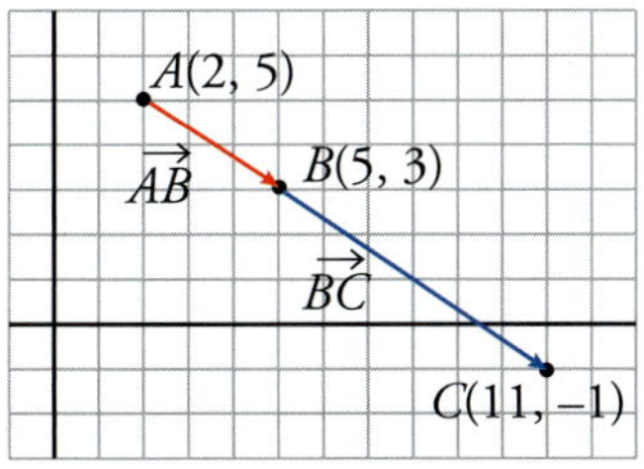

Como las coordenadas son proporcionales, pues $\overrightarrow{BC} = 2\overrightarrow{AB}$, $\overrightarrow{AB}$ y $\overrightarrow{BC}$ tienen la misma dirección. Por tanto, los puntos A, B y C están alineados.

Notación

El símbolo // puesto entre dos vectores denota que son paralelos; es decir, que tienen la misma dirección.

Los puntos $A(x_1, y_1)$, $B(x_2, y_2)$ y $C(x_3, y_3)$ están **alineados** si $\overrightarrow{AB} \,//\, \overrightarrow{BC}$; es decir, si las coordenadas del vector $(x_2 - x_1, y_2 - y_1)$ son proporcionales a las del vector $(x_3 - x_2, y_3 - y_2)$.

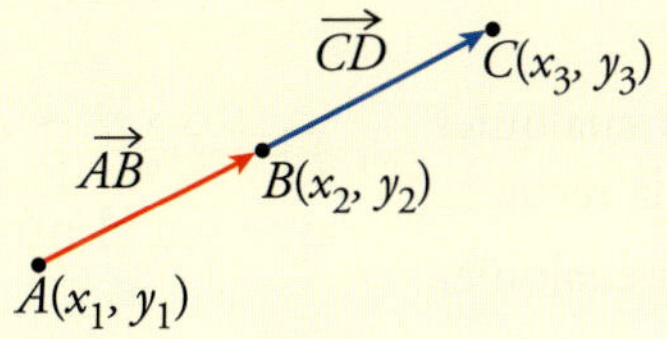

Ejercicios resueltos

1. ***Comprobar si los puntos A(2, –1), B(6, 1) y C(8, 2) están alineados.***

Comprobamos si los vectores $\overrightarrow{AB}$ y $\overrightarrow{BC}$ son paralelos:

$$\left.\begin{array}{l}\overrightarrow{AB} = (6 - 2, 1 - (-1)) = (4, 2) \\ \overrightarrow{BC} = (8 - 6, 2 - 1) = (2, 1)\end{array}\right\}$$

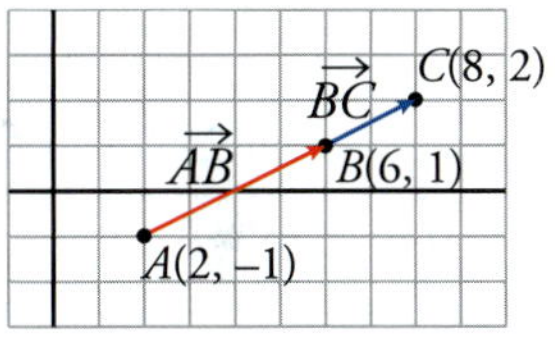

Las coordenadas son proporcionales, pues:

$$2 \cdot (2, 1) = (4, 2)$$

Por tanto, $\overrightarrow{AB} \,//\, \overrightarrow{BC}$ y los puntos están alineados.

2. ***Averiguar el valor de m para que estén alineados los puntos P(1, 4), Q(5, –2) y R(6, m).***

Para que los puntos estén alineados, hacemos que los vectores $\overrightarrow{PQ}$ y $\overrightarrow{QR}$ tengan la misma dirección; es decir, que sean proporcionales:

$$\left.\begin{array}{l}\overrightarrow{PQ} = (4, -6) \\ \overrightarrow{QR} = (1, m + 2)\end{array}\right\} \frac{4}{1} = \frac{-6}{m + 2} \rightarrow m + 2 = -\frac{6}{4} = -1,5 \rightarrow m = -3,5$$

Para que estén alineados, ha de ser $m = -3,5$.

Sus coordenadas son, pues, $P(1, 4)$, $Q(5, -2)$ y $R(6; -3,5)$.

Piensa y practica

1. Comprueba si los puntos $R(2, 7)$, $S(5, -1)$ y $T(15, -25)$ están alineados.

2. Averigua el valor de a para que los puntos $R(2, 7)$, $S(5, -1)$ y $Q(a, -25)$ estén alineados.

3. Averigua qué relación deben cumplir x e y para que $A(0, 1)$, $B(2, 5)$ y $P(x, y)$ estén alineados.

4. Averigua el valor de t para que los puntos $A(1, 2)$, $B(7, -11)$ y $C(t, 2t)$ estén alineados.

En la web Decide si tres puntos dados están alineados.

6 Ecuaciones de la recta

Desde hace algunos cursos conoces y manejas con soltura distintas formas de la ecuación de una recta. Ahora vamos a relacionar estas ecuaciones con lo que hemos aprendido de los vectores.

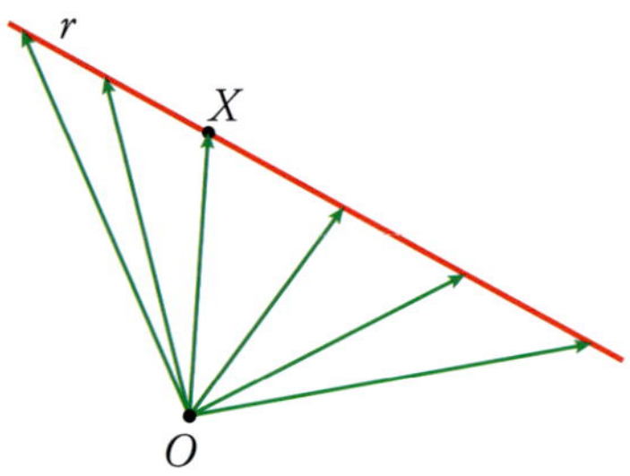

Ecuación vectorial de una recta

Pretendemos describir los puntos de una recta, r, mediante vectores que tengan su origen en O y su extremo en la recta.

Para describir todos estos vectores, $\overrightarrow{OX}$, es suficiente partir de dos:

- Un vector $\overrightarrow{OP} = \vec{p}$ que "nos lleva" a la recta (**vector posición**).
- Un vector $\vec{d}$, paralelo a r, que nos desliza sobre la recta (**vector dirección**).

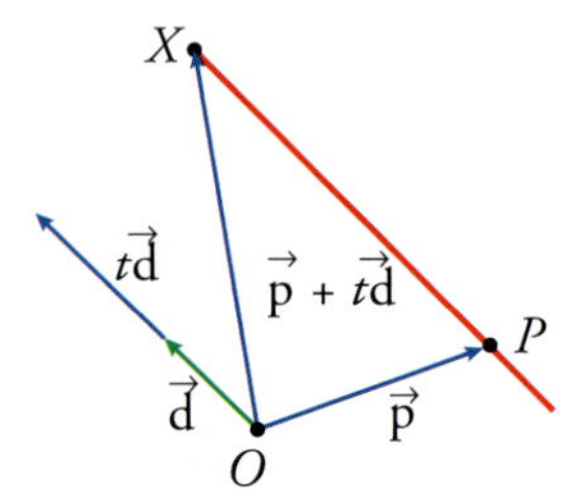

- $\overrightarrow{OX}$ → vector genérico
- $\vec{p}$ → vector posición es cualquier vector que nos sitúa sobre la recta.
- $\vec{d}$ → vector dirección es cualquier vector paralelo a la recta.
- t → parámetro

El vector $\vec{p} + t\vec{d}$ tiene su origen en O y su extremo sobre la recta, cualquiera que sea el número t. Se obtiene así la siguiente ecuación:

$$\overrightarrow{OX} = \vec{p} + t\vec{d}$$ **ECUACIÓN VECTORIAL**

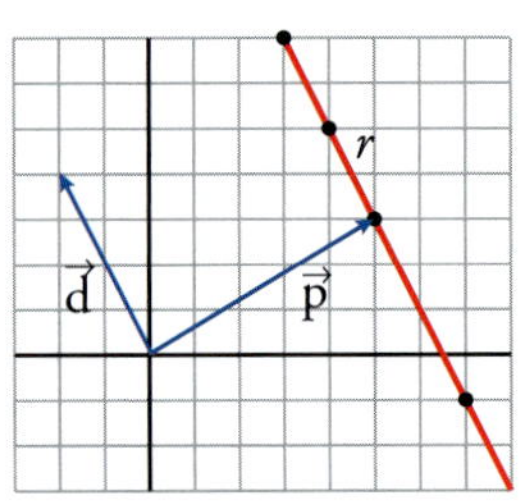

Por ejemplo, observa la recta r del margen. Si $\vec{p}(5, 3)$ y $\vec{d}(-2, 4)$:

Para $t = 1 \rightarrow (5, 3) + 1 \cdot (-2, 4) = (5, 3) + (-2, 4) = (3, 7) \in r$

Para $t = \dfrac{1}{2} \rightarrow (5, 3) + \dfrac{1}{2} \cdot (-2, 4) = (5, 3) + (-1, 2) = (4, 5) \in r$

Para $t = 0 \rightarrow (5, 3) + 0 \cdot (-2, 4) = (5, 3) \in r$

Para $t = -1 \rightarrow (5, 3) + (-1) \cdot (-2, 4) = (5, 3) + (2, -4) = (7, -1) \in r$

Cualquiera que sea el valor de t, $(x, y) = (5, 3) + t \cdot (-2, 4)$ pertenece a r.

En la web
Otro enfoque: ecuación de la recta sin utilizar vectores.

Ecuaciones paramétricas de la recta

Si en la recta cuya ecuación vectorial es $\overrightarrow{OX} = \vec{p} + t\vec{d}$ sustituimos cada vector por sus coordenadas, $\overrightarrow{OX} = (x, y)$, $\vec{p} = (p_1, p_2)$, $\vec{d} = (d_1, d_2)$, la ecuación queda así:

$$(x, y) = (p_1, p_2) + t(d_1, d_2)$$

Igualando coordenada a coordenada:

$$\begin{cases} x = p_1 + td_1 \\ y = p_2 + td_2 \end{cases}$$ **ECUACIONES PARAMÉTRICAS**

- (x, y) → coordenadas del punto genérico
- (p_1, p_2) → coordenadas del vector posición
- (d_1, d_2) → coordenadas del vector dirección
- t → parámetro

En el ejemplo anterior, las ecuaciones paramétricas de la recta r son:

$$\begin{cases} x = 5 - 2t \\ y = 3 + 4t \end{cases}$$

Para cada valor de t, se obtiene un punto de la recta.

Por ejemplo, para $t = -1 \rightarrow x = 7$, $y = -1$, se obtiene el punto $(7, -1)$.

En la web
Visualización de las ecuaciones vectorial y paramétricas de una recta.

- $(x, y) \to$ punto genérico
- $(p_1, p_2) \to$ vector posición
- $(d_1, d_2) \to$ vector dirección

En la web

Visualización de las ecuaciones continua y explícita de una recta.

Forma punto-pendiente

La ecuación explícita de una recta r de la que conocemos un punto (x_0, y_0) y la pendiente m es:

$$y = y_0 + m(x - x_0)$$

Ecuación de la recta en forma continua

Si en ambas ecuaciones paramétricas despejamos el parámetro e igualamos las expresiones resultantes, se obtiene una única ecuación en x e y.

$$\frac{x - p_1}{d_1} = \frac{y - p_2}{d_2}$$ **ECUACIÓN EN FORMA CONTINUA**

En el ejemplo de la página anterior:

$$t = \frac{x-5}{-2},\ t = \frac{y-3}{4} \to \frac{x-5}{-2} = \frac{y-3}{4}$$

Ecuación de la recta r puesta en forma continua.

Ecuación explícita de la recta

Si en la ecuación anterior se despeja la y, se llega a la ecuación explícita, que ya conocemos de cursos anteriores.

$$y = mx + n$$ **ECUACIÓN EXPLÍCITA**

¿Cómo se relacionan la pendiente, m, y las coordenadas (d_1, d_2) del vector dirección?

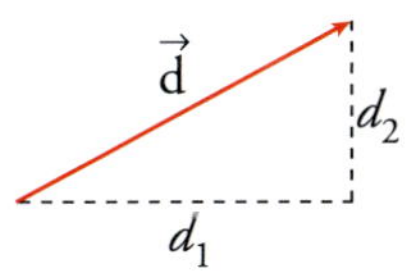

Al despejar la y en la ecuación en forma continua, el coeficiente de la x es d_2/d_1. Es la pendiente m (recuerda que la pendiente es el coeficiente de la x cuando se ha despejado la y).

Ejercicios resueltos

1. ***Escribir las ecuaciones vectorial, paramétricas, en forma continua y explícita de la recta que pasa por los puntos A(1, 3) y B(5, 5).***

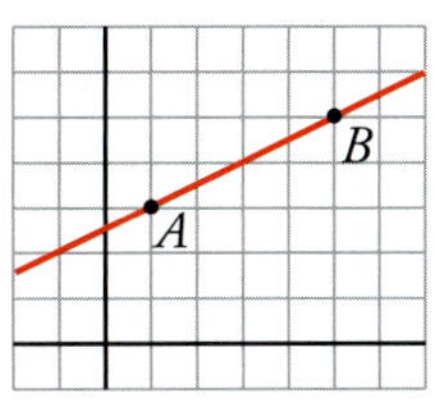

ECUACIÓN VECTORIAL: $\overrightarrow{OX} = \overrightarrow{OA} + t\overrightarrow{AB}$

ECUACIONES PARAMÉTRICAS: $\overrightarrow{OX}(x, y)$; $\overrightarrow{OA}(1, 3)$

$$\overrightarrow{AB} = \overrightarrow{OB} - \overrightarrow{OA} = (5, 5) - (1, 3) = (4, 2) \to \begin{cases} x = 1 + 4t \\ y = 3 + 2t \end{cases}$$

FORMA CONTINUA: $\frac{x-1}{4} = \frac{y-3}{2}$

FORMA EXPLÍCITA: al despejar la y se obtiene $y = \frac{1}{2}x + \frac{5}{2}$.

2. ***Indicar las ecuaciones vectorial, paramétricas, en forma continua y explícita de la recta que pasa por los puntos P(1, 3) y Q(5, 3).***

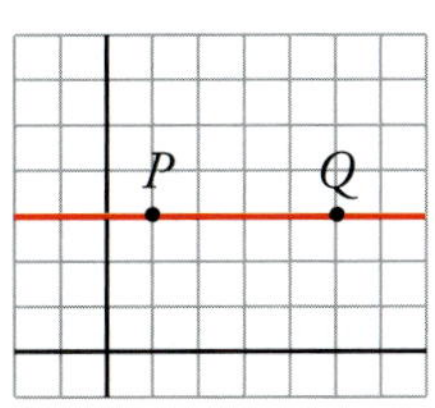

ECUACIÓN VECTORIAL: $\overrightarrow{OX} = \overrightarrow{OP} + t\overrightarrow{PQ}$

ECUACIONES PARAMÉTRICAS: $\overrightarrow{OX}(x, y)$; $\overrightarrow{OP}(1, 3)$

$$\overrightarrow{PQ} = \overrightarrow{OQ} - \overrightarrow{OP} = (5, 3) - (1, 3) = (4, 0) \to \begin{cases} x = 1 + 4t \\ y = 3 + 0t \end{cases}$$

FORMA CONTINUA: $\frac{x-1}{4} = \frac{y-3}{0}$ ¡Atención, no se puede dividir por 0!

La expresión anterior, con el 0 en el denominador, es solo simbólica.

FORMA EXPLÍCITA: $y = 3$

Piensa y practica

1. Escribe las ecuaciones vectorial, paramétricas, en forma continua y explícita de las rectas que pasan por:

a) $M(-2, 1)$, $N(4, 5)$ b) $P(0, 0)$, $Q(3, -2)$
c) $R(2, 5)$, $S(8, 5)$ d) $T(-2, 1)$, $U(-2, -2)$

7 Rectas. Paralelismo y perpendicularidad

Para estudiar las relaciones de paralelismo y perpendicularidad entre rectas, hemos de controlar sus direcciones. Recordemos:

Recuerda

La pendiente de una recta dada por su ecuación es el coeficiente de la x cuando la y está despejada.

La dirección de una recta viene dada por su vector dirección, $\vec{d}(d_1, d_2)$, o bien, por su pendiente. La relación entre ellos es $m = \dfrac{d_2}{d_1}$.

Una recta queda determinada por dos puntos. A partir de ellos se obtienen tanto el vector dirección como la pendiente.

Por ejemplo, la recta r que pasa por los puntos $A(3, 7)$ y $B(8, -3)$ tiene como vector dirección $\overrightarrow{AB}(5, -10)$. Su pendiente es:

$$m = \frac{-10}{5} = -2$$

Por tanto, su ecuación queda: $y = 7 - 2(x - 3)$; es decir, $y = -2x + 13$.

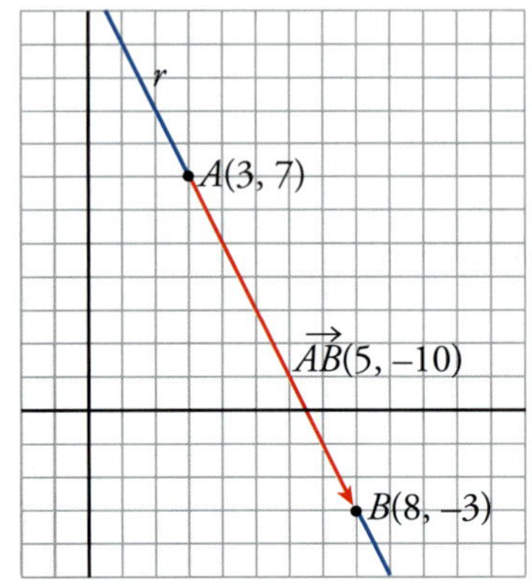

Ejercicios resueltos

1. ***Hallar la ecuación de la recta que pasa por A(–2, 3) y B(6, 7).***	Un vector dirección es $\overrightarrow{AB}(8, 4)$. Otro vector dirección: $\vec{d}(2, 1)$. Pendiente: $m = \frac{1}{2}$. Ecuación: $y = 3 + \frac{1}{2}(x + 2) \rightarrow y = \frac{1}{2}x + 4$
2. ***Hallar la ecuación de la recta que pasa por (5, –3) y tiene por vector dirección $\vec{d}(3, 2)$.***	Su pendiente es: $m = \frac{2}{3}$ Su ecuación es: $y = -3 + \frac{2}{3}(x - 5) \rightarrow y = \frac{2}{3}x - \frac{19}{3}$
3. ***Hallar la ecuación de la recta paralela a r: 2x + 5y – 4 = 0 que pasa por:*** ***a) (0, 0)*** ***b) (4, –3)***	Puesto que las rectas que nos piden son paralelas a r (tienen su misma pendiente), empezamos hallando la pendiente de r. Para ello, despejamos la y y nos fijamos en el coeficiente de la x: $2x + 5y - 4 = 0 \rightarrow y = -\frac{2}{5}x + \frac{4}{5}$ Pendiente: $m = -\frac{2}{5}$ a) Pasa por (0, 0) y su pendiente es $-\frac{2}{5} \rightarrow y = -\frac{2}{5}x$ b) Pasa por (4, –3) y su pendiente es $-\frac{2}{5} \rightarrow y = -3 - \frac{2}{5}(x - 4)$

Piensa y practica

1. Halla la ecuación de la recta que pasa por:

a) $A(1, 3)$, $B(5, 5)$ b) $A(1, 6)$, $B(8, -2)$

2. Halla la ecuación de la recta que pasa por (7, –5) y tiene por vector dirección (7, –4).

3. Halla la recta paralela a $5x - 6y + 14 = 0$ que pasa por (0, –3).

4. Halla la recta paralela a $5y - 10 = 0$ que pasa por (2, 4).

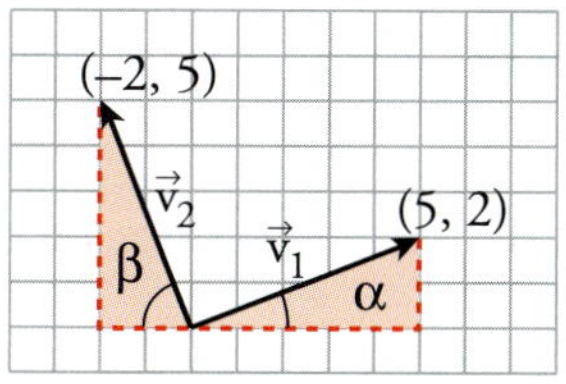

Vector perpendicular a otro

Los vectores $\vec{v}_1(5, 2)$ y $\vec{v}_2(-2, 5)$ son perpendiculares. Se justifica observando, en la gráfica del margen, que los dos triángulos sombreados son iguales y, por tanto, $\alpha + \beta = 90°$. En general:

> Los vectores de coordenadas (a, b) y $(-b, a)$ son perpendiculares.

Recta perpendicular a otra

Un vector dirección de una recta r_1 es $\vec{d}_1 = (a, b)$.

Si r_2 es perpendicular a r_1, un vector dirección de r_2 es $\vec{d}_2 = (-b, a)$.

Las pendientes de r_1 y r_2 son, respectivamente, $m_1 = \frac{b}{a}$ y $m_2 = \frac{-a}{b}$.

El producto de sus pendientes es –1: $m_1 \cdot m_2 = \frac{b}{a} \cdot \frac{-a}{b} = -1$

> Las pendientes, m_1 y m_2, de dos rectas perpendiculares se relacionan así:
> $m_1 \cdot m_2 = -1$ o, lo que es lo mismo, $m_2 = -\frac{1}{m_1}$

En la web Otro enfoque: perpendicularidad y paralelismo entre rectas sin usar vectores.

Ejercicios resueltos

1. ***Hallar la ecuación de la recta r que pasa por A(4, 7) y es perpendicular al vector $\vec{v}(3, -5)$.***

El vector $\vec{d}(5, 3)$ es perpendicular a $\vec{v}$ y, por tanto, es un vector dirección de r. La pendiente de r es $m = \frac{3}{5}$. Su ecuación es:

$$y = 7 + \frac{3}{5}(x - 4) \rightarrow y = \frac{3}{5}x + \frac{23}{5}$$

2. ***Obtener varios vectores perpendiculares a $\vec{v}(2, 3)$.***

El vector (–3, 2) es perpendicular a $\vec{v}$.

También lo son estos otros vectores: (3, –2), (–6, 4), (6, –4)…

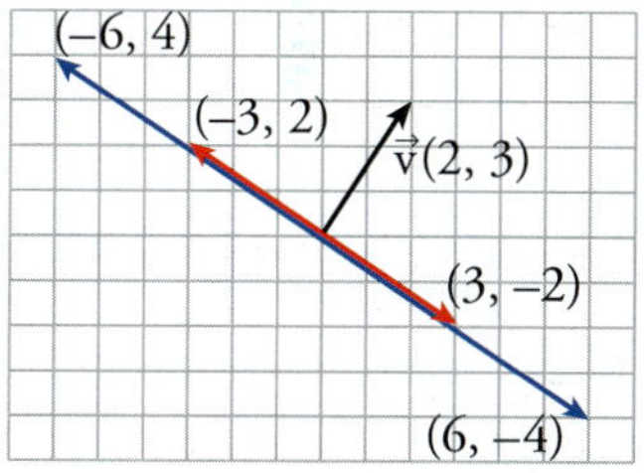

3. ***Dar la ecuación de la recta r que pasa por el punto (–7, 2) y es perpendicular a esta otra:***

s: 5x – 3y + 15 = 0

Pendiente de s: $y = \frac{5}{3}x + 5 \rightarrow m_1 = \frac{5}{3}$

Pendiente de r: $m_2 = -\frac{1}{m_1} = -\frac{3}{5}$

Ecuación de r: $y = 2 - \frac{3}{5}(x + 7) \rightarrow y = -\frac{3}{5}x - \frac{11}{5}$

Piensa y practica

5. Da tres vectores perpendiculares a (–6, 1).

6. Halla la ecuación de la recta que pasa por $P(2, -5)$ y es perpendicular al vector $\vec{v}(5, 7)$.

7. La recta r pasa por (3, 0), y la recta s, por (–5, 3). Ambas son perpendiculares a $4x + 2y - 7 = 0$

Halla sus ecuaciones.

En la web Paralelismo y perpendicularidad entre rectas.

8 Rectas paralelas a los ejes coordenados

No lo olvides

Vector dirección de la recta $y = k$ es $(a, 0)$.

Vector dirección de la recta $x = k$ es $(0, a)$.

■ **RECTAS PARALELAS AL EJE X**

Como sabes, la función constante, $y = k$, se representa mediante una recta paralela al eje X y, por tanto, tiene pendiente 0.

Su vector dirección es cualquiera del tipo $(a, 0)$ para cualquier valor de a distinto de 0.

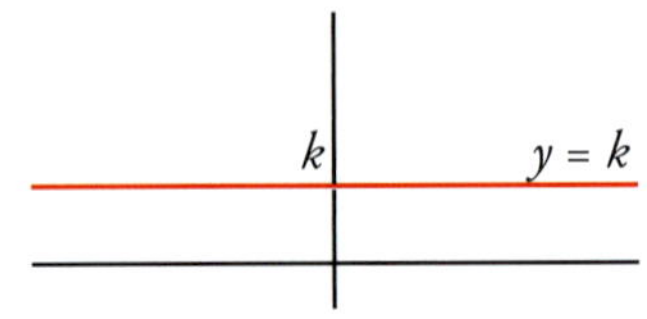

■ **RECTAS PARALELAS AL EJE Y**

Análogamente, las ecuaciones $x = k$ se representan mediante rectas paralelas al eje Y. Los vectores dirección de estas rectas son del tipo $(0, a)$ con $a \neq 0$.

Estas rectas no representan funciones porque a un valor de x le corresponde más de un valor de y.

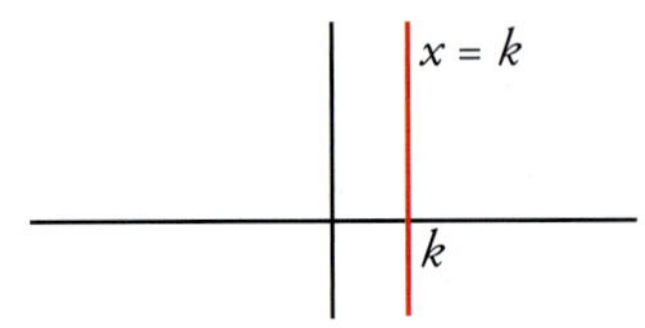

Ejercicios resueltos

1. ***Dar varios vectores paralelos y varios perpendiculares a la recta de ecuación $3y + 7 = 0$. Representarla.***

Despejamos la y en la ecuación:

$$3y + 7 = 0 \rightarrow y = -\frac{7}{3}$$

Vectores paralelos: $(1, 0)$, $(2, 0)$, $(-1, 0)$,…

Vectores perpendiculares: $(0, 1)$, $(0, 2)$, $(0, -1)$,…

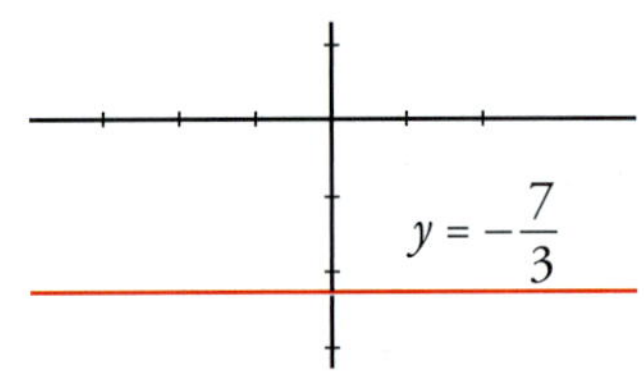

2. ***Representar la recta $5x - 2 = 0$ y dar varios vectores paralelos y varios perpendiculares a ella.***

Despejamos la x en la ecuación:

$$5x - 2 = 0 \rightarrow x = \frac{2}{5}$$

Vectores paralelos: $(0, 1)$, $(0, 2)$, $(0, -1)$,…

Vectores perpendiculares: $(1, 0)$, $(2, 0)$, $(-1, 0)$,…

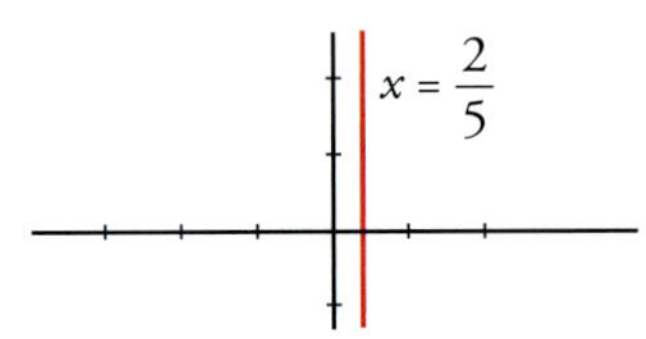

3. ***Dar la ecuación de la recta r, perpendicular a $2x - 7 = 0$, que pasa por $(-3, 8)$.***

Despejamos la x en la ecuación: $2x - 7 = 0 \rightarrow x = \frac{7}{2}$

La recta es paralela al eje Y, por lo que la nueva recta buscada, r, es paralela al eje X y, por tanto, del tipo $y = k$.

Como r pasa por $(-3, 8)$, su ecuación es $y = 8$.

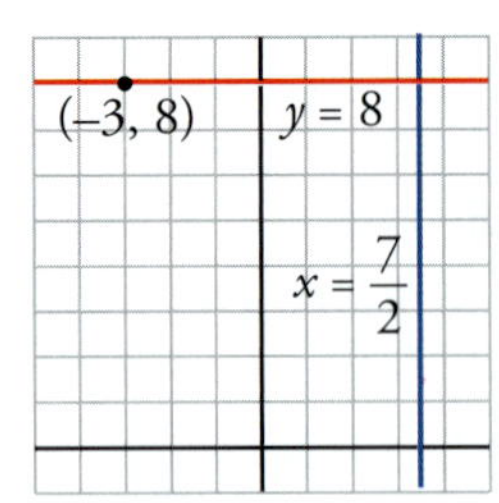

Piensa y practica

En la web Refuerza el trabajo con ecuaciones de rectas cualesquiera.

1. Representa r y s y da tres vectores paralelos y tres perpendiculares a cada una de ellas:

$r: 5x - 7 = 0$ $\quad$ $s: 3 + 4y = 0$

2. Representa dos rectas que pasen por el punto $(-4, 2)$, una paralela al eje X y otra paralela al eje Y.

3. Las rectas r y s pasan por el punto $(5, -3)$. La recta r es paralela a $5y + 17 = 0$, y s es perpendicular a ella. Representa r y s y da sus ecuaciones.

4. Halla la ecuación de la recta paralela al eje X que corte a la recta $2x - 3y = 5$ en el punto de abscisa $x = 1$.

9 Posiciones relativas de dos rectas

Gráficamente, dos rectas pueden cortarse o no. Si no se cortan, son paralelas.

Pero si las rectas vienen dadas por sus ecuaciones, es posible que se dé un tercer caso: que sean la misma recta y, al mostrar distinto aspecto algebraico, no se aprecie a simple vista.

Para averiguar la posición relativa de dos rectas dadas por sus ecuaciones, se resuelve el sistema formado por ellas.

Ejercicio resuelto

Estudiar la posición relativa de los siguientes pares de rectas:

a) $r: 5x - 4y + 10 = 0$

$s: y = 2x + 1$

b) ***r pasa por (2, –1) y (8, 2).***

s pasa por (2, 5) y su pendiente es –1.

c) ***r pasa por (3, 8) y (8, 3).***

$s: x + y = 11$

d) ***r pasa por (2, 4) y (4, 7).***

$s: y = \frac{3}{2}x - 2$

a) $\begin{cases} 5x - 4y + 10 = 0 \\ y = 2x + 1 \end{cases} \rightarrow 5x - 4(2x + 1) + 10 = 0 \rightarrow$

$\rightarrow 5x - 8x - 4 + 10 = 0 \rightarrow -3x + 6 = 0 \rightarrow x = 2$

$y = 2 \cdot 2 + 1 = 5 \rightarrow y = 5$

Las rectas se cortan en el punto (2, 5).

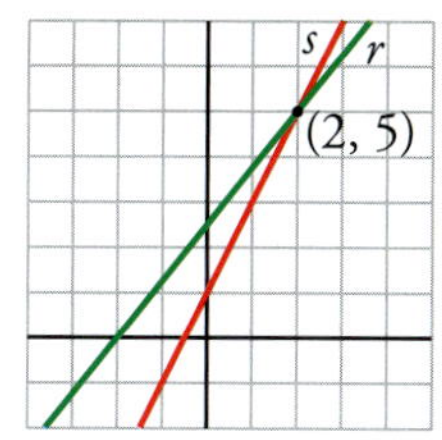

b) Un vector dirección de r es $(8, 2) - (2, -1) = (6, 3) \,//\, (2, 1)$. Su pendiente es, por tanto, $m = \frac{1}{2}$.

$r: y = -1 + \frac{1}{2}(x - 2) \rightarrow y = \frac{1}{2}x - 2$

$s: y = -(x - 2) + 5 \rightarrow y = -x + 7$

$\begin{cases} y = \frac{1}{2}x - 2 \\ y = -x + 7 \end{cases}$ Resolviendo el sistema se obtiene el punto de corte, (6, 1).

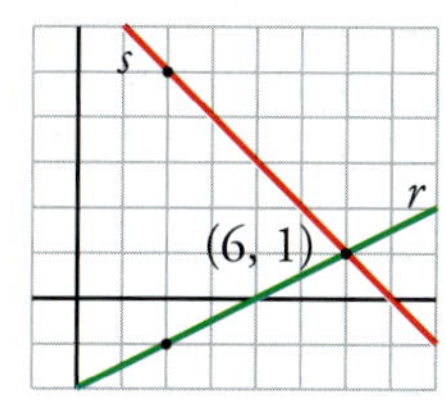

c) Un vector dirección de r es $(8, 3) - (3, 8) = (5, -5) \,//\, (1, -1)$. Su pendiente es, por tanto, $m = -1$.

$r: y = 8 - (x - 3) \rightarrow y = -x + 11 \rightarrow x + y = 11$

r y s son la misma recta.

d) Un vector dirección de r es $(4, 7) - (2, 4) = (2, 3)$. Pendiente, $m = \frac{3}{2}$.

$r: y = 4 + \frac{3}{2}(x - 2) \rightarrow y = \frac{3}{2}x + 1$

r es paralela a s porque tienen la misma pendiente, 3/2, pero distintas ordenadas en el origen: 1 y –2, respectivamente.

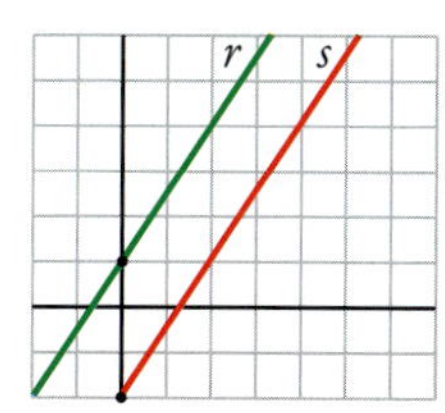

Piensa y practica

1. Di la posición relativa de estos pares de rectas:

a) $r: 8x + 2y - 14 = 0$, $s: 5x - y - 20 = 0$

b) $r: 3x - 2y - 14 = 0$

s: pasa por (1, –2) y por (10, 1).

c) r: pasa por (–1, 4) y (7, –2).

$s: 3x + 4y = 0$

d) r: pasa por (2, –1) y (8, 2).

s: su pendiente es 1/2 y pasa por (0, –2).

10 Distancia entre dos puntos

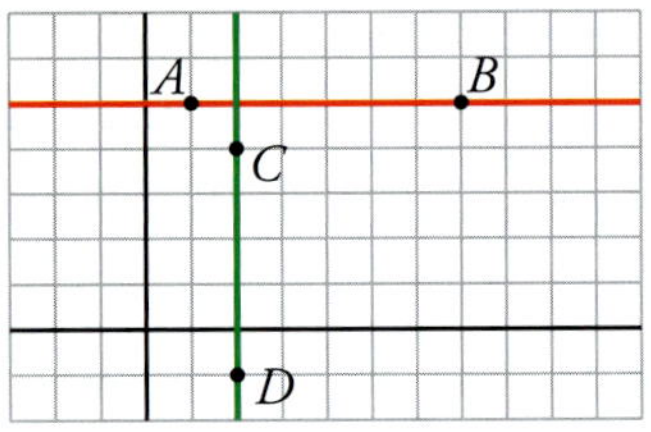

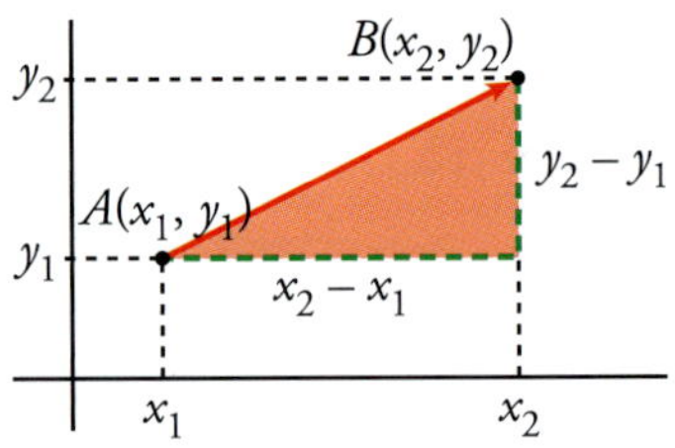

Si dos puntos tienen la misma abscisa o la misma ordenada, hallar su distancia es muy fácil. Por ejemplo, en el gráfico:

$$dist(A, B) = 6; \quad dist(C, D) = 5 \quad \text{(basta con contar cuadraditos)}$$

O bien, mediante sus coordenadas: $dist[(3, -1), (3, 11)] = 11 - (-1) = 12$

$dist[(4, 7), (1, 7)] = 4 - 1 = 3$

Para dos puntos cualesquiera, $A(x_1, y_1)$, $B(x_2, y_2)$, su distancia se obtiene hallando el módulo del vector $\overrightarrow{AB}$.

$$dist(A, B) = |\overrightarrow{AB}| = \sqrt{(x_2 - x_1)^2 + (y_2 - y_1)^2}$$

Esta fórmula también es válida si los puntos tienen la misma abscisa o la misma ordenada.

Ejercicios resueltos

1. ***Calcular la longitud de los lados del triángulo de vértices $A(-2, 2)$, $B(1, 6)$, $C(6, -6)$. Hallar su área.***

$|\overrightarrow{AB}| = \sqrt{(1 + 2)^2 + (6 - 2)^2} = \sqrt{3^2 + 4^2} = 5 = c$

$|\overrightarrow{BC}| = \sqrt{(6 - 1)^2 + (-6 - 6)^2} = \sqrt{5^2 + 12^2} = 13 = a$

$|\overrightarrow{AC}| = \sqrt{(6 + 2)^2 + (-6 - 2)^2} = \sqrt{8^2 + 8^2} = 11,31 = b$

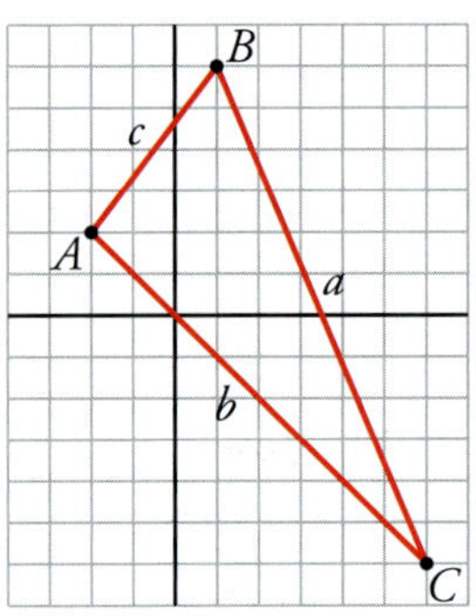

Para hallar el área, recordamos la fórmula de Herón:

Área $= \sqrt{p \cdot (p - a)(p - b)(p - c)}$; p = semiperímetro

Perímetro $= 2p = 5 + 13 + 11,31 = 29,31 \rightarrow$

$\rightarrow p = 14,655$ u

Área $= \sqrt{14,655 \cdot 1,655 \cdot 3,345 \cdot 9,655} = 28$ u^2

2. ***Calcular el valor de k para que la distancia de $A(-1, 4)$ a $B(k, 1)$ sea igual a 5.***

$|\overrightarrow{AB}| = \sqrt{(k + 1)^2 + (1 - 4)^2} = \sqrt{k^2 + 2k + 1 + 9} = \sqrt{k^2 + 2k + 10}$

$|\overrightarrow{AB}| = 5 \rightarrow \sqrt{k^2 + 2k + 10} = 5 \rightarrow k^2 + 2k + 10 = 25 \rightarrow$

$\rightarrow k^2 + 2k - 15 = 0 \rightarrow k = \dfrac{-2 \pm \sqrt{4 + 4 \cdot 15}}{2} = \dfrac{-2 \pm 8}{2} = \begin{cases} 3 \\ -5 \end{cases}$

Hay dos puntos, $B_1(3, 1)$ y $B_2(-5, 1)$, cuya distancia a $A(-1, 4)$ es igual a 5.

Piensa y practica

1. Halla la distancia entre A y B.

a) $A(-7, 4)$, $B(6, 4)$

b) $A(3, 4)$, $B(3, 9)$

c) $A(-5, 11)$, $B(0, -1)$

d) $A(4, -6)$, $B(7, 4)$

2. Aplica la fórmula de Herón para hallar el área del triángulo de vértices $A(-5, -2)$, $B(7, 3)$, $C(4, 7)$.

3. Calcula el valor de c para que el punto $A(10, c)$ diste 13 unidades del punto $B(-2, 5)$.

4. Calcula el valor de a para que el punto $P(a, 7)$ esté a 10 unidades de distancia de $Q(5, 1)$.

11 Ecuación de una circunferencia

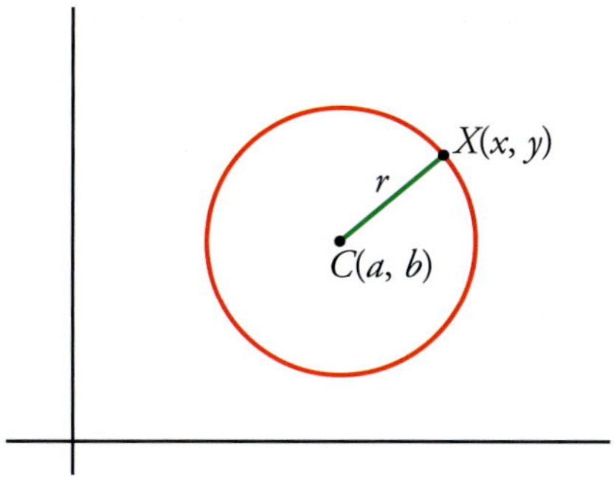

¿Qué condición cumplen todos los puntos de una circunferencia? Que su distancia al centro es igual al radio. Apliquemos esta propiedad para hallar la ecuación de una circunferencia de centro $C(a, b)$ y radio r. Llamamos $X(x, y)$ a un punto cualquiera **(punto genérico)** de la circunferencia.

Para que X sea de la circunferencia, ha de cumplir que $|\overrightarrow{CX}| = r$. Es decir:

$$\sqrt{(x-a)^2 + (y-b)^2} = r$$

Elevando al cuadrado:

$$(x-a)^2 + (y-b)^2 = r^2$$ **ECUACIÓN DE LA CIRCUNFERENCIA**

Ejercicios resueltos

1. ***Escribir la ecuación de la circunferencia de centro C(5, 2) y radio 6.***

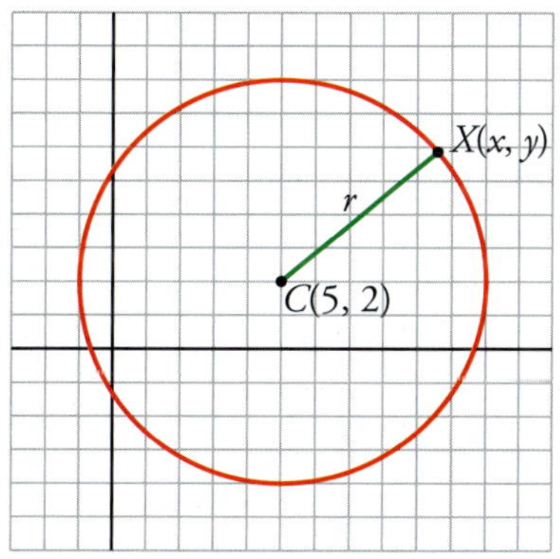

El módulo del vector $\overrightarrow{CX}$ es 6.

Expresado en coordenadas:

$$(x-5)^2 + (y-2)^2 = 36$$

Podríamos desarrollar y simplificar:

$$x^2 - 10x + 25 + y^2 - 4y + 4 = 36$$

$$x^2 + y^2 - 10x - 4y - 7 = 0$$

2. ***Escribir la ecuación de la circunferencia de centro C(–2, 3) y que pasa por el punto P(4, 7).***

El radio de la circunferencia es la distancia de C a P:

$$|\overrightarrow{CP}| = \sqrt{(4+2)^2 + (7-3)^2} = \sqrt{6^2 + 4^2} = \sqrt{52}$$

La ecuación de la circunferencia es:

$$(x+2)^2 + (y-3)^2 = \left(\sqrt{52}\right)^2 \rightarrow (x+2)^2 + (y-3)^2 = 52$$

3. ***Comprobar si P(1, –5) está en la circunferencia de centro C(4, –1) y radio 5.***

Podríamos escribir la ecuación de la circunferencia y comprobar si las coordenadas de P cumplen la igualdad. Pero es mucho más sencillo comprobar si la distancia de P a C es igual al radio, 5.

$$|\overrightarrow{PC}| = \sqrt{(4-1)^2 + (-1+5)^2} = \sqrt{3^2 + 4^2} = 5 = r$$

Sí, P está en la circunferencia.

En la web — Practica con la ecuación de la circunferencia.

Piensa y practica

1. Escribe, en cada caso, la ecuación de la circunferencia:

a) $C(7, 1)$, $r = 5$ b) $C(-2, 4)$, $r = 12$

2. Di el centro y el radio de las circunferencias siguientes:

a) $(x-3)^2 + (y-5)^2 = 25$ b) $(x+2)^2 + y^2 = 1$

3. Una circunferencia de radio $r = \sqrt{45}$ tiene su centro en el punto $C(4, 9)$. ¿Pertenecen los puntos $A(-2, 6)$ y $B(8, 2)$ a esta circunferencia?

4. Halla la ecuación de la circunferencia de centro $C(4, -2)$ que pasa por $P(5, 7)$.

Ejercicios y problemas resueltos

1. Rectas notables del triángulo

En el triángulo de vértices A(–3, 1), B(1, 5) y C(4, 0), hallar:

a) La ecuación de la altura, h, que parte del vértice B.

b) La ecuación de la mediatriz, t, del lado AB.

c) La ecuación de la mediana, r, que parte de C.

Hazlo tú. En el triángulo cuyos vértices son $A(0, 4)$, $B(3, 0)$ y $C(-3, -2)$, halla las ecuaciones de la mediatriz del lado BC y de la altura que parte de A.

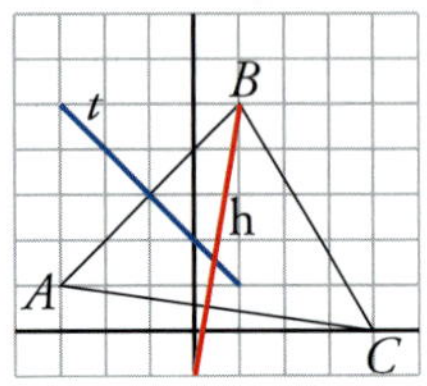

a) La altura h es perpendicular al lado AC.

Pendiente de AC: $m = -1/7$. Pendiente de h: $m' = 7$.

La recta h pasa por B y su pendiente es 7:

h: $y = 5 + 7(x - 1) \rightarrow 7x - y - 2 = 0$

b) La mediatriz t es perpendicular a AB en su punto medio.

Punto medio de AB: $\left(\frac{-3+1}{2}, \frac{1+5}{2}\right) = (-1, 3)$

Pendiente de AB: $m = 1$. Pendiente de t: $m' = -1$.

$t: y = 3 - 1(x + 1) \rightarrow x + y - 2 = 0$

c) La mediana r pasa por $C(4, 0)$ y por el punto medio de AB, $(-1, 3)$.

Su pendiente es $m = -3/5$.

Ecuación de $r: y = -3/5(x - 4) \rightarrow 3x + 5y - 12 = 0$

2. Simétrico de un punto respecto de una recta

Hallar el punto simétrico de P(4, 2) respecto de la recta r: x – 2y + 5 = 0.

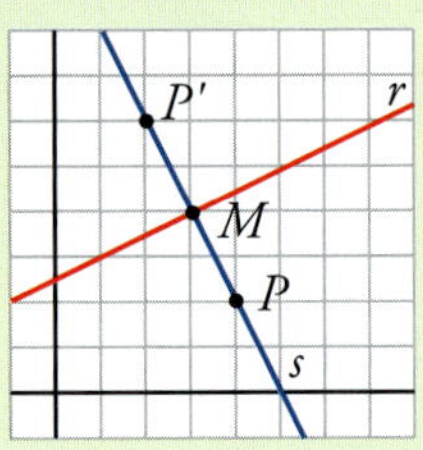

Hazlo tú. Halla el punto simétrico de $A(1, 1)$ respecto de la recta $s: x - 2y - 4 = 0$.

El punto simétrico de P respecto de r, P', es el simétrico de P respecto de un punto, M, que es el punto de corte de r con la perpendicular a r que pasa por P.

Buscamos la ecuación de la recta, s, perpendicular a r que pasa por P:

Pendiente de r: $m = 1/2$. Pendiente de s: $m' = -2$.

Ecuación de s: $y = 2 - 2(x - 4) \rightarrow 2x + y - 10 = 0$

Hallamos el punto de corte de r y s: $\begin{cases} x - 2y + 5 = 0 \\ 2x + y - 10 = 0 \end{cases} \rightarrow M(3, 4)$

El punto M es el punto medio entre $P(4, 2)$ y $P'(x, y)$.

Coordenadas de M: $\left(\frac{4+x}{2}, \frac{2+y}{2}\right) = (3, 4)$.

Igualamos las coordenadas y despejamos x e y: $\begin{cases} \frac{4+x}{2} = 3 \rightarrow x = 2 \\ \frac{2+y}{2} = 4 \rightarrow y = 6 \end{cases}$

El punto buscado es $P'(2, 6)$.

3. Ecuación de una circunferencia

Hallar la ecuación de la circunferencia concéntrica con:

$$c: x^2 + y^2 - 2x + 4y - 4 = 0$$

y cuyo radio mide el doble.

Hazlo tú. Halla la ecuación de la circunferencia que tiene el mismo centro que $x^2 + y^2 + 6x - 4y - 3 = 0$ y que pasa por el punto $(1, -2)$.

Para hallar el centro y el radio de c, debemos expresarla de la forma:

$$(x - a)^2 + (y - b)^2 = r^2$$

$x^2 - 2x + \ldots + y^2 + 4y + \ldots = 4 + \ldots + \ldots$ Rellenamos los puntos para obtener el cuadrado de un binomio en x y de otro en y. Sumamos en el segundo miembro lo mismo que en el primero para mantener la igualdad:

$x^2 - 2x + \mathbf{1} + y^2 + 4y + \mathbf{4} = 4 + \mathbf{1} + \mathbf{4} \rightarrow (x - 1)^2 + (y + 2)^2 = 9$

Centro: $(1, -2)$. Radio = 3.

La circunferencia que buscamos es: $(x - 1)^2 + (y + 2)^2 = 36$

En la web: Determina el simétrico de un punto respecto de una recta.

Ejercicios y problemas

Practica

Vectores y puntos

1. El cuadrilátero $ABCD$ es un rombo, y M, N, P y Q, los puntos medios de sus lados.

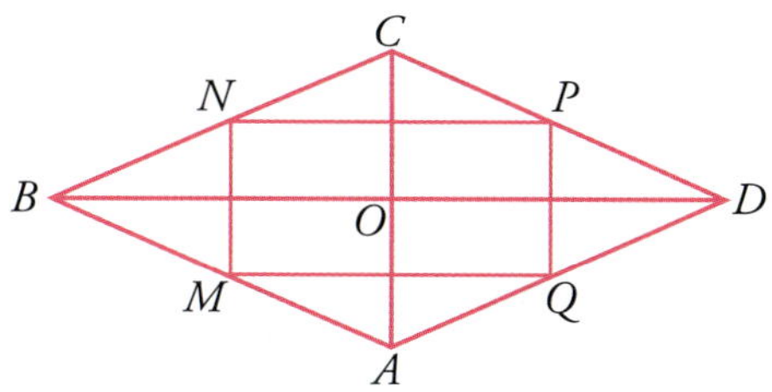

Indica si los siguientes pares de vectores tienen el mismo módulo y/o la misma dirección y sentido:

a) $\overrightarrow{AB}$ y $\overrightarrow{CD}$ b) $\overrightarrow{BN}$ y $\overrightarrow{AQ}$

c) $\overrightarrow{NC}$ y $\overrightarrow{CP}$ d) $\overrightarrow{AM}$ y $\overrightarrow{DC}$

2. Observa la figura del ejercicio anterior y sustituye en tu cuaderno los puntos suspensivos por un número para que los vectores sean iguales.

a) $\overrightarrow{AC} = \dots \overrightarrow{AO}$ b) $\overrightarrow{OC} = \dots \overrightarrow{OA}$

c) $\overrightarrow{AQ} = \dots \overrightarrow{CB}$ d) $\overrightarrow{AD} = \dots \overrightarrow{NB}$

3. Completa en tu cuaderno, con las letras que faltan, cada una de las siguientes sumas de vectores de la figura del ejercicio 1:

a) $\overrightarrow{AB} + \overrightarrow{BC} = \overrightarrow{A\dots}$ b) $\overrightarrow{AD} + \overrightarrow{AB} = \overrightarrow{\dots}$

c) $2\overrightarrow{AM} + \overrightarrow{BO} = \overrightarrow{\dots}$ d) $\frac{1}{2}\overrightarrow{AC} - \overrightarrow{OD} = \overrightarrow{\dots}$

4. Dados los puntos $A(-2, 0)$, $B(4, 0)$, $C(5, 1)$ y $D(-3, 2)$, halla las coordenadas de los vectores $\overrightarrow{AB}$, $\overrightarrow{BC}$, $\overrightarrow{CD}$ y $\overrightarrow{AD}$. Calcula, también, sus módulos.

5. Con origen en el punto $A(3, -3)$, dibuja los vectores $\overrightarrow{AB}(-3, 2)$, $\overrightarrow{AC}(5, 1)$ y $\overrightarrow{AD}(1/2, -4)$. ¿Cuáles serán las coordenadas de los puntos B, C y D?

6. a) Di cuáles son las coordenadas de los vectores $\vec{u}$ y $\vec{v}$.

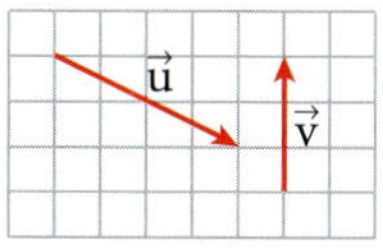

b) Dibuja los vectores $\vec{u} + \vec{v}$; $\vec{u} - \vec{v}$; $-\vec{u} + \vec{v}$; $\frac{1}{2}\vec{u} + 2\vec{v}$ y di cuáles son sus coordenadas.

c) Halla el módulo de $\vec{u}$, $\vec{v}$, $\vec{u} + \vec{v}$ y $\vec{u} - \vec{v}$.

7. Comprueba, sin representarlos, si los siguientes pares de vectores tienen la misma dirección:

a) $\vec{u}(6, -3)$, $\vec{v}(-2, 1)$ b) $\vec{u}(5, 3)$, $\vec{v}(4, 2)$

c) $\vec{u}(10, 1)$, $\vec{v}(5, 2)$ d) $\vec{u}(-4, 0)$, $\vec{v}(9, 0)$

8. Dados los vectores $\vec{u}(1, 3)$, $\vec{v}(-2, 5)$ y $\vec{w}(-1, -3)$, efectúa estas operaciones:

a) $\vec{u} + \vec{v} + \vec{w}$ b) $\vec{u} - \vec{v} - \vec{w}$ c) $-2\vec{u} + \vec{v} - 2\vec{w}$

d) $-3\vec{u} + \frac{1}{2}\vec{v}$ e) $\frac{2}{3}\vec{u} + \frac{1}{3}\vec{w}$ f) $-\frac{1}{5}\vec{v} - \vec{w} + \vec{u}$

9. Representa en unos ejes coordenados los vectores que verifican las siguientes condiciones:

a) Su origen es $P(-2, 3)$ y su extremo, $Q(1, -4)$.

b) Su origen es $M(0, 4)$ y sus coordenadas, $(3, 5)$.

c) Su extremo es $B(5, 0)$ y sus coordenadas, $(4, 4)$.

10. a) Representa los puntos $A(-3, 0)$, $B(0, 4)$, $C(4, 4)$ y $D(1, 0)$ y halla los puntos medios de AC y de BD.

b) Halla las coordenadas de $\overrightarrow{AB}$ y $\overrightarrow{DC}$ y comprueba que son las mismas.

11. Calcula las coordenadas de los puntos medios de los lados y de las diagonales del cuadrilátero $ABCD$.

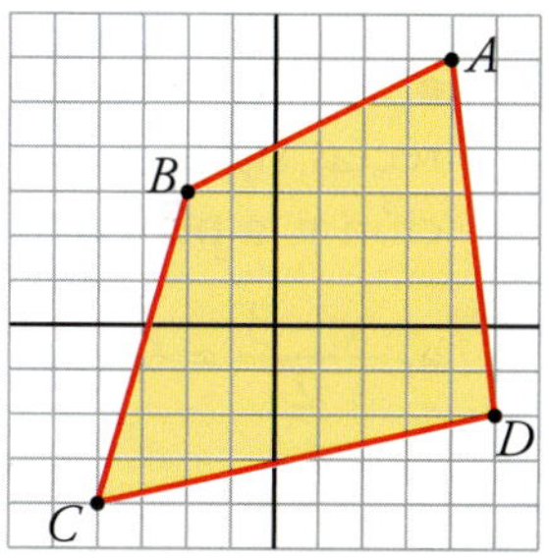

12. Si $M(-3, 5)$ es el punto medio del segmento AB, halla el punto B en cada uno de los siguientes casos:

a) $A(-1, 5)$ b) $A(6, -4)$ c) $A(-4, -7)$

13. Halla, en cada caso, el punto simétrico de $A(-3, -5)$ respecto de:

a) $P(-2, 0)$ b) $Q(2, -3)$ c) $O(0, 0)$

14. Comprueba, en cada caso, si los puntos dados están alineados:

a) $A(1, 2)$, $B(4, 3)$, $C(19, 8)$

b) $P(-2, -3)$, $Q(2, 0)$, $R(-26, -21)$

c) $M(-4, 3)$, $N(3, 4)$, $P(6, 5)$

Ejercicios y problemas

Rectas

15. Escribe, en cada caso, las ecuaciones vectorial, paramétricas, en forma continua y explícita de las rectas que pasan por el punto $P(-4, 3)$ y tienen como vector dirección:

a) $\vec{d}(2, -1)$ b) $\vec{d}(-1, -3)$ c) $\vec{d}(2, 0)$

16. Da, en cada caso, un vector dirección y escribe las ecuaciones vectorial, paramétricas, en forma continua y explícita de las rectas que pasan por A y B:

a) $A(-1, 0)$, $B(0, 3)$ b) $A(0, -2)$, $B(5, -2)$

c) $A(-2, 3)$, $B(4, -1)$ d) $A(3, -1)$, $B(3, 5)$

17. Escribe las ecuaciones paramétricas y explícita de las rectas r, s y t.

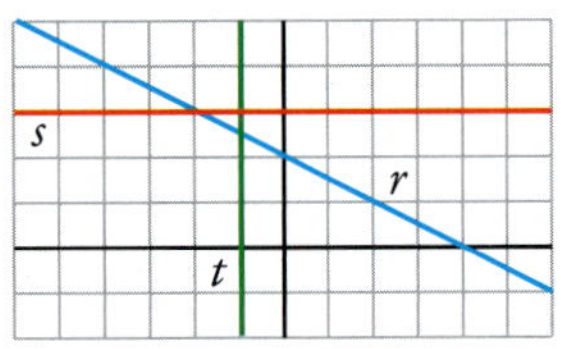

18. Da un vector dirección y un punto de cada recta, y escribe sus ecuaciones continuas:

a) $\begin{cases} x = -1 + 2t \\ y = -3t \end{cases}$ b) $\begin{cases} x = t \\ y = 1 - 5t \end{cases}$

19. Escribe la ecuación explícita de cada una de las rectas siguientes y da, en cada caso, un vector dirección y la pendiente:

a) $\dfrac{x-3}{2} = \dfrac{y+1}{3}$ b) $\begin{cases} x = 2 - t \\ y = 1 + 3t \end{cases}$

20. Halla dos puntos de cada una de las siguientes rectas y utilízalos para dar un vector dirección en cada caso:

a) $y = 2x - 3$ b) $y = 3$ c) $x - 2y + 1 = 0$

21. Escribe la ecuación de las siguientes rectas y da, en cada caso, un vector dirección:

a) Pasa por $(-4, 2)$ y su pendiente es $\frac{1}{2}$.

b) Pasa por $(1, 3)$ y su pendiente es -2.

c) Pasa por $(5, -1)$ y su pendiente es 0.

22. Halla la ecuación de las siguientes rectas:

a) Paralela a $y = -2x + 3$ y pasa por $(4, 5)$.

b) Paralela a $2x - 4y + 3 = 0$ y pasa por $(4, 0)$.

c) Paralela a $3x + 2y - 6 = 0$ y pasa por $(0, -3)$.

23. Escribe, en cada caso, la ecuación de la recta que pasa por $P(3, -2)$ y es perpendicular al vector $\vec{v}$:

a) $\vec{v}(2, 1)$ b) $\vec{v}(-5, 4)$ c) $\vec{v}(-1, 0)$

24. Escribe la ecuación de la recta perpendicular a r y que pasa por el punto P en los siguientes casos:

a) $r: y = -2x + 3$; $P(-3, 2)$

b) $r: 3x - 2y + 1 = 0$; $P(4, -1)$

c) $r: x = 3$; $P(0, 4)$

25. Halla el punto de intersección de las rectas r y s en los casos siguientes:

a) $\begin{cases} r: 3x - 5y + 17 = 0 \\ s: 7x + 3y - 63 = 0 \end{cases}$ b) $\begin{cases} r: 3x - 2y + 9 = 0 \\ s: x - 2y + 5 = 0 \end{cases}$

26. Representa las rectas $3x + 6 = 0$ y $2y - 5 = 0$ y halla su punto de intersección.

Distancias y circunferencias

27. Calcula, en cada caso, la distancia entre P y Q:

a) $P(3, 5)$, $Q(3, -7)$ b) $P(-8, 3)$, $Q(-6, 1)$

c) $P(0, -3)$, $Q(-5, 1)$ d) $P(-3, 0)$, $Q(15, 0)$

28. a) Halla el punto medio del segmento de extremos $A(-2, 0)$ y $B(6, 4)$.

b) Comprueba que la distancia del punto medio a cada uno de los extremos es la misma.

29. Comprueba que el triángulo de vértices $A(-1, 0)$, $B(3, 2)$ y $C(7, 4)$ es isósceles. ¿Cuáles son los lados iguales?

30. Comprueba, mediante el teorema de Pitágoras, que el triángulo de vértices $A(-2, -1)$, $B(3, 1)$ y $C(1, 6)$ es rectángulo.

31. Escribe la ecuación de la circunferencia de centro C y radio r:

a) $C(4, -3)$, $r = 3$ b) $C(0, 5)$, $r = 6$

c) $C(6, 0)$, $r = 2$ d) $C(0, 0)$, $r = 5$

32. Di cuáles son el centro y el radio de las circunferencias siguientes:

a) $(x - 2)^2 + (y + 3)^2 = 16$

b) $(x + 1)^2 + y^2 = 81$

c) $x^2 + y^2 = 10$

En la web: Pasa de un tipo de ecuación de la recta a los otros tipos de ecuación.

Aplica lo aprendido

33. A partir del punto $P(1, 3)$, trazamos el vector $2\vec{u} + \vec{v} - \vec{w}$ y llegamos al punto Q. Averigua las coordenadas de Q si conocemos $\vec{u}(2, 1)$, $\vec{v}(3, -1)$ y $\vec{w}(2, 3)$.

34. a) Representa los vectores $\vec{u} = 2\vec{x} + \vec{y} + \vec{z}$ y $\vec{v} = -\vec{x} + 4\vec{y} - 2\vec{z}$ siendo $\vec{x}(2, 2)$, $\vec{y}(3, 0)$ y $\vec{z}(1, -2)$.

b) Halla las coordenadas de $\vec{u}$ y $\vec{v}$. ¿Son iguales?

35. a) ¿Cuáles de los siguientes vectores tienen la misma dirección?

$$\vec{t}(-3, 2) \quad \vec{u}(2, 3) \quad \vec{v}\left(\frac{5}{3}, \frac{5}{2}\right) \quad \vec{w}(6, -4)$$

b) Calcula el valor de m y n para que se verifique $\vec{v} = m\vec{t} + n\vec{u}$.

36. a) Determina las coordenadas de los puntos M, N y P que son los puntos medios de los lados del triángulo ABC.

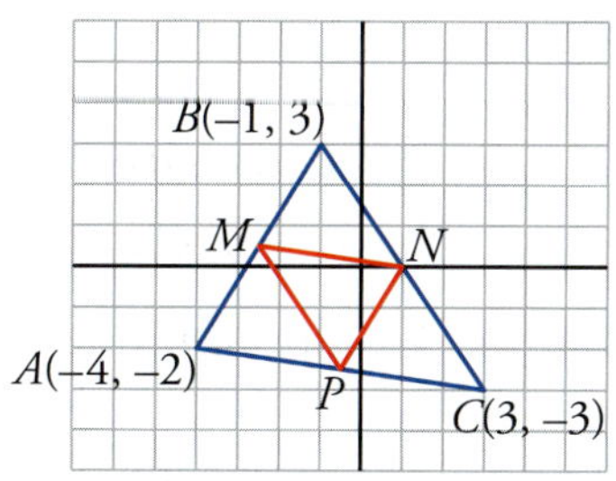

b) Halla las coordenadas de los vectores $\overrightarrow{MN}$, $\overrightarrow{MP}$ y $\overrightarrow{PN}$ y comprueba que $\overrightarrow{MN} = \frac{1}{2}\overrightarrow{AC}$; $\overrightarrow{MP} = \frac{1}{2}\overrightarrow{BC}$ y $\overrightarrow{PN} = \frac{1}{2}\overrightarrow{AB}$.

37. Dados los vectores $\vec{u}(3, 2)$, $\vec{v}(x, 5)$ y $\vec{w}(8, y)$, calcula x e y para que se verifique: $2\vec{u} - \vec{v} = \vec{w}$.

38. Dados los vectores $\vec{u}(5, -3)$, $\vec{v}(1, 3)$ y $\vec{w}(2, 0)$, calcula el valor de m y n para que se verifique: $\vec{u} = m\vec{v} + n\vec{w}$.

39. Calcula, en cada caso, el valor de m para que el punto $P(m, -2)$ pertenezca a la recta dada:

a) r: pasa por $A(3, 1)$ y $B(-1, 0)$.

b) s: pasa por $A(1, 3)$ y $B(1, -4)$.

40. Calcula m para que los puntos $R(5, -2)$, $S(-1, 1)$ y $T(2, m)$ estén alineados.

41. Comprueba si los puntos $A(18, 15)$ y $B(-43, -5)$ pertenecen a la recta $x - 3y + 27 = 0$.

42. Calcula m y n para que las rectas

$$r\colon 3x + my - 8 = 0 \quad \text{y} \quad s\colon nx - 2y + 3 = 0$$

se corten en el punto $P(1, 5)$.

43. a) Calcula el valor de k para que la recta de ecuación $(k + 3)x - y - 2 = 0$ pase por el punto $A(2, 0)$.

b) ¿Cuál es la pendiente de esa recta?

44. Estudia la posición relativa de los siguientes pares de rectas y halla el punto de intersección cuando sea posible:

a) $r\colon \begin{cases} x = 3 + t \\ y = -2 - 2t \end{cases}$ $\qquad s\colon x - 1 = \dfrac{y}{2}$

b) $r\colon y = 2x - 3$ $\qquad s\colon \begin{cases} x = t \\ y = 2t \end{cases}$

45. Determina el valor de m para que las rectas $r\colon \dfrac{x + 1}{3} = \dfrac{y}{2}$ y $s\colon \dfrac{x}{2} = \dfrac{y - 1}{m}$ sean:

a) Paralelas.

b) Perpendiculares.

c) Se corten en el punto $P(-1, 0)$.

46. Los puntos $A(2, 1)$ y $B(6, 4)$ son vértices de un triángulo. Sabiendo que $M(0{,}5; -1)$ es el punto medio del lado AC, calcula las coordenadas de $\overrightarrow{AC}$ y el perímetro del triángulo.

47. En el segmento de extremos $A(-2, -3)$ y $B(4, 3)$, halla las coordenadas del punto P tal que $\overrightarrow{AP} = \frac{2}{3}\overrightarrow{AB}$.

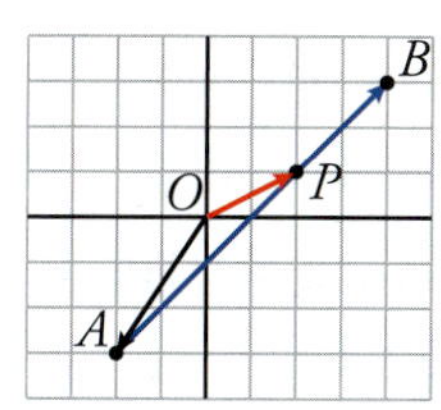

48. Escribe la ecuación de una recta perpendicular a r y que pase por $(4, -3)$ en los siguientes casos:

a) $r\colon\ 2x + 7 = 0$ $\qquad$ b) $r\colon\ -y + 4 = 0$

49. Estudia si las rectas r y s son paralelas o perpendiculares:

$r\colon 3x - 5y + 15 = 0$ $\qquad$ s: pasa por $(-2, -3)$ y $(8, 3)$.

Ejercicios y problemas

50. Estudia la posición relativa de los siguientes pares de rectas:

a) $\begin{cases} r: 2x - 5y + 3 = 0 \\ s: P(3, 1),\ Q(-2, 3) \end{cases}$ b) $\begin{cases} r: 5x - 4y + 8 = 0 \\ s: A(4, 7),\ B(0, 2) \end{cases}$

51. Halla la ecuación de la recta perpendicular a AB en su punto medio, siendo $A(-5, 3)$ y $B(2, 7)$.

52. Comprueba que el cuadrilátero de vértices $A(1, 5)$, $B(5, 1)$, $C(-4, -3)$ y $D(-8, 1)$ es un paralelogramo. Para ello, prueba que los puntos medios de sus diagonales coinciden.

53. Halla, en cada caso, los puntos que dividen al segmento AB en tres partes iguales:

a) $A(-3, 4)$, $B(6, 1)$ b) $A(0, -2)$, $B(9, 1)$

54. Halla la ecuación de estas circunferencias:

a) Centro $C(0, 0)$ y pasa por $(-3, 4)$.

b) Centro $C(1, 2)$ y pasa por $(5, 4)$.

55. Dados los puntos $A(0, 4)$ y $B(-5, 0)$, halla el punto simétrico de B respecto de A y el simétrico de A respecto de B.

56. La recta r es paralela a $5x - 4y + 3 = 0$, y la recta s es perpendicular a ellas. Ambas pasan por el punto $(1, 3)$.

Escribe las ecuaciones de r y s.

Resuelve problemas

57. Los puntos $A(4, 5)$ y $B(7, 0)$ son vértices de un trapecio rectángulo que tiene dos lados sobre los ejes de coordenadas y otro lado paralelo al eje X.

Dibuja el trapecio y halla:

a) Las ecuaciones de sus lados.

b) Su perímetro.

c) Su área.

58. Estudia analíticamente si las rectas $r: 3x + y = 14$; $s: 2x - y = 11$; $t: 4x + 17y = 3$ se cortan en un mismo punto. En caso afirmativo, calcula sus coordenadas.

59. Halla las coordenadas del punto D, de modo que $ABCD$ sea un paralelogramo, siendo $A(1, -1)$, $B(0, 2)$ y $C(6, 5)$.

60. Dibuja un paralelogramo que tenga dos de sus lados sobre las rectas $y = 3x$ e $y = 0$ y un vértice en el punto $P(6, 3)$.

a) Halla las ecuaciones de los otros dos lados.

b) Di cuáles son las coordenadas de los otros vértices.

61. Desde una estación marítima se observan en un radar dos barcos navegando. Uno está en el punto $P(4, 3)$ y sigue la dirección del vector $\vec{u}(5, 2)$, y el otro sigue la trayectoria de la recta $4x - 10y = 17$. ¿Es posible que choquen?

62. Dado el triángulo de vértices $A(-5, 4)$, $B(4, 1)$ y $C(-1, -2)$, halla:

a) Las ecuaciones de los tres lados.

b) El punto medio del lado AC.

c) La ecuación de la mediana del vértice B.

63. Dada la recta $r: \begin{cases} x = 2 + t \\ y = 1 - t \end{cases}$, calcula la longitud del segmento AB siendo A y B los puntos donde r corta a los ejes de coordenadas.

64. Comprueba que el triángulo de vértices $A(1, 3)$, $B(4, 1)$ y $C(3, 11/4)$ es isósceles y calcula la medida de la altura relativa al lado desigual.

65. Los puntos $A(0, 4)$ y $B(-1, 0)$ son vértices consecutivos de un paralelogramo, del que sabemos que las diagonales se cortan en $M(2, 1)$. Halla las coordenadas de los vértices C y D.

66. En el triángulo de vértices $A(1, 5)$, $B(4, 0)$ y $C(-2, -2)$, halla:

a) La ecuación de la altura que parte de A.

b) La ecuación de la altura que parte de B.

c) El punto de corte de las alturas (ortocentro).

67. Calcula las coordenadas de un punto P que tiene la abscisa igual a la ordenada y que equidista de los puntos $A(2, 0)$ y $B(0, 4)$.

68. En el triángulo de vértices $A(-1, 1)$, $B(3, 4)$ y $C(3, 0)$, halla:

a) La ecuación de la mediatriz de BC.

b) La ecuación de la mediatriz de AC.

c) El punto de intersección de las mediatrices (el circuncentro del triángulo).

69. Prueba que el cuadrilátero de vértices

$A(4, 2)$, $B(-2, 5)$, $C(-5, 2)$ y $D(-2, -4)$

es un trapecio isósceles y calcula su perímetro.

70. Halla, en cada caso, la ecuación de la circunferencia concéntrica con la dada y cuyo radio mida la mitad:

a) $x^2 + (y - 5)^2 = 36$

b) $(x - 4)^2 + (y + 3)^2 = 12$

71. Halla la ecuación de la circunferencia de diámetro PQ, siendo $P(-5, 2)$ y $Q(3, -6)$.

72. Determina el centro y el radio de las circunferencias siguientes:

a) $x^2 + y^2 + 6x + 2y + 6 = 0$

b) $x^2 + y^2 + 8x - 2y + 12 = 0$

73. Halla los puntos de corte de la circunferencia $(x - 3)^2 + y^2 = 29$ con la bisectriz del primer cuadrante.

74. Calcula k para que el punto $(-3, k)$ pertenezca a la circunferencia $(x - 1)^2 + (y + 2)^2 = 25$.

75. Las rectas $r: x - y + 1 = 0$; $s: x + y + 9 = 0$ y $t: 4x - y - 14 = 0$ forman un triángulo ABC.

Halla las coordenadas de los vértices.

76. Dados la recta $r: x - 2y + 1 = 0$ y el punto $A(-1, 5)$, halla el punto simétrico de A respecto de r.

77. Demuestra analíticamente que el punto $B(6, 4)$ es el punto simétrico de $A(-2, 2)$ respecto de la recta $4x + y - 11 = 0$.

Problemas "+"

78. Dibuja el cuadrilátero de vértices $A(-3, -2)$, $B(-2, 3)$, $C(3, 5)$ y $D(12, 3)$. Comprueba si es un trapecio.

Si no lo es, rectifica las coordenadas del punto D para que lo sea.

79. Determina el punto de la recta $r: 4x - 8y + 7 = 0$ que equidiste de los puntos $A(2, 1)$ y $B(1, -3)$.

80. Tenemos una parcela irregular representada en unos ejes de coordenadas como indica la siguiente figura:

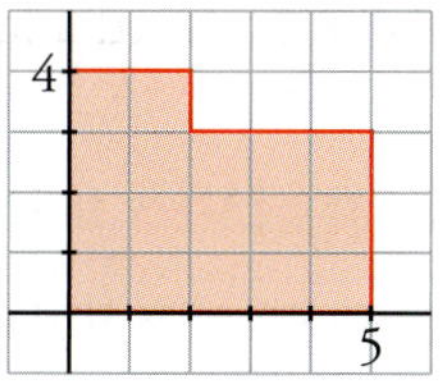

Queremos dividirla en dos partes de igual área mediante una recta que pase por el origen de coordenadas. ¿Cuál será la ecuación de esa recta?

Reflexiona sobre la teoría

81. ¿Verdadero o falso? Justifica tus respuestas.

a) Dos vectores con la misma dirección no se pueden sumar.

b) Dos vectores opuestos tienen igual dirección.

c) Si $\vec{u} = k\vec{v}$, y $k < 0$, entonces $\vec{u}$ y $\vec{v}$ tienen distinta dirección.

d) Si $\vec{u} = -\vec{v}$, entonces $\vec{u}$ y $\vec{v}$ tienen igual módulo.

e) La ecuación $x^2 + y^2 + 25 = 0$ representa una circunferencia.

f) La recta $3x + y = 0$ es perpendicular a $y = \frac{1}{3}x + 1$.

g) Las coordenadas del punto medio de un segmento de extremos $P(x_1, y_1)$ y $Q(x_2, y_2)$ son:

$$M\left(\frac{x_1 + y_1}{2}, \frac{x_2 + y_2}{2}\right)$$

82. Sabes que la expresión $ax + by + c = 0$ es la ecuación de una recta. Di cómo es la recta en los siguientes casos:

a) $a = 0$ b) $b = 0$ c) $c = 0$ d) $a = 0$, $c = 0$

83. Si dos rectas r_1 y r_2 son perpendiculares, ¿cuál de estas condiciones cumplirán sus pendientes?

a) $m_1 = \frac{1}{m_2}$ b) $m_1 = -m_2$

c) $m_1 \cdot m_2 = -1$ d) $m_1 + m_2 = -1$

84. ¿Cuál de estas expresiones nos da la distancia entre $P(x_1, y_1)$ y $Q(x_2, y_2)$?

a) $(x_2 - x_1) + (y_2 - y_1)$

b) $\sqrt{(x_2 + x_1)^2 - (y_2 + y_1)^2}$

c) $\sqrt{(x_1 - x_2)^2 + (y_1 - y_2)^2}$

d) $|x_2 - x_1| + |y_2 - y_1|$

Infórmate

Espacios de muchas dimensiones

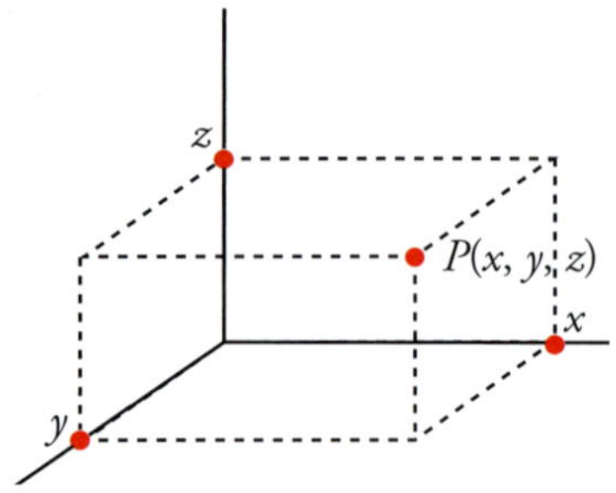

Si queremos situar un punto en el plano, necesitamos dos ejes y dos coordenadas: $P(x, y)$ (dimensión "**dos**").

Si lo queremos levantar del plano y definirlo en el espacio que ocupamos, necesitaremos tres ejes y tres coordenadas: $P(x, y, z)$ (dimensión "**tres**").

En un espacio de dimensión tres, la geometría analítica calcula con la misma comodidad que en uno de dimensión dos.

Así, la distancia entre dos puntos en el espacio tridimensional es:

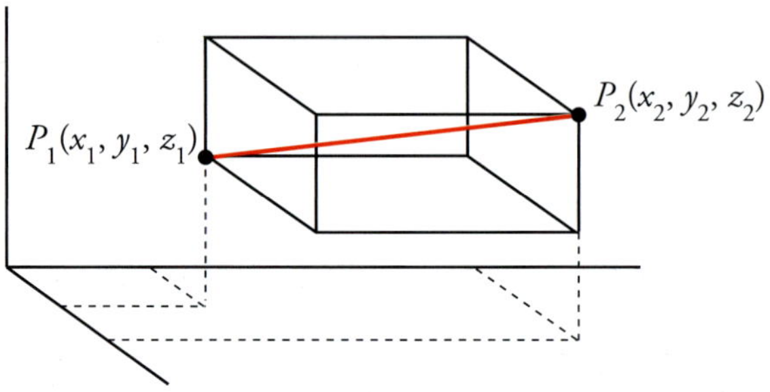

$$d = \sqrt{(x_2 - x_1)^2 + (y_2 - y_1)^2 + (z_2 - z_1)^2}$$

- Calcula la distancia entre los puntos del espacio $A(6, -3, 7)$ y $B(5, -5, 5)$.

- Calcula, también, el punto medio del segmento AB.

Y ya puestos, podemos pensar en un espacio de dimensión cuatro, donde cada punto necesitaría cuatro coordenadas, $P(x_1, x_2, x_3, x_4)$, y también en otros espacios de mayor dimensión, $P(x_1, x_2, x_3, \dots, x_n)$.

Todos esos espacios de dimensión mayor que tres, aunque nacieron como un producto de la matemática teórica, han tenido aplicación práctica permitiendo grandes avances de la física; por ejemplo, en la física de la relatividad.

La teoría de la relatividad de Einstein supone un espacio de dimensión cuatro, en el que se incluye el tiempo como una variable íntimamente relacionada con el espacio (*espacio-tiempo* de Minkowski).

Albert Einstein (1879-1955).

emprender aprender

Observa, reflexiona y decide

Zonas de pasto

— Un prado limita en el sur con una valla que corre de este a oeste.

— Hay un asno atado a una argolla de la valla, con una soga de seis metros.

— Ocho metros hacia el este, y separado dos metros de la valla, hay un poste al que se ha atado una cabra con una cuerda de cuatro metros.

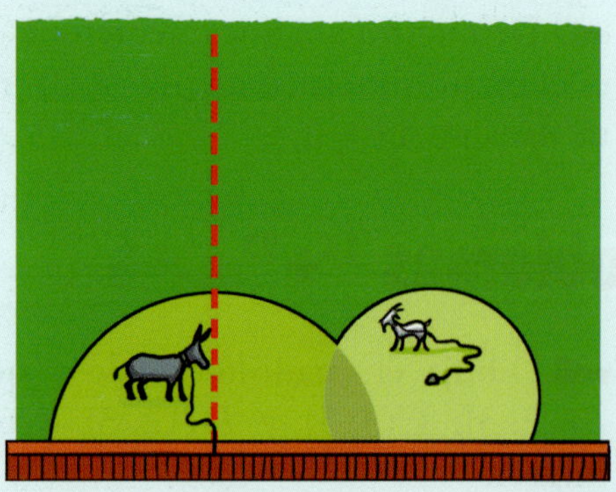

- Tomando como centro de coordenadas la argolla y como eje de abscisas la valla, ¿qué zona del prado delimita cada sistema de inecuaciones?

a) $x^2 + y^2 \le 6^2$, $y > 0$, $(x-8)^2 + (y-2)^2 \ge 4^2$

b) $x^2 + y^2 \ge 6^2$, $y > 0$, $(x-8)^2 + (y-2)^2 \le 4^2$

c) $x^2 + y^2 \ge 6^2$, $y > 0$, $(x-8)^2 + (y-2)^2 \ge 4^2$

d) $x^2 + y^2 \le 6^2$, $y > 0$, $(x-8)^2 + (y-2)^2 \le 4^2$

Entrénate resolviendo problemas

- Halla el área de la parte coloreada.

$l = 10$ cm

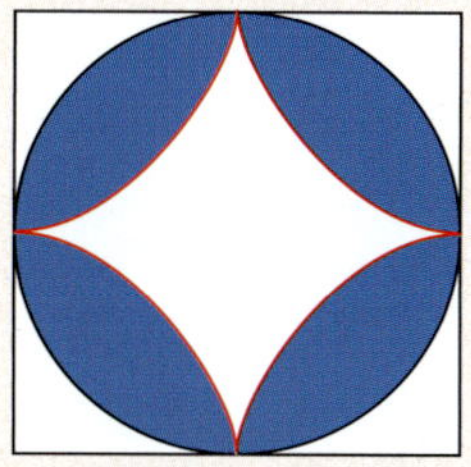

- Tomando como centro cada uno de los vértices de un triángulo equilátero, se han trazado tres arcos de radio 4 cm, como indica la figura.

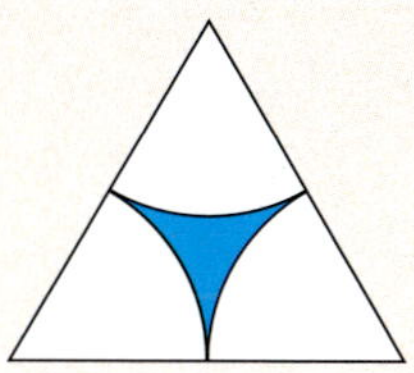

Halla el área de la zona coloreada.

- Halla la superficie del hexágono.

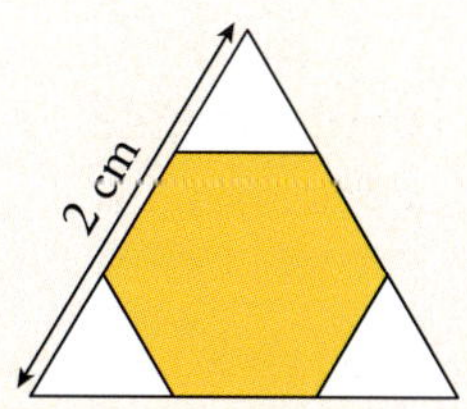

- Calcula el área de un hexágono regular sabiendo que tiene el mismo perímetro que un triángulo equilátero cuya superficie mide 12 cm^2.

- Calcula la longitud del segmento *AB*.

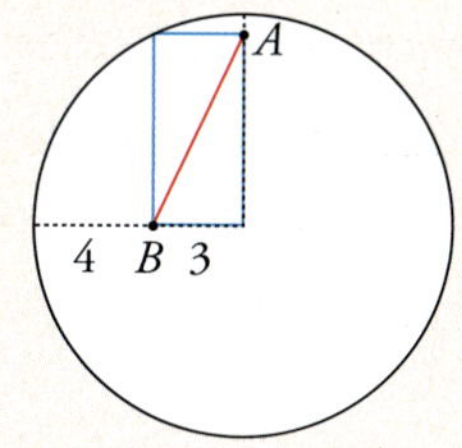

- Halla el perímetro externo de toda la figura, sabiendo que el radio de la circunferencia menor es $r = 1$ cm.

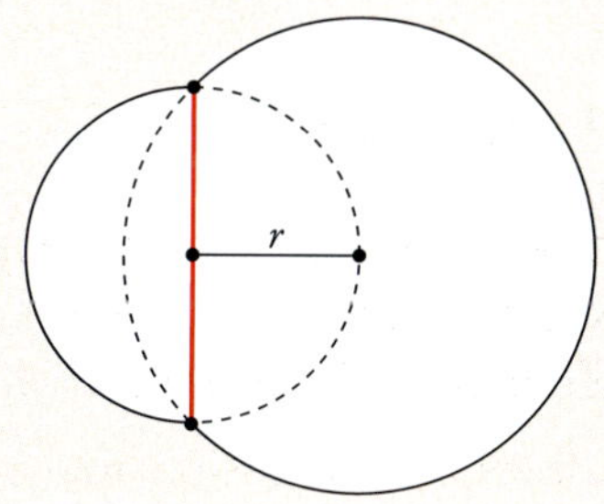

Autoevaluación

En la web: Resoluciones de estos ejercicios.

1. Dados los vectores $\vec{u}(4, -2)$ y $\vec{v}(-2, -1)$:

a) Representa los vectores $\vec{u} + \vec{v}$; $\vec{u} - \vec{v}$; $\frac{1}{2}\vec{u}$ y $-3\vec{v}$ y halla sus coordenadas.

b) Calcula las coordenadas del vector $\vec{w} = 2\vec{u} + 3\vec{v}$.

2. Representa los puntos $A(-5, 0)$, $B(0, 2)$, $C(3, 7)$ y $D(-2, 5)$ y comprueba analíticamente que el punto medio de *AC* coincide con el punto medio de *BD*.

3. Halla el simétrico de $P(-7, -15)$ respecto de $M(2, 0)$.

4. Halla el valor de k para que los puntos $A(1, -5)$, $B(3, 0)$ y $C(6, k)$ estén alineados.

5. Escribe las ecuaciones vectorial, paramétricas, en forma continua y explícita de la recta que pasa por el punto $P(3, -2)$ y tiene por vector dirección $\vec{d}(-1, 5)$.

6. Obtén las ecuaciones de las rectas r y s y su punto de intersección:

r pasa por $(-3, 2)$ y es perpendicular a $8x - 3y + 6 = 0$.

s pasa por $(9, -5/2)$ y es paralela a $2x + y - 7 = 0$

7. En el triángulo de vértices $A(-2, 2)$, $B(0, 7)$ y $C(6, 4)$, halla la ecuación de la mediana que parte de B.

8. Calcula la longitud de los lados del triángulo de vértices $A(-4, 1)$, $B(6, 3)$ y $C(-2, -3)$.

9. Estudia la posición relativa de estas rectas:

$$r: 2x + y - 2 = 0 \qquad s: x + \frac{1}{2}y = 1$$

10. Halla la ecuación de la circunferencia que tiene su centro en el punto $C(0, -3)$ y pasa por el punto $A(3, 0)$.

APRENDER ES CRECER EN CONEXIÓN es un proyecto educativo de Anaya Educación para el cuarto curso de la ESO.

En la realización de este libro han intervenido:

- **Coordinación editorial:** Mercedes García-Prieto
- **Edición:** Carlos Vallejo
- **Diseño:** Dirección de arte: Javier Serrano. Cubierta: Patricia Gómez Serrano. Interiores: Marta Gómez Peso y Paco Martín. Desarrollo gráfico de cubierta: Juan Carlos Quignon
- **Ilustraciones:** David Guirao
- **Maquetación:** Toñi Font (JLRestudio)
- **Gráficos:** JLRestudio
- **Corrección:** Mercedes Pérez
- **Edición gráfica:** Olga Sayans
- **Fotografías:**
  AGE Fotostock, Album Archivo Fotográfico, Archivo Anaya (Astar, M./IPA Press; Canto, M.; Cosano, P.; H. Moya, B.; Martin, J.; Martín, J.A.; Ortega, A.; Pozo, M.; Steel, M.; Villaboy, N.), Parque de las Ciencias Andalucía-Granada, The Picture Desk, Thinkstock, 123RF.

  Agradecemos la colaboración de:

  — Ana Isabel Busto Caballero y Ángel Félix Hernández Mora en el Generador de Evaluaciones.

  — Francisco Javier González Ortiz en las actividades con GeoGebra.

Las normas ortográficas seguidas en este libro son las establecidas por la Real Academia Española en la *Ortografía de la lengua española,* publicada en el año 2010.

Nuestras publicaciones mantienen el rigor en el uso y en la selección de los contenidos, en las imágenes y en el lenguaje, para cumplir con la **no discriminación** por razón de género, cultura u opinión.

IMPORTANTE. Las actividades propuestas en este libro deben ser realizadas en cuadernos u hojas sueltas; **nunca en el propio libro.**

Los **enlaces a las páginas web** que aparecen en este libro han sido revisados en la fecha de su impresión. La editorial no se hace responsable de las modificaciones o las anulaciones que se produzcan en ellos con posterioridad a dicha fecha.

© Del texto: José Colera Jiménez, M.ª José Oliveira González, Ignacio Gaztelu Albero, Ramón Colera Cañas, 2016.
© Del conjunto de esta edición: GRUPO ANAYA, S.A., 2019 - C/ Juan Ignacio Luca de Tena, 15 - 28027 Madrid
ISBN: 978-84-698-1069-9 - Depósito Legal: M-7091-2016 - Printed in Spain.

Reservados todos los derechos. El contenido de esta obra está protegido por la Ley, que establece penas de prisión y/o multas, además de las correspondientes indemnizaciones por daños y perjuicios, para quienes reprodujeren, plagiaren, distribuyeren o comunicaren públicamente, en todo o en parte, una obra literaria, artística o científica, o su transformación, interpretación o ejecución artística fijada en cualquier tipo de soporte o comunicada a través de cualquier medio, sin la preceptiva autorización.

ET029520/1E5I - 8450058